A. K. Pokrytan

Das Historische und das Logische in der ökonomischen Theorie des Sozialismus

A. K. Pokrytan

Das Historische und das Logische in der ökonomischen Theorie des Sozialismus

AKADEMIE-VERLAG · BERLIN
1981

Titel der russischen Originalausgabe: А. К. Покрытан
Историческое и логическое в экономической теории социализма
Москва 1978. Издателъство „Мыслъ“

Übersetzung: Dr. Paul Freiberg
Wissenschaftliche Bearbeitung: Rainer Sämisch

Erschienen im Akademie-Verlag, Berlin, Leipziger Str. 3—4

Lizenznummer: 202 · 100/21/81
Umschlaggestaltung: Karl Salzbrunn
Gesamtherstellung: VEB Druckerei „Thomas Müntzer“, 5820 Bad Langensalza
Bestellnummer: 7529585 (6327) · LSV 0305
Printed in GDR
DDR 18,— M

Inhaltsverzeichnis

Vorwort

Die ökonomische Theorie des Marxismus-Leninismus bildet die zuverlässige Grundlage für die Wirtschaftspolitik der kommunistischen Partei und des sozialistischen Staates. Im Rechenschaftsbericht des ZK der KPdSU an den XXV. Parteitag der KPdSU wird gesagt: „Die KPdSU gründet ... ihre gesamte revolutionäre, umgestaltende Tätigkeit auf das feste Fundament der marxistisch-leninistischen Theorie. Der Marxismus-Leninismus ist die einzige zuverlässige Grundlage für die Ausarbeitung einer richtigen Strategie und Taktik."[1] Dabei kommt der ökonomischen Theorie des Marxismus als wissenschaftlicher Grundlage für die Leitung der Wirtschaft besondere Bedeutung zu.

An die Wirtschaftswissenschaft werden heute immer höhere Anforderungen gestellt, und es verstärkt sich die Hinwendung zu ihren tieferen Grundlagen — den methodologischen Fragen. Das ist durchaus gesetzmäßig, denn gerade die methodologischen Grundlagen einer Wissenschaft bestimmen deren Lebensfähigkeit und die Möglichkeiten, die im Zuge des wirtschaftlichen Aufbaus entstehenden Aufgaben zu lösen. Deshalb werden unseres Erachtens die methodologischen Probleme der ökonomischen Theorie des Sozialismus so stark diskutiert, wie dies in der gegenwärtigen Literatur zu beobachten ist.

In jüngster Zeit wurden auf dem Gebiet der Methodologie der politischen Ökonomie des Sozialismus bestimmte Ergebnisse erreicht. Die teilweise noch vorhandene mechanistische Betrachtung der ökonomischen Kategorien wurde überwunden und bei vielen grundlegenden Problemen der ökonomischen Theorie Einmütigkeit erzielt. Dennoch wäre es verfrüht anzunehmen, daß die Diskussionen zur Methodologie der Wissenschaft beendet wären. Darin zeigt sich der spezifische Widerspruch, der zwischen dem objektiven Verlauf der wirtschaftlichen Entwicklung im Sozialismus und deren theoretischer Widerspiegelung im System der Kategorien der politischen Ökonomie besteht. Dieser Umstand veranlaßte auch den Verfasser, sich mit der Frage des Historischen und Logischen in der ökonomischen Theorie des Sozialismus zu befassen.

[1] XXV. Parteitag der KPdSU. Rechenschaftsbericht des Zentralkomitees der Kommunistischen Partei der Sowjetunion und die nächsten Aufgaben der Partei in der Innen- und Außenpolitik, Berichterstatter: L. I. Breshnew, Berlin 1976, S. 88/89.

Die vorliegende Arbeit will keineswegs nur die genannten Kategorien und deren eigentliche Bestimmung untersuchen. Der Verfasser ist nicht der Auffassung, daß alle Widersprüche, die gegenwärtig in der politischen Ökonomie bestehen, dadurch gelöst werden können, daß wir eine Abgrenzung und Bestimmung des Zusammenhangs zwischen diesen theoretischen Kategorien vornehmen. Das Historische und Logische in der Arbeit wird vor allem von seinem objektiven Inhalt her und erst dann als theoretische Abstraktion untersucht.

Jede beliebige Entwicklung in der organischen Natur ist durch Raum und Zeit bestimmt und weist damit räumliche und zeitliche Merkmale auf. Die menschliche Gesellschaft macht hier keine Ausnahme. Sind die Gesetzmäßigkeiten ihrer Entwicklung Gegenstand der Untersuchung, so müssen sich die obengenannten Aspekte in der einen oder anderen Weise im System der Wissenschaften widerspiegeln. Karl Marx sah die Hauptaufgabe seiner Untersuchungen darin, das ökonomische Bewegungsgesetz der modernen Gesellschaft zu entdecken. Im „Kapital", in dem er dieses Gesetz analysiert, wird eingehend die räumliche und zeitliche Qualität der Entwicklung der kapitalistischen Produktionsweise sowohl hinsichtlich deren Entstehung als auch der Herausbildung ihrer Struktur untersucht.

Es ist bekanntlich ein wesentlicher Unterschied, ob man die ökonomische Struktur oder ihre Herausbildung untersucht. Und bei der Untersuchung bereits entstandener ökonomischer Strukturen ist diese Frage schon gar nicht mehr aktuell, denn ihre Bewegung reproduziert eine eigene Genesis auf höherer Stufe. Deshalb ist es, wie Marx hervorhob, „nicht nötig, um die Gesetze der bürgerlichen Ökonomie zu entwickeln, die *wirkliche Geschichte der Produktionsgeschichte* zu schreiben".[2] Als Marx den Kapitalismus analysierte, war dieser eine voll herausgebildete sozialökonomische Formation, d. h. ein System, das alle Strukturelemente der gesellschaftlichen Produktion einheitlich ausgerichtet hat.

Völlig anders verhält sich dieses Problem aber beim Sozialismus. Der Sozialismus ist keine eigenständige Produktionsweise, sondern die erste Phase der kommunistischen Produktionsweise. Er unterscheidet sich vom reifen Kommunismus gerade durch seine ökonomische Struktur. Zugleich ist die Entwicklung seiner Struktur die Genesis der gesamten kommunistischen Produktionsweise. Deshalb weist hier das Verhältnis von Genesis und Struktur bei der Untersuchung bestimmte Besonderheiten auf, die bei der Analyse der ökonomischen Prozesse unbedingt zu beachten sind. Die vorliegende Arbeit soll ein Beitrag zur Lösung dieser Frage sein.

Bei diesem Problem wird zumeist nicht der gegenständliche, sondern der gnoseologische Aspekt des Historischen und Logischen behandelt. Dadurch können sich die Untersuchungen von den realen Prozessen lösen, die sich beim Aufbau des Kommunismus vollziehen, und damit in das Gebiet formallogischer Definitionen abgleiten. In bezug auf die Methodologie wird hier allzu sehr vom Gegen-

[2] K. Marx, Grundrisse der Kritik der politischen Ökonomie (Rohentwurf), Berlin 1953, S. 364.

stand der Untersuchung, nämlich der Ökonomik der sich entwickelnden kommunistischen Produktionsweise, abstrahiert. Auf dem XXV. Parteitag der KPdSU wurde hervorgehoben, daß „die Aufgaben, die vor unseren Gesellschaftswissenschaften stehen, nur unter der Voraussetzung ihrer engsten Verbindung mit dem Leben gelöst werden können, scholastisches Theoretisieren kann unsere Vorwärtsbewegung nur bremsen“.[3]

Eine reale Widerspiegelung des Problems vom Historischen und Logischen erhält man erst, wenn man Genesis und Struktur bei der Entwicklung des ökonomischen Systems des Sozialismus untersucht und jene Prozesse und Erscheinungen analysiert, die unmittelbar in der Wirklichkeit ablaufen. Auf dieser Grundlage muß man das Gesamtsystem der Kategorien der politischen Ökonomie des Sozialismus darlegen und mit der Praxis vergleichen sowie deren realen Inhalt und Erscheinungsformen feststellen.

Die Entstehung und Entwicklung des Sozialismus ist ein vielschichtiger und komplizierter Prozeß, dessen Ergebnis die reife kommunistische Gesellschaft ist. Durch die Erforschung der ökonomischen Struktur des Sozialismus muß die politische Ökonomie die diesem Prozeß innewohnenden spzifischen Widersprüche darstellen. Daraus ergeben sich für die ökonomische Theorie aber auch Schwierigkeiten: Einerseits bildet sich die ökonomische Struktur der kommunistischen Produktionsweise heraus, während anderseits nicht die Kategorien ihrer reifen Struktur bestimmt sind. Die Entwicklung des ökonomischen Systems wird folglich nicht allein in den von diesem hervorgebrachten theoretischen Abstraktionen widergespiegelt, sondern auch vermittels von Kategorien der überkommenen ökonomischen Struktur. Dadurch entsteht eine eigenartige Situation in der Wissenschaft, denn neue Erscheinungen und Prozesse im Wirtschaftsleben werden aufgrund ihrer Form, jedoch nicht nach ihrem realen Zusammenhang untersucht. Hier liegt zum Teil die Ursache dafür, daß der Sozialismus in der ökonomischen Literatur als eine Form der Warenproduktion usw. behandelt wird.

Man kann solche Erscheinungen in der Entwicklung der ökonomischen Theorie des Sozialismus nicht einfach dadurch beseitigen, daß man irgendwelche Thesen formuliert. Sie widerspiegeln den im Sozialismus vorhandenen Widerspruch zwischen dem sich neu herausbildenden und beiden Phasen der kommunistischen Gesellschaftsformation immanenten Wesen und den vorhandenen alten ökonomischen Formen. Es ist nicht Sache der ökonomischen Wissenschaft, diesen Widerspruch zu beseitigen, denn sonst könnte sie nicht mehr den objektiven Zustand ihres Gegenstandes widerspiegeln. Ihre Aufgabe besteht vielmehr darin, diesen Widerspruch widerzuspiegeln, wie er besteht und sich entwickelt, und dabei von den ihn bestimmenden Entwicklungstendenzen auszugehen.

[3] XXV. Parteitag der KPdSU. Rechenschaftsbericht des Zentralkomitees der Kommunistischen Partei der Sowjetunion und die nächsten Aufgaben der Partei in der Innen- und Außenpolitik, Berichterstatter: L. I. Breshnew, a. a. O., S. 90.

Diese Fragen werden in der politischen Ökonomie bereits dann relevant, wenn es um solche Begriffe wie Produktivkräfte und Produktionsverhältnisse, sozialistischer Produktionsprozeß, gesellschaftliche Form des sozialistischen Produkts usw. geht. Deshalb läßt sich das Verhältnis von Historischem und Logischem nicht bestimmen, wenn man nicht das gesamte System der Kategorien der politischen Ökonomie des Sozialismus untersucht. Dadurch kann der Anschein entstehen, daß der Inhalt der Arbeit über den gestellten Rahmen hinausgeht. Wie wir aber festgestellt haben, stellt die Wirklichkeit an sich den objektiven Inhalt der Kategorien „Historisches" und „Logisches" dar. Als der Verfasser die Struktur seiner Arbeit skizzierte, bemühte er sich, diesen Aspekt so zu behandeln, wie er sich auch in der Entwicklung darstellt, nämlich von der allgemeinen Bestimmung des Sozialismus bis zu seiner konkreten Wirklichkeit.

Da die vorliegende Arbeit kein Lehrbuch darstellt und auch keinen Anspruch darauf erhebt, wurden nicht alle Fragen in gleichem Umfang behandelt. So ging der Verfasser bei der Behandlung der Dialektik von Produktivkräften und Produktionsverhältnissen nicht nur davon aus, daß sie allgemeine Kategorien für das Verständnis der ökonomischen Entwicklung der kommunistischen Produktionsweise sind, sondern daß diese Kategorien gerade auch hinsichtlich ihrer Grenzen im einzelnen untersucht und präzisiert werden müssen. Bei der Behandlung der gesellschaftlichen Form des sozialistischen Produktionsprozesses wurde vor allem das Verhältnis zwischen ihrer Herausbildung und ihrer Struktur, und zwar in ihrer Bewegung, in den Vordergrund der Untersuchung gestellt.

Auch zum abschließenden Kapitel dieser Arbeit seien noch einige Bemerkungen erlaubt. Vielleicht erscheint es nicht gerechtfertigt, allgemeine methodologische Probleme am Schluß zu behandeln und nicht dem konkreten Material voranzustellen. Wir sind der Auffassung, daß man eine Methode nicht erkennen kann, bevor der Gegenstand untersucht ist, denn gerade letzterer bestimmt die Methode und nicht umgekehrt. Bevor man also von den Gesetzen spricht, die die objektive Wirklichkeit widerspiegeln, muß man exakt untersuchen, welche Entwicklungsgesetze der Wirklichkeit zugrunde liegen. Andernfalls würde man die dynamische Struktur des Sozialismus nach den allgemeinen Gesetzen der formalen Logik untersuchen. Die sozialen Formen müssen so erforscht werden, wie ihre reale Entwicklung verläuft, und erst, wenn diese abgeschlossen ist, kann man die allgemeinen Gesetzmäßigkeiten zusammenfassen. Darauf beruht auch die Struktur dieses Buches.

KAPITEL I

Die Einheit von Historischem und Logischem als Grundlage für die wissenschaftliche Erkenntnis der sozialen Wirklichkeit

1. Historisches und Logisches: Inhalt und Charakter ihres Zusammenhangs

Wollen wir die ökonomischen Probleme des entwickelten Sozialismus theoretisch effektiver erforschen, so kommen wir nicht umhin, das Prinzip der Einheit von Historischem und Logischem eingehender zu untersuchen. Wenn wir uns mit dem Inhalt der Einheit von Historischem und Logischem befassen, so entspricht dies den aktuellen Erfordernissen der Theorie und Praxis des kommunistischen Aufbaus. Dies zeigt u. a. auch die jüngst entstandene Polemik über das Verhältnis von Historischem und Logischem im „Kapital" von Karl Marx.[1]

Die Einheit von Historischem und Logischem ist ein grundlegendes Prinzip der von Karl Marx entwickelten völlig neuen Methode zur Erkenntnis der sozialen Wirklichkeit. Worin besteht sein Inhalt?

Vielfach wird der Begriff „Historisches" mit der sozialen Wirklichkeit gleichgesetzt. „Die bekannte These", so ist in einer Publikation zu lesen, „daß das Logische die Widerspiegelung des Historischen ist, stellt in bezug auf die politische Ökonomie nur die Umschreibung der allgemeinen materialistischen These vom Verhältnis zwischen Sein und Bewußtsein dar, wonach das Sein das Primäre, das Bewußtsein aber das Sekundäre ist, und das zum Ausdruck bringt, was in der Realität vorhanden ist."[2] Diese Feststellung, die sich nicht wesentlich von vielen anderen Aussagen zu diesem Problem unterscheidet, wirft sofort eine Reihe von Fragen auf.

Warum trifft erstens die These, wonach das Verhältnis von Logischem und Historischem ein anderer Ausdruck für das Verhältnis von Bewußtsein und Sein ist, nur auf die politische Ökonomie zu? Spiegelt nicht auch jeder andere Bereich der menschlichen Erkenntnis das Sein wider? Ist, zweitens, jede Form des Seins ein Synonym für das Historische? Kann man, drittens, alles Historische unabhängig vom Bewußtsein abhandeln, wo schließlich auch die Geschichte der Wissenschaft selbst Erkenntnisobjekt sein kann? Kann man, viertens, das Logische mit dem Bewußtsein im allgemeinen gleichsetzen? Neben der logischen Form des Bewußtseins gibt es noch die künstlerische, praktische und religiöse Form sowie andere

[1] Vgl. N. Chessin, Nekotorye metodologičeskie voprosy „Kapitala" K. Marksa, in: Ėkonomičeskie nauki, 8/1976, S. 18—32.

[2] O sisteme kategorij i zakonov političeskoj ėkonomii (Sammelband), Moskva 1973, S. 6/7.

Formen zur Widerspiegelung der Wirklichkeit. Und wenn schließlich das Verhältnis von Logischem und Historischem nur ein anderer Ausdruck für das Verhältnis von Bewußtsein und Sein ist, welchen Inhalt hat dann das Prinzip der Einheit von Logischem und Historischem?

Diese und viele andere Fragen, die in diesem Zusammenhang auftreten können, beweisen, daß die Frage nach dem Inhalt des Prinzips der Einheit von Historischem und Logischem längst nicht so einfach ist, wie es auf den ersten Blick aussehen mag. Natürlich können wir nicht sämtliche Aspekte umfassend behandeln, die sich ergeben, wenn man den Inhalt des Historischen und Logischen klären will. Wir wollen nur auf diejenigen eingehen, die unseres Erachtens prinzipielle Bedeutung haben.

Die politische Ökonomie entstand als besonderes Gebiet der Wissenschaft, um die ökonomischen Beziehungen der bürgerlichen Gesellschaft theoretisch widerzuspiegeln. Die bürgerlichen Ökonomen, die die Interessen der Bourgeoisie, einer damals noch fortschrittlichen Klasse, zum Ausdruck brachten, ließen sich davon leiten, daß die kapitalistische Gesellschaftsordnung diejenige Gesellschaftsform sei, die dem Wesen des Menschen am meisten entspreche. Hier wird der Gegenstand der ökonomischen Wissenschaft als unveränderlich angesehen, als ein für allemal gegeben und stets gleich. Den Vertretern der bürgerlichen Ökonomie war also der Gedanke völlig fremd, daß die ökonomischen Formen der kapitalistischen Gesellschaft historisch entstanden sind und Veränderungen unterliegen.

Es war eines der großen Verdienste von Karl Marx, die politische Ökonomie zu einer historischen Wissenschaft umgestaltet zu haben, und es kennzeichnet den Inhalt jenes revolutionären Umschwungs, den Marx in der Soziologie im allgemeinen und in der politischen Ökonomie im besonderen vollzog. Karl Marx begründete den historischen Charakter des Gegenstandes der ökonomischen Wissenschaft, die die sich herausbildenden und einander ablösenden Systeme von Produktionsverhältnissen untersucht, von denen jedes eine besondere Formation mit nur ihr eigenen Funktions- und Entwicklungsgesetzen darstellt. Karl Marx sah es als Hauptaufgabe der ökonomischen Theorie an, die historische Besonderheit jedes Typs von Produktionsverhältnissen zu untersuchen. Er leugnete damit keineswegs die Bedeutung der allgemeinen Produktionsbeziehungen, die den verschiedenen Etappen des historischen Prozesses innewohnen; die Ableitung allgemeiner Definitionen ist jedoch dieser Aufgabe unterzuordnen. „Die politische Ökonomie hat es mit den spezifischen gesellschaftlichen Formen des Reichtums oder vielmehr der Produktion des Reichtums zu tun. Der Stoff desselben, sei er subjektiv, wie Arbeit, oder objektiv, wie Gegenstände für die Befriedigung natürlicher oder geschichtlicher Bedürfnisse, erscheint zunächst allen Produktionsepochen gemeinsam ... Was darüber allgemeines gesagt zu werden pflegt, beschränkt sich auf Abstraktionen, die einen historischen Wert hatten in den ersten Versuchen der politischen Ökonomie, worin die Formen noch mühsam aus dem Stoff herausgeschält und mit großer Anstrengung als eigner Gegenstand der Betrachtung fixiert wurden. Später werden sie zu ledernen Gemeinplätzen, um so widerlicher, je mehr sie mit wissenschaftlicher Prätention auftreten."[3]

Wir haben diese Ausführungen keineswegs zitiert, um Marx' Hochachtung vor der Geschichte zu beweisen. Sie sind noch heute aktuell. Unter den marxistischen Ökonomen dürfte kaum jemand den historischen Inhalt der ökonomischen Theorie von Karl Marx leugnen. Bei der Analyse konkreter Erscheinungen der Wirklichkeit wird der historische Aspekt dagegen oft vernachlässigt. Einige Ökonomen behaupten z. B., daß das spezifische Ziel der sozialistischen Produktion sich dem natürlichen Ziel der Produktion annähere oder mit diesem sogar übereinstimme. Andere behaupten, daß man bei der Bestimmung der Kriterien für die produktive und unproduktive Arbeit im Sozialismus nicht von den spezifischen Produktionsverhältnissen des Sozialismus, sondern von den allgemeinen Momenten des Produktionsprozesses der Gesellschaft ausgehen müsse. Häufig beruft man sich auf die allgemeinen Momente, wenn Probleme des ökonomischen Grundgesetzes des Sozialismus (wie Bedürfnisse, Mittel zu deren Verwirklichung usw.) untersucht werden. Der Sozialismus stellt aber eine konkret-historische Gesellschaftsform dar und ist deshalb vor allem unter dem Aspekt seines spezifischen historischen Inhalts zu untersuchen, der ihn als besonderen Typ der ökonomischen Struktur der Gesellschaft charakterisiert. Nur dann kann die politische Ökonomie des Sozialismus die wissenschaftliche Grundlage für die bewußte Leitung der ökonomischen Prozesse bilden.

Legt man diese Forderungen an die oben genannten Aspekte, so kann es kein nicht historisch determiniertes Ziel der Produktion, keine nicht historisch determinierte Arbeitsproduktivität usw. geben. Überlegungen über das natürliche Ziel der Produktion und über die allgemeinen Momente des Produktionsprozesses als Kriterien der Produktivität gehen ihrem Wesen nach nicht über den Rahmen des einfachen Arbeitsprozesses hinaus und ignorieren, daß dessen Realisierung innerhalb der verschiedenen Formen der Gesellschaft ihre qualitative Spezifik aufweist. So bestand z. B. das Ziel der urgemeinschaftlichen Produktion, auch wenn ihre Beziehungen noch so einfach waren, keineswegs darin, Gebrauchswerte zu produzieren, sondern das Gemeinwesen selbst als Grundbedingung für die Lebenstätigkeit der Individuen zu reproduzieren. Im Kapitalismus gilt nicht jene Arbeit als produktive Arbeit, die Gebrauchswert erzeugt, sondern die Arbeit, die Mehrwert produziert.

Somit ist das Erkenntnisobjekt in der politischen Ökonomie nicht nur in dem Sinne als historisch aufzufassen, daß es qualitativ als soziales Objekt determiniert ist (wie z. B. die Arbeit, das Eigentum, die Produktionsmittel usw.), sondern vor allem in dem Sinne, daß es eine soziale Spezifik besitzt, denn sein jeweiliger historischer Zustand weist eine solche Struktur auf, der besondere Funktions- und Entwicklungsgesetze innewohnen. „Die politische Ökonomie", so schrieb Friedrich Engels, „ist somit wesentlich eine *historische* Wissenschaft. Sie behandelt einen

[3] K. Marx, Grundrisse der Kritik der Politischen Ökonomie (Rohentwurf), Berlin 1953, S. 736.

geschichtlichen, das heißt einen stets wechselnden Stoff; sie untersucht zunächst die besondern Gesetze jeder einzelnen Entwicklungsstufe der Produktion und des Austausches und wird erst am Schluß dieser Untersuchung die wenigen, für Produktion und Austausch überhaupt geltenden, ganz allgemeinen Gesetze aufstellen können."[4]

Die politische Ökonomie als System theoretischer Kenntnisse spiegelt ein besonderes Erkenntnisobjekt wider, wie es jeder Typ der ökonomischen Struktur der Gesellschaft verkörpert. Doch die politische Ökonomie bringt wie jedes andere Gebiet der Wissenschaft eine bestimmte Seite der sozialen Wirklichkeit zum Ausdruck, die den spezifisch historischen Charakter des Objekts ausmacht, denn es ist nicht einfach ein historisches Objekt, sondern ein qualitativ besonderes, das sich von den anderen unterscheidet, die ebenfalls Gegenstand historischer Erkenntnis sind.

Da das Hauptobjekt der Analyse in der politischen Ökonomie der historisch determinierte Typ der ökonomischen Struktur der Gesellschaft sowie dessen charakteristische Züge und spezifische Besonderheiten sind, muß sich die politökonomische Forschung vor allem auf das Element orientieren, das das eigentliche Wesen dieses Typs von Beziehungen darstellt. Dieses Element ist, um einen bildhaften Ausdruck von Karl Marx zu gebrauchen, „ein besondrer Äther, der das spezifische Gewicht alles in ihm hervorstechenden Daseins bestimmt"[5].

Um ein System konkreter Produktionsverhältnisse logisch widerzuspiegeln, sind vor allem der Inhalt des grundlegenden Produktionsverhältnisses und die Gesamtheit derjenigen Formen festzustellen, die darauf beruhen und diese konkret verkörpern. Nur wenn man dieses Verhältnis des betreffenden Systems erforscht, kann man es wirklich begreifen. Man kann die verschiedenen Seiten der ökonomischen Verhältnisse noch so gründlich und eingehend beschreiben, klärt man aber dabei nicht den Inhalt des grundlegenden Produktionsverhältnisses, d. h., deckt man nicht die eigentliche Grundlage des betreffenden Typs der ökonomischen Organisation der Gesellschaft auf, so ist dies alles von zweitrangiger Bedeutung. In den „Theorien über den Mehrwert" zeigte Karl Marx, daß Rolle und Platz, die die ökonomische Lehrmeinung einer bestimmten Schule in der Geschichte einnimmt, ausnahmslos dadurch bestimmt werden, inwieweit sie begriffen hat, daß der Mehrwert die grundlegende Kategorie der kapitalistischen Produktionsweise darstellt.

Die Rolle des strukturbildenden Elements im System der betreffenden Produktionsverhältnisse wird dadurch bestimmt, daß es eine außerordentlich feste Basis dieses Typs von Verhältnissen darstellt, die dessen historische Grenzen bestimmt.

Im Verlauf der geschichtlichen Entwicklung einer bestimmten Produktionsweise können sich nämlich viele ihrer Merkmale verändern, was auch tatsächlich

[4] F. Engels, Herrn Eugen Dührings Umwälzung der Wissenschaft (Anti-Dühring), in: K. Marx/ F. Engels, Werke (im folgenden MEW), Bd. 20, Berlin 1962, S. 136/137.

[5] K. Marx, Grundrisse der Kritik der Politischen Ökonomie (Rohentwurf), a. a. O., S. 27.

geschieht. Es handelt sich dabei nicht um irgendwelche untergeordneten Merkmale, sondern z. B. um solche wichtigen Charakteristika einer Produktionsweise wie die Formen, in denen das grundlegende Produktionsverhältnis zum Ausdruck kommt, den Funktionsmechanismus, die Methoden der Wirtschaftslenkung u. a. Aber trotz aller dieser Veränderungen bleibt das grundlegende Produktionsverhältnis ein und dasselbe.

Der Übergang von der freien Konkurrenz zum Monopol stellt eine wesentliche Veränderung im System der Produktionsverhältnisse des Kapitalismus dar. Trotzdem erfolgt sie im Rahmen der gleichen sozialen Qualität, die durch die Ausbeutung der Lohnarbeit durch das Kapital bestimmt wird und die historische Besonderheit dieses Systems von Produktionsverhältnissen zum Ausdruck bringt.

Versteht man also unter dem Historischen ein bestimmtes, objektiv bestehendes System von Produktionsverhältnissen einer bestimmten Gesellschaft, so ist das Logische dessen Widerspiegelung in Gestalt der ökonomischen Theorie. Darin besteht ganz allgemein der Inhalt der Einheit von Logischem und Historischem. Die wesentliche Seite ist dabei das Problem, daß die Theorie dem Erkenntnisobjekt adäquat sein muß. In diesem Zusammenhang taucht sofort die Frage auf, in welchem Umfang der fortschreitende Entwicklungsprozeß des Erkenntnisobjekts die Kategorien bestimmt, mit deren Hilfe seine Widerspiegelung in der Theorie erfolgt.

Diese Determination charakterisierte Friedrich Engels ganz allgemein. „Womit diese Geschichte anfängt", so schreibt er, „damit muß der Gedankengang ebenfalls anfangen, und sein weiterer Fortgang wird nichts sein als das Spiegelbild, in abstrakter und theoretisch konsequenter Form, des historischen Verlaufs; ein korrigiertes Spiegelbild, aber korrigiert nach Gesetzen, die der wirkliche geschichtliche Verlauf selbst an die Hand gibt, indem jedes Moment auf dem Entwicklungspunkt seiner vollen Reife, seiner Klassizität betrachtet werden kann. Wir gehen bei dieser Methode aus von dem ersten und einfachsten Verhältnis, das uns historisch, faktisch vorliegt, hier also von dem ersten ökonomischen Verhältnis, das wir vorfinden."[6] Es handelt sich in diesem Fall natürlich nicht um die Geschichte schlechthin, sondern um die Geschichte der kapitalistischen Produktionsweise. Das von ihrer Geschichte bestimmte logische Schema unterscheidet sich grundlegend von dem Schema, das den historischen Prozeß allgemein und insbesondere die Geschichte der bürgerlichen Produktionsverhältnisse widerspiegelt.

Würde man die Geschichte des Kapitalismus vom Gesichtspunkt des normalen Geschichtsprozesses betrachten, so müßte man mit der ursprünglichen Akkumulation des Kapitals beginnen, in deren Verlauf die unmittelbaren Voraussetzungen geschaffen wurden, damit die kapitalistische Produktion funktionieren kann, wozu eine so entscheidende Voraussetzung des Kapitalismus gehört wie die Expropriation des unmittelbaren Produzenten von den Produktionsbedingungen.

[6] F. Engels, Rezension zu: Karl Marx, „Zur Kritik der Politischen Ökonomie", in: MEW, Bd. 13, Berlin 1972, S. 475.

Die Geschichte der bürgerlichen Produktionsverhältnisse müßte an sich mit der Agrarrevolution beginnen. Das logische Schema des „Kapitals“ scheint dazu einen völligen Gegensatz darzustellen, denn die ursprüngliche Akkumulation des Kapitals wird hier erst am Ende des ersten Bandes behandelt.

Eine vom zeitlichen Ablauf ausgehende theoretische Untersuchung des Erkenntnisobjekts, in diesem Falle der ökonomischen Beziehungen der kapitalistischen Produktionsweise, setzt voraus, daß sich dieses in einem Zustand befindet, bei dem seine notwendigen Voraussetzungen nicht als das Ergebnis der vorangegangenen historischen Entwicklung, sondern als Ergebnis der Kapitalfunktion als solche erscheinen. „Die Bedingungen und Voraussetzungen des *Werdens*, des *Entstehns* des Kapitals unterstellen eben, daß es noch nicht ist, sondern erst *wird*; sie verschwinden also mit dem wirklichen Kapital, das selbst, von seiner Wirklichkeit ausgehend, die Bedingungen seiner Verwirklichung setzt.“[7] Folglich besteht das Problem darin, in welchem Umfang eine bestimmte Erscheinung zur Vorgeschichte der Entstehung des Kapitals oder zu dessen Funktionsweise als einem in der Herausbildung begriffenen Organismus, d. h., der seine eigenen Bedingungen und Voraussetzungen reproduziert, in Beziehung steht. Es läßt sich noch eine weitere Bemerkung von Karl Marx anführen: „Diese Voraussetzungen, die ursprünglich als Bedingungen seines Werdens erschienen — und daher noch nicht von seiner Aktion *als Kapital* entspringen konnten —, erscheinen jetzt als Resultate seiner eignen Verwirklichung, Wirklichkeit, als *gesetzt* von ihm — *nicht als Bedingungen seines Entstehens, sondern als Resultat seines Daseins*. Es geht nicht mehr von Voraussetzungen aus, um zu werden, sondern ist selbst vorausgesetzt, und von sich ausgehend, schafft (es) die Voraussetzungen seiner Erhaltung und Wachstums selbst. Die Bedingungen daher, die der Schöpfung des Surpluskapitals I vorausgingen, oder die das Werden des Kapitals ausdrücken, fallen nicht in die Sphäre der Produktionsweise, der das Kapital als Voraussetzung dient; liegen als historische Vorstufen seines Werdens hinter ihm . . .“[8]

Die Voraussetzungen des Kapitals, die diesem vorangingen, und jene Voraussetzungen, die als Produkt der Funktionsweise des Kapitals in Erscheinung treten, sind demnach verschiedenartige Erscheinungen, denn erstere gehören zur Vorgeschichte des Kapitals, während letztere zu seiner tatsächlichen Realisierung, d. h. zu seiner gegenwärtigen Geschichte rechnen. Deshalb müssen sie in der Theorie der kapitalistischen Produktionsweise einen völlig unterschiedlichen Platz einnehmen.

Die theoretische Untersuchung der kapitalistischen Produktionsverhältnisse kann nicht deren Geschichte widerspiegeln, d. h. den objektiven Prozeß der Entwicklung dieser Produktionsweise. Aber sie umfaßt deren wirkliche Geschichte, ihre eigene Entwicklung und Veränderung, die als Prozeß der Eigenbewegung dieser sozialen Formation in Erscheinung tritt. Das ist nicht die Geschichte ihrer

[7] K. Marx, Grundrisse der Kritik der Politischen Ökonomie (Rohentwurf), a. a. O., S. 363.
[8] Ebenda, S. 364.

Voraussetzungen, die vor der eigentlichen Geschichte des Kapitals geschaffen wurden, ihr vorangingen. Gerade in diesem Sinne ist Lenins Bemerkung zu werten, daß im „Kapital" die Geschichte des Kapitalismus und die Analyse der sie resümierenden *Begriffe* enthalten ist.[9]

Einige Ökonomen interpretieren jedoch die Einheit von Historischem und Logischem in den Untersuchungen von Karl Marx zur kapitalistischen Produktionsweise etwas einseitig. So weisen sie z. B. darauf hin, daß im ersten Abschnitt des ersten Bandes des „Kapital" nicht die gegenwärtige Geschichte der kapitalistischen Produktion, sondern die dem Kapitalismus vorangegangenen Wirtschaftsformen, insbesondere die einfache Warenproduktion, analysiert werden. In Wirklichkeit stellen die kapitalistische Produktionsweise und die ihr entsprechenden Produktions- und Austauschbeziehungen, nicht aber die Bedingungen und Voraussetzungen ihrer Bildung das Erkenntnisobjekt im „Kapital" dar. Die einfache Warenproduktion ist aber eine Produktionsform, die der kapitalistischen voranging.

Die einfache Warenproduktion und -zirkulation waren eine Voraussetzung für die Entstehung von Frühformen des Kapitals, die auch der Herausbildung des Industriekapitals vorangingen und eine Bedingung und Voraussetzung für dessen Entstehung waren. Wären im ersten Abschnitt des ersten Bandes des „Kapital" tatsächlich jene Produktions- und Zirkulationsformen Gegenstand der Analyse, die dem Kapitalismus vorangingen, so hätten auch diese Formen theoretisch analysiert werden müssen, denn auch sie sind Formen des Kapitals und nicht der einfachen Warenproduktion und -zirkulation. Diese Formen des Kapitals wurden übrigens von Karl Marx über den ersten Band des „Kapital" hinaus weiter untersucht. Sie wurden im „Kapital" nicht unter dem Gesichtspunkt der Bedingungen und Voraussetzungen für die Entstehung des industriellen Kapitals, sondern als jene besonderen Teile des industriellen Kapitals untersucht, deren Funktionen sich aus der Waren- und Geldform ergeben.

Obwohl die einfache Warenproduktion und -zirkulation tatsächlich dem Kapitalismus vorausgehen und eine sehr wesentliche Voraussetzung für dessen Herausbildung darstellen, sind sie selbst im „Kapital" aber kein Forschungsgegenstand. Hier wird die Ware als eine sehr abstrakte Form des bürgerlichen Reichtums behandelt, als ökonomische Zelle der kapitalistischen Produktionsweise.[10] Deshalb ist die Kategorie „Ware" der Ausgangspunkt des theoretischen Systems der politischen Ökonomie des Kapitalismus. „Marx analysiert im ‚Kapital'", so schrieb Lenin, „zunächst das einfachste, gewöhnlichste, grundlegendste, massenhafteste, alltäglichste, milliardenfach zu beobachtende *Verhältnis* der bür-

[9] Vgl. W. I. Lenin, Plan der Dialektik (Logik) Hegels, in: Werke, Bd. 38, Berlin 1964, S. 319.

[10] „Wir gingen von der Waare", schrieb Karl Marx, „als der allgemeinsten Categorie der bürgerlichen Production [aus]. Solche allgemeine Categorie wird sie erst durch Veränderung, der die Productionsweise selbst durch das Capital unterworfen wird." (Karl Marx, Zur Kritik der Politischen Ökonomie, Manuskript 1861—1863, in: K. Marx/F. Engels, Gesamtausgabe (im folgenden MEGA), II. Abteilung, Bd. 3.1, Berlin 1976, S. 265.)

gerlichen (Waren-) Gesellschaft: den Warenaustausch. Die Analyse deckt in dieser einfachsten Erscheinung (in dieser ‚Zelle' der bürgerlichen Gesellschaft) *alle* Widersprüche (resp. die Keime *aller* Widersprüche) der modernen Gesellschaft auf. Die weitere Darstellung zeigt uns die Entwicklung (*sowohl* das Wachstum *als auch* die Bewegung) dieser Widersprüche und dieser Gesellschaft im Σ ihrer einzelnen Teile, von ihrem Anfang bis zu ihrem Ende."[11]

Der Warenaustausch als einfachste, typischste, massenweise, milliardenfach sich wiederholende Erscheinung, als Keim aller Widersprüche, die dem gesamten sozialen Organismus innewohnen, charakterisiert letztlich nur das ökonomische System der kapitalistischen Gesellschaft. Karl Marx untersucht im ersten Abschnitt des ersten Bandes des „Kapital" sofort die kapitalistische Produktion, jedoch sehr abstrakt, durch Beschreibung der Warenproduktion im allgemeinen, denn gerade sie stellt die genetische Spezifik der kapitalistischen Produktionsweise dar. Unter Hinweis auf diesen Umstand betonte Marx: „Nur auf der Grundlage der kapitalistischen Produktion wird die Ware in der Tat die *allgemeine elementarische Form des Reichtums*."[12] Deshalb „zeigt sich hier, wie selbst früheren Produktionsepochen angehörige ökonomische Kategorien auf Grundlage der kapitalistischen Produktionsweise einen spezifisch verschiedenen, historischen Charakter erhalten."[13] Anders kann man auch nicht an die Erforschung eines so komplizierten Wirtschaftsorganismus herangehen, wie ihn die kapitalistische Produktionsweise darstellt. Daraus folgt aber keineswegs, daß die einfache Warenproduktion und die Warenzirkulation, die den kapitalistischen Formen vorangingen, überhaupt keine Beziehung zum Forschungsgegenstand im ersten Band des „Kapital" haben.

Die Warenproduktion und Warenzirkulation waren in uralten Zeiten entstanden und verkörperten eine völlig neue Form der Wirtschaftsbeziehungen, die in einem scharfen Gegensatz zu den Produktionsbedingungen und den Formen des Reichtums vorkapitalistischer Produktionweisen stehen. Sie brachten Beziehungen zum Ausdruck, die davon zeugten, daß sich der stoffliche Reichtum und die gegenständliche Form der Wirtschaftsbeziehungen im Unterschied zu den persönlichen Beziehungen entwickeln, wie sie für die vorbürgerliche Gesellschaftsstruktur charakteristisch sind. Diese ökonomische Form war deshalb der potentielle Träger des künftigen kapitalistischen Systems von Produktionsbeziehungen, das unter bestimmten Bedingungen allumfassend wurde. Spricht man also über die Geschichte der Voraussetzungen der kapitalistischen Produktionsweise, so kann man die einfache Warenproduktion und Warenzirkulation nicht übergehen. Vielleicht gehört diese auch zur Geschichte, dann aber nicht zur unmittelbaren Geschichte der kapitalistischen Produktionweise, sondern zur Geschichte ihrer Herausbildung. Man kann sie jedoch nur begreifen, wenn man von der eigent-

[11] W. I. Lenin, Zur Frage der Dialektik, in: Werke, Bd. 38, Berlin 1964, S. 340.
[12] Archiv Marksa i Ėngel'sa, Bd. II (VII), Moskva 1933, S. 182.
[13] Ebenda.

lichen Geschichte der kapitalistischen Produktionsweise ausgeht, d. h., wenn man die charakteristischen Besonderheiten des Kapitalismus als eine historisch besondere Wirtschaftsstruktur der Gesellschaft analysiert. „Die differentia specifica anzugeben, ist hier sowohl *logische* Entwicklung, als Schlüssel zum Verständnis der *historischen*."[14]

Somit ist die eigentliche Geschichte des Kapitals die notwendige theoretische Voraussetzung, um die Bedingungen seiner Herausbildung zu verstehen, die der kapitalistischen Produktionsweise vorangingen. Wir gelangen zu der Schlußfolgerung, daß das Historische, wie es im logischen Schema des „Kapital" dargelegt wird, die eigentliche Geschichte der kapitalistischen Produktionsweise charakterisiert, d. h. die Entwicklung des Kapitalismus als bereits voll herausgebildete Gesellschaftsordnung, die die Bedingungen und Voraussetzungen ihres Werdens reproduziert.[15]

Die Tatsache, daß solche Voraussetzungen der kapitalistischen Produktionsweise, wie Warenproduktion und Geld, sich bereits bedeutend früher als der Kapitalismus herausgebildet haben, zeugt davon, daß die bürgerliche Gesellschaft ein Produkt der historischen Entwicklung ist, und deshalb auch die notwendigen Bedingungen ihrer Existenz hervorbringt und reproduziert. Zugleich ist die kapitalistische Produktion als solche durch eine bestimmte historische Dynamik charakterisiert, nämlich durch die Entwicklung von Methoden zur Produktion von relativem Mehrwert, eine wachsende organische Zusammensetzung des Kapitals, verstärkte Konzentration und Zentralisation der Produktion, Veränderung der kapitalistischen Eigentumsformen usw.

Diese historische Dynamik kommt in den entsprechenden ökonomischen Kategorien zum Ausdruck, die theoretische Abstraktionen real existierender Produktionsverhältnisse sind. Es geht aber nicht nur darum. Die wesentliche Seite der Einheit von Logischem und Historischem in der ökonomischen Theorie von Karl Marx besteht darin, daß er den historisch begrenzten und historisch vorübergehenden Charakter der ökonomischen Struktur des Kapitalismus begründet hat. „Erscheinen einerseits die vorbürgerlichen Phasen als *nur historische*, i. e. aufgehobne Voraussetzungen, so die jetzigen Bedingungen der Produktion als *sich selbst aufhebende* und daher als *historische Voraussetzungen* für einen neuen Gesellschaftszustand setzende."[16]

[14] K. Marx, Grundrisse der Kritik der Politischen Ökonomie (Rohentwurf), a. a. O., S. 565.

[15] Daraus folgt aber keineswegs, daß im ersten Abschnitt des ersten Bandes des „Kapital" die Ware nicht in ihrer allgemeinen Form, sondern als Produkt des Kapitals untersucht wird. Hier wird die Ware als die einfachste Realität der kapitalistischen Produktionsweise, als eine außerordentlich allgemeine Eigenschaft dieser Produktionsweise untersucht. Die Ware ist als Produkt des Kapitals nicht nur schlechthin Ware, sondern Warenkapital. Sie ist keine genetische, sondern eine unmittelbare Strukturkomponente des ökonomischen Systems des Kapitalismus.

[16] K. Marx, Grundrisse der Kritik der Politischen Ökonomie (Rohentwurf), a. a. O., S. 365.

Soweit einige Aspekte der Einheit von Logischem und Historischem, wenn man ihr Verhältnis im Rahmen der Grundfrage der Philosophie vom Gesichtspunkt der Spezifik des Erkenntnisgegenstandes in der politischen Ökonomie näher untersucht.

Diese oberflächliche Betrachtung des Verhältnisses der Einheit von Logischem und Historischem erschöpft die Probleme längst nicht in ihrer Gesamtheit. Wenn festgestellt wurde, daß die ökonomische Theorie die logische Widerspiegelung eines objektiv bestehenden konkret-historischen Systems von Produktionsverhältnissen ist und daß die Art und Weise sowie die Gesetzmäßigkeiten dieser Widerspiegelung vom Wesen des Erkenntnisobjektes selbst bestimmt werden, so ist damit noch nicht die Frage nach der Struktur der Theorie als solcher gelöst, nämlich wie diese das Erkenntnisobjekt möglichst adäquat widerspiegeln kann. In der politischen Ökonomie ist es durch verschiedene Dimensionen charakterisiert. Ist es richtig, daß die logische Methode das Mittel darstellt, die Gesamtheit der Seiten des Erkenntnisobjektes widerzuspiegeln? Ist demnach die logische Form in der politischen Ökonomie die einzige Methode, um die Wirklichkeit widerzuspiegeln, oder ist sie nur eine mögliche Form?

In der philosophischen Literatur wird mit Recht betont, daß der Begriff „Historisches" unterschiedliche Bedeutung haben kann.[17] Das Historische braucht nicht nur einen materiellen Prozeß auszudrücken, der Gegenstand wissenschaftlicher Erkenntnis ist, sondern es kann auch die Methode zur Erkenntnis der sozialen Wirklichkeit bezeichnen. In diesem Fall ist das Verhältnis von Historischem und Logischem das von verschiedenen Methoden der wissenschaftlichen Erkenntnis. Je nach dem, in welchem Sinne der Begriff „Historisches" gebraucht wird, ändert sich somit auch der begriffliche Inhalt der Einheit von Logischem und Historischem. Einmal bedeutet er die Übereinstimmung der logischen Kategorien mit ihren materiellen Objekten; zum anderen das Verhältnis, wie die verschiedenen Methoden der wissenschaftlichen Erkenntnis, die sich mit den verschiedenen Seiten des zu untersuchenden Objekts befassen, zueinander in Beziehung stehen.

Im ersten Fall stehen das Historische und Logische also noch im Rahmen der Grundfrage der Philosophie zueinander im Verhältnis, d. h. als Synonyme von Materie und Bewußtsein. Im zweiten Fall handelt es sich um einen Unterschied innerhalb der Erkenntnis selbst, der darauf beruht, daß auch das zu untersuchende Objekt — nämlich die Produktionsverhältnisse — über unterschiedliche objektive Eigenschaften verfügt. Sie sind durch eine bestimmte Struktur und eine bestimmte Genesis charakterisiert.

Struktur und Genesis, die zwei unterschiedliche objektive Bestimmungen der gesellschaftlichen Produktionsverhältnisse sind, bestimmen zugleich die unterschiedlichen Methoden ihrer Widerspiegelung im Prozeß der wissenschaftlichen Erkenntnis, nämlich die logische Methode, mit deren Hilfe die ideelle Wider-

[17] Vgl. V. S. Dobrijanov, Metodologičeskie problemy teoretičeskogo i istoričeskogo poznanija, Moskva 1968, S. 167, 168.

spiegelung der Struktur der Produktionsverhältnisse erfolgt, und die historische Methode, deren Objekt die Genesis der Produktionsverhältnisse ist. Das Wechselverhältnis, das zwischen diesen beiden Methoden der wissenschaftlichen Erkenntnis besteht, wird durch das Wechselverhältnis zwischen den genetischen und strukturellen Beziehungen bestimmt, die dem Erkenntnisobjekt als solchem, d. h. in diesem Fall dem System der Produktionsverhältnisse, innewohnen.[18]

Die Einheit von Genesis und Struktur wird dadurch bestimmt, daß sie wesentliche Merkmale desselben Erkenntnisobjekts sind. Deshalb bedingen sie einander. Zugleich verkörpern sie qualitativ unterschiedliche Eigenschaften des Objekts, denn die Struktur charakterisiert das Objekt hinsichtlich der Stabilität, während demgegenüber die Genesis das Objekt von der Bewegung, der Veränderlichkeit her bestimmt. Die Struktur erscheint als geronnene, d. h. zeitlich fixierte Genesis, während die Genesis die sich herausbildende Struktur verkörpert. In diesem Sinne sind sie Gegensätze, die einander ausschließen. Folglich sind die genetischen und strukturellen Zusammenhänge der Produktionsverhältnisse Momente von dialektischer Identität. Bei der wissenschaftlichen Untersuchung zeigt sich das darin, daß man die Struktur des ökonomischen Systems der Gesellschaft nicht untersuchen kann, wenn man die Genesis völlig ignoriert, und umgekehrt kann man die Genesis nur untersuchen, wenn man ihre Struktur kennt. So setzt das Studium der Genesis der Produktionsverhältnisse des Sozialismus voraus, daß man die ökonomische Struktur der entwickelten sozialistischen Gesellschaft kennt. Andererseits kann man die Struktur der Produktionsverhältnisse des Sozialismus nicht gründlich erforschen, ohne die genetischen Zusammenhänge zu beachten.

Genesis und Struktur der Wirtschaftsbeziehungen sind Gegensätze, jedoch handelt es sich hier um dialektische Gegensätze. Nur im Rahmen eines gegebenen Systems von Beziehungen treten sie als ganz bestimmte Unterschiede hervor. Untersucht man aber die Struktur dieses ökonomischen Systems im gesamthistorischen Zusammenhang, so ist der Unterschied von strukturellen und genetischen Zusammenhängen relativ und veränderlich, da sich innerhalb der betreffenden Struktur Elemente des künftigen Systems der ökonomischen Beziehungen herausbilden. Die Struktur eines Systems umfaßt somit den Prozeß, in dem sich die Voraussetzungen herausbilden, um zu einem anderen System überzugehen, d. h. einen Moment von dessen Genesis. Diese Relativität von genetischen und strukturellen Merkmalen ist die objektive Grundlage für die relativen Unterschiede zwischen historischer und logischer Form wissenschaftlicher Erkenntnis ökonomischer Prozesse. Und die Unterschiede zwischen diesen Methoden der Erkenntnis sind

[18] Das Problem von Gemeinsamkeiten und Unterschieden bei der theoretischen und historischen Erkenntnismethode wurde eingehend in der Arbeit von B. A. Grušin, Očerki logiki istoričeskogo issledovanija (Moskva 1961, S. 170, 174, 177 u. a.) untersucht, deshalb wollen wir auf dieses Problem nicht näher eingehen und erwähnen nur jene Aspekte, die in unmittelbarer Beziehung zu dem hier untersuchten Problem stehen.

um so größer, je mehr sich die Struktur der Produktionsverhältnisse von ihrer Genesis unterscheidet.

Untersucht man die Genesis der gesellschaftlichen Produktionsverhältnisse, so stehen die Gesetzmäßigkeiten der Herausbildung des Systems im Vordergrund, denn sie können aufgedeckt werden, indem man die zeitliche Abfolge bei der Herausbildung der Komponenten dieses Systems von Zusammenhängen feststellt. Anders verhält es sich, wenn es um die Erforschung der Struktur der Produktionsverhältnisse einer konkret-historischen Gesellschaft geht. In diesem Fall wird der Erkenntnisgegenstand in der Weise aufgegliedert, daß die wesentliche strukturbestimmende Komponente dieses Systems von Beziehungen hervorgehoben wird, denn gerade sie spielt gegenüber allen übrigen Komponenten des Systems die dominierende Rolle, da sie nichtnur deren spezifisch historische Züge, sondern auch ihre gegenseitige Stellung zueinander bestimmt.

Das „Kapital" ist das herausragende theoretische Werk, in dem die logische Methode zur Untersuchung der Produktionsverhältnisse sehr umfassend und konsequent angewandt wurde, denn hier ist der Hauptgegenstand der Untersuchung die Struktur der Produktionsverhältnisse der kapitalistischen Produktionsweise. Das bestimmt auch den logischen Aufbau des Werkes. Alle ökonomischen Formen der kapitalistischen Produktion wurden unter dem Gesichtspunkt des strukturbildenden Zusammenhangs des Systems von Produktionsverhältnissen gesehen, nämlich der Produktion von Mehrwert. Diejenigen ökonomischen Formen, die die allgemeinen Voraussetzungen für die Existenz des Kapitals darstellen — und somit auch die Mehrwertproduktion —, wurden bereits vor dem unmittelbaren Prozeß ihrer Herausbildung untersucht (Warenproduktion, Austauschprozeß, Geld).

Die übrigen ökonomischen Formen, die dem industriellen Kapital zwar historisch vorangingen, aber nicht dessen allgemeine Grundlagen bilden, und deren Wesen sich durch die Entwicklung der kapitalistischen Produktionsweise verändert hat, werden später behandelt, und zwar nicht als wesentliches Merkmal des industriellen Kapitals, d. h. des Prozesses der Mehrwertproduktion, sondern im Zusammenhang mit jenen Kapitalformen, in denen es in der unmittelbar wahrnehmbaren Wirklichkeit auftritt (Handelskapital, Leihkapital). Diese Forschungsmethode wurde deshalb gewählt, weil die Produktion von Mehrwert als wesentlicher Bestandteil der kapitalistischen Produktionsweise nicht begriffen werden kann, bevor die Warenproduktion und Warenzirkulation analysiert sind. Demgegenüber sind die Formen des Handels- und Leihkapitals keine einfachen Analogien ihrer Vorgänger in früheren Gesellschaftsformationen; sie sind Resultate des Industriekapitals und können deshalb nur auf der Grundlage der Mehrwertproduktion und -zirku ation verstanden werden.

Einmal entspricht die logische Reihenfolge also dem Ablauf des gesamthistorischen Prozesses, zum anderen widerspricht die Art und Weise der logischen Untersuchung diesem Ablauf. Daraus kann man aber nicht schlußfolgern, daß das Prinzip der geschichtlichen Betrachtungsweise der gesellschaftlichen Erscheinungen verletzt wurde, da sich diese nicht nur grundlegend vom chronologischen Ablauf unterscheidet, sondern diesem in einigen wichtigen Punkten sogar entgegensteht. Die chronologische Abfolge entspricht durchaus nicht immer der eigentlichen Geschichte des Erkenntnisobjekts. Im „Kapital" ist die Untersuchung der Struktur der Produktionsverhältnisse, nicht aber deren Genesis von bestimmender Bedeutung. Die genetischen Zusammenhänge sind hier den strukturellen untergeordnet. Doch sollte hier darauf hingewiesen werden, daß man auch selbst dann, wenn im „Kapital" nicht die Struktur der Produktionsverhältnisse des Kapitalismus, sondern direkt deren Entstehung untersucht würde, kaum erwarten könnte, daß die Kategorien in der chronologischen Reihenfolge untersucht würden, in der sie in Erscheinung traten. Die Entstehung der sozialen Formen unterscheidet sich von der empirischen Geschichte vor allem dadurch, daß hier nicht einfach der zeitliche Zusammenhang der Ereignisse, sondern deren innere Kausalbeziehung die entscheidende Rolle spielt. Aber diese Zusammenhänge sind keineswegs nach der chronologischen Abfolge gruppiert. Um die Entstehung einer bestimmten sozialen Form festzustellen, muß man ermitteln, wie diese Form entstanden ist, wie sie sich herausgebildet hat und welche Entwicklungstendenzen ihr innewohnen. Diese Aufgabe ist aber nicht nur mit Hilfe der rein historischen Erkenntnismethode zu lösen, dazu bedarf es auch der logischen Methode.

Das Problem der Genesis hängt also eng mit dem Problem der Struktur zusammen. Als Karl Marx die Struktur des entwickelten ökonomischen Systems der bürgerlichen Gesellschaft untersuchte, konnte er auch das Problem ihrer Entstehung lösen. Untersucht man also die Entstehung eines Systems von Produktionsverhältnissen, so braucht die Reihenfolge der Forschung nicht unmittelbar mit der empirischen Geschichte übereinzustimmen. Handelt es sich beim Gegenstand der Analyse um die Struktur eines entwickelten Objekts, dann es das sogar unmöglich. „Es wäre also", schreibt Marx, „untubar und falsch, die ökonomischen Kategorien in der Folge aufeinanderfolgen zu lassen, in der sie historisch die bestimmenden waren. Vielmehr ist ihre Reihenfolge bestimmt durch die Beziehung, die sie in der modernen bürgerlichen Gesellschaft aufeinander haben . . ."[19]

Diejenige Seite des Erkenntnisobjekts, die unmittelbar zu untersuchen ist, kann allerdings nicht willkürlich gewählt werden. Das hängt völlig davon ab, in welchem Zustand sich das Objekt an sich befindet. Eine logische Analyse setzt voraus, daß der Prozeß der Herausbildung des Objekts einen solchen Reifegrad erreicht hat, daß dieses sich in einem Zustand der Ganzheit befindet, d. h., daß der Entstehungsprozeß im wesentlichen bereits abgeschlossen ist. Gelegentlich sind aber auch Objekte zu untersuchen, die sich in der Herausbildung befinden und bei denen dieser Prozeß noch längst nicht abgeschlossen ist. Bei diesen bestehen verschiedene sozialökonomische Formationen nebeneinander oder es sind voll herausgebildete materielle Voraussetzungen vorhanden, um zu einer neuen Produktionsweise überzugehen. Es gibt auch andere Arten von Strukturen, die sich in der Her-

[19] K. Marx, Grundrisse der Kritik der Politischen Ökonomie (Rohentwurf), a. a. O., S. 28.

ausbildung befinden, deren Untersuchung aber nicht Aufgabe dieser Arbeit ist. In welcher Form sie auch existieren mögen, ihre theoretische Analyse bereitet stets erhebliche Schwierigkeiten.

Ein sehr typisches historisches Beispiel für eine solche Struktur stellt die Wirtschaft Rußlands nach der Periode der bürgerlichen Reformen dar, die in einer umfangreichen Literatur theoretisch untersucht wurde.

In den 60er und 70er Jahren des 19. Jahrhunderts bestand die reale Alternative zur kapitalistischen Entwicklung des Landes darin, als Ausgangspunkt für die soziale Umgestaltung des Landes diie Dorfgemeinde zu nutzen, diese archaische Sozialform, die, wenn auch in erheblich modifizierter Form, ein Überbleibsel der gemeinschaftlichen Ordnung war. Die Begründer des wissenschaftlichen Sozialismus hielten es unter bestimmten Umständen für möglich, sozialistische Umgestaltungen in Rußland vorzunehmen und diese Form gesellschaftlicher Verhältnisse zu nutzen. Karl Marx und Friedrich Engels formulierten eine Reihe von Voraussetzungen, bei denen sich diese Variante der sozialen Entwicklung als real erweisen könnte. In der Zeit nach den bürgerlichen Reformen wirkte aber noch ein anderer Faktor, der die Tendenz der sozialökonomischen Entwicklung des Landes bestimmte, nämlich die sich entwickelnde Warenproduktion. Infolge verschiedener Umstände, vor allem durch das sich real entwickelnde Kräfteverhältnis der Klassen, erwies sich dieses Element als entscheidend.

Gegenwärtig entwickeln sich ähnliche Situationen in denjenigen befreiten Ländern, die eine selbständige wirtschaftliche Entwicklung einschlagen. Doch unterscheidet sich die internationale Situation nach dem zweiten Weltkrieg grundsätzlich von der in Rußland vor mehr als hundert Jahren. Jetzt sind reale Kräfte vorhanden, um den befreiten Ländern einen nichtkapitalistischen Entwicklungsweg zu sichern.

Bei der Erforschung von sich herausbildenden ökonomischen Strukturen besteht ein sehr kompliziertes Problem darin, das bestimmende Element zu ermitteln, d. h. dasjenige ökonomische Verhältnis, dem die bestimmende Rolle im Gesamtsystem der Beziehungen zukommt und das deshalb die Haupttendenz der sozialökonomischen Entwicklung bestimmt. Die Lösung dieses Problems ist deshalb so kompliziert, weil das bestimmende Element im System der sich entwickelnden Beziehungen nur sehr schwach ausgeprägt ist, denn es spielt im bestehenden System von seiner realen Stellung her nicht die bestimmende Rolle, sondern verkörpert die Entwicklungstendenz. Bekanntlich mußte die russische Sozialdemokratie erhebliche Bemühungen aufwenden, um die Hauptrichtung der sozialökonomischen Entwicklung des Landes Ende des vergangenen Jahrhunderts zu bestimmen und diejenigen sozialen Kräfte herauszustellen, die fähig waren, grundlegende sozialökonomische Umgestaltungen durchzuführen.

Im Sozialismus, der ersten Phase der kommunistischen Produktionsweise, besteht eine besonders enge Wechselwirkung zwischen genetischen und strukturellen Zusammenhängen. Da dieses Problem in den folgenden Abschnitten der Arbeit eingehender untersucht wird, gehen wir hier nur ganz allgemein darauf ein.

Das System der sozialistischen Produktionsverhältnisse ist historisch die erste Phase der reifen ökonomischen Struktur der kommunistischen Produktionsweise. Im Rahmen dieses Systems erfolgt die Herausbildung der Beziehungen der kommunistischen Gesellschaft. Die Tatsache, daß der Sozialismus als erste Phase der kommunistischen Produktionsweise bezeichnet wird, ist keineswegs eine formale Sache, sondern hat einen tiefen inhaltlichen Aspekt bei der Erforschung des Systems der sozialistischen Produktionsverhältnisse. Sie ist das grundlegende Prinzip für die theoretische Analyse der ökonomischen Struktur der sozialistischen Gesellschaft. Welche konkreten Forderungen ergeben sich aus diesem Grundsatz für die theoretische Analyse?

Erstens zwingt er dazu, den Sozialismus und Kommunismus als ein und denselben Typ von Produktionsverhältnissen zu untersuchen, der genetisch wie strukturell dieselben Grundlagen besitzt. Zweitens verpflichtet er dazu, das Wirken eines für die gesamte kommunistische Gesellschaftsordnung gemeinsamen Systems von ökonomischen Gesetzen anzuerkennen, die von ihrem objektiven Inhalt her gleichen Charakter tragen, wie er dem kommunistischen Typ der ökonomischen Gesellschaftsstruktur innewohnt. Drittens bedeutet die Tatsache, den Sozialismus als erste Phase der kommunistischen Produktionsweise anzuerkennen, daß es notwendig ist, den Prozeß der Herausbildung der kommunistischen Produktionsverhältnisse als inneres Entwicklungsmoment des Sozialismus zu betrachten, der sich in allen Etappen der sozialistischen Entwicklung vollzieht. Betrachtet man schließlich den Sozialismus als erste Phase der kommunistischen Produktionsweise, so bedeutet das nicht, daß man seine spezifischen Züge und Besonderheiten nicht zu untersuchen brauchte, sondern macht es eine solche Untersuchung geradezu erforderlich. Diese Untersuchung muß aber davon ausgehen, daß es sich nicht um eine selbständige Produktionsweise handelt, sondern um die erste Phase bei der Herausbildung der kommunistischen Gesellschaft.

Diese Forderungen ergeben sich aus dem spezifischen Zusammentreffen von genetischen und strukturellen Zusammenhängen, wie sie den ökonomischen Verhältnissen des Sozialismus eigen sind. Obwohl der Sozialismus die erste, niedere Phase des Kommunismus, d. h. einen unvollkommenen, nicht voll ausgebildeten Kommunismus darstellt, so besitzt er trotzdem seine eigene spezifische Struktur, die Gegenstand einer theoretischen Analyse sein kann. Kann man sie auch nicht als Struktur einer selbständigen Produktionsweise untersuchen, so bedeutet das keineswegs, daß sie überhaupt nicht Gegenstand einer wissenschaftlichen Untersuchung sein kann.

Die verschiedenen Formen des Revisionismus, die die allgemeinen Gesetzmäßigkeiten des Übergangs vom Kapitalismus zum Sozialismus, die allgemeinen Merkmale der sozialistischen Phase der kommunistischen Produktionsweise negieren, beruhen auf der Negation der spezifischen Struktur des Sozialismus, auf der Vorstellung, daß dieser ein gestaltloses, strukturell nicht geformtes Gebilde darstellt, das eine Vielzahl nationaler Modelle zuläßt.

Die marxistische Theorie des Sozialismus negiert nicht die nationale Spezifik, aber sie geht davon aus, daß es allgemeine Gesetzmäßigkeiten beim Übergang zum Sozialismus, allgemeingültige Züge und Merkmale gibt, die die ökonomischen Verhältnisse der sozialistischen Entwicklungsphase auszeichnen. Andererseits ist das ökonomische System des Sozialismus als Moment der Entstehung, als Prozeß der Herausbildung der Produktionsverhältnisse der kommunistischen Gesellschaft zu sehen. Negiert man das genetische Wesen der ökonomischen Formen der sozialistischen Produktion, so führt das völlig unabhängig von subjektiven Vorstellungen dazu, den Sozialismus als selbständige Produktionsweise darzustellen, denn die dem Sozialismus eigenen ökonomischen Verhältnisse werden in diesem Fall zwangsläufig losgelöst vom ökonomischen System der kommunistischen Produktionsweise als Ganzem gesehen.

Die Auffassung, daß das ökonomische System des Sozialismus eine Phase bei die Herausbildung des Kommunismus darstellt, ist ganz allgemein die methodologische Voraussetzung, um dieses System wissenschaftlich zu analysieren, denn sie zwingt dazu, das Wesen der ökonomischen Formen der sozialistischen Produktion nicht als Zustand, sondern als Prozeß bei der Herausbildung der kommunistischen Produktionsverhältnisse zu betrachten. In diesem Prozeß wird das Wesen, das in der einen oder anderen Form beiden Phasen der kommunistischen Produktionsweise eigen ist und das die Haupttendenz bei der historischen Entwicklung der ökonomischen Beziehungen des Sozialismus bestimmt, allmählich von den aus der Vergangenheit übernommenen Elementen befreit und streift deshalb diejenigen Formen ab, die ihm im Sozialismus innewohnen.

Ist also einerseits keine ökonomische Form der sozialistischen Produktion außerhalb ihres Wesens, das für beide Phasen der kommunistischen Gesellschaftsformation gilt und das ihre Bedeutung und ihren historischen Platz bei der Herausbildung des ökonomischen Systems der kommunistischen Gesellschaft bestimmt, zu begreifen, so kann man anderseits nicht den Reifegrad dieses Wesens bestimmen, ohne jene besonderen Formen zu untersuchen, in denen es im Sozialismus real existiert.

Hierin muß sich nach unserer Auffassung das Prinzip der Einheit von Historischem und Logischem bei der Untersuchung der sozialistischen Produktionsverhältnisse als einem sich herausbildenden System der kommunistischen Produktionsweise realisieren. Diese Auffassung hat nicht nur methodologische, sondern auch wichtige inhaltliche Bedeutung. In diesem Fall geht es nicht einfach darum, ob es zweckmäßig ist, eine bestimmte Methode der theoretischen Analyse anzuwenden, sondern darum, daß die Gesetzmäßigkeiten des kommunistischen Aufbaus nur dann erforscht und effektiv in der Wirtschaftspraxis ausgenutzt werden können, wenn man von dieser Einstellung ausgeht. Das ist z. B. von grundlegender Bedeutung, um das Wechselverhältnis zwischen den funktionalen Gesetzen des ökonomischen Systems des Sozialismus und den Gesetzen des Hinüberwachsens des Sozialismus in den Kommunismus zu bestimmen.

Es kann nicht sein, daß die Funktionsgesetze der sozialistischen Produktionsverhältnisse zugleich auch die Gesetze für die Entwicklung und das Hinüberwachsen des Sozialismus in den Kommunismus sind. Unseres Erachtens ist es nicht richtig, wenn behauptet wird, daß das unmittelbare Hinüberwachsen des Sozialismus in den Kommunismus einen besonderen Zeitraum verlange, der einsetzt, sobald der Sozialismus seine Möglichkeiten voll ausgeschöpft hat. Geht man von einer solchen Auffassung aus, so werden die ökonomischen Verhältnisse des Sozialismus ihrem Wesen nach von der kommunistischen Gesellschaftsformation losgelöst. Der Auffassung, daß die funktionalen Gesetze der sozialistischen Produktionsverhältnisse sich von den Gesetzen für das Hinüberwachsen des Sozialismus in die kommunistische Gesellschaft unterscheiden, kann in dieser allgemeinen Form vor allem deshalb nicht zugestimmt werden, weil das die reale Möglichkeit einschließt, den Sozialismus als selbständige Produktionsweise zu betrachten.

Aber auch nicht alle Beziehungen in der sozialistischen Produktion enthalten weder ihrem Inhalt noch ihrer Form nach unmittelbar Prinzipien, die für beide Phasen der kommunistischen Gesellschaftsformation zutreffen. Würden die funktionalen Gesetze der sozialistischen Produktionsverhältnisse mit den Gesetzen des Hinüberwachsens vom Sozialismus in den Kommunismus völlig identisch sein, so würden sie sich in keiner Weise von den Gesetzen der höchsten Phase des Kommunismus unterscheiden. Aber in diesem Fall hätte der Unterschied zwischen Sozialismus und Kommunismus weder theoretisch noch praktisch irgendwelche wesentliche Bedeutung. Somit sind die funktionalen Gesetze des Sozialismus Gesetze für den Übergang vom Sozialismus zum Kommunismus, wobei sie sich von diesen zugleich unterscheiden. Das ist zweifellos ein Widerspruch, aber er liegt in der Wirklichkeit begründet, da diese sich unablässig entwickelt. Es ist eine zentrale Aufgabe der ökonomischen Theorie des Sozialismus, die konkreten Bewegungsformen dieses Widerspruchs theoretisch zu untersuchen, denn das ist von entscheidender Bedeutung, um die ökonomischen Gesetze des Sozialismus für die Leitung des wirtschaftlichen Aufbaus auszunutzen.

Da die Struktur der sozialistischen Produktionsverhältnisse zugleich auch ein Moment der Genesis des ökonomischen Systems der kommunistischen Gesellschaft darstellt, muß auch die Methode der politischen Ökonomie des Sozialismus von der Einheit der logischen und historischen Methode ausgehen. In dem Maße, wie es erforderlich wird, das System der sozialistischen Produktionsverhältnisse als historisch bestimmte, strukturell herausgebildete Formation zu untersuchen, müssen die Gesetzmäßigkeiten ihrer Funktionsweise vorwiegend mit Hilfe der logischen Methode erforscht werden. Tritt dieses System aber zugleich als Phase der kommunistischen Produktionsweise in Erscheinung, ist die historische Methode anzuwenden.

Das spezifische Verhältnis von logischer und historischer Erkenntnismethode wird also bei der Erforschung des ökonomischen Systems des Sozialismus von den Besonderheiten des Erkenntnisobjekts an sich bestimmt. Aber das ist kein starrer und unveränderlicher Zustand. In dem Maße, wie die ökonomische Struktur des Sozialismus in das System der Wirtschaftsbeziehungen der kommunistischen

Gesellschaft hinüberwächst, verschiebt sich das Verhältnis von logischer und historischer Erkenntnisform zugunsten der ersteren, da die Erforschung der Gesetzmäßigkeiten strukturellen Charakters objektiv in den Vordergrund treten wird. Der Platz, den die historische Methode in der politischen Ökonomie des Sozialismus einnimmt, wird folglich von der Rolle und Bedeutung der genetischen Faktoren bestimmt und steht deshalb in umgekehrter Beziehung zum Reifegrad der kommunistischen Produktionsweise. Darüber hinaus ist auch ein anderer wichtiger Aspekt der Sache zu beachten. Die Entstehung der kommunistischen Produktionsverhältnisse ist organisch mit der Struktur der sozialistischen Produktionsverhältnisse verbunden, da erstere sich aus letzteren ergeben. Man kann also die Gesetzmäßigkeiten bei der Herausbildung der kommunistischen Produktionsverhältnisse nicht erkennen, ohne die Struktur der sozialistischen Produktion zu analysieren.

Die hier skizzierte Besonderheit im Verhältnis von logischer und historischer Erkenntnisform in der politischen Ökonomie des Sozialismus hat prinzipielle Bedeutung. Bei der Erforschung des ökonomischen Systems des Sozialismus ist nämlich das Hauptaugenmerk auf jenen Aspekt ihres Entwicklungsprozesses zu richten, der die Tendenzen beim Übergang vom Sozialismus zum Kommunismus widerspiegelt, da ihnen gerade dabei eine dominierende Rolle zukommt. Deshalb sind die neuen Fakten in der wirtschaftlichen Entwicklung ständig zu untersuchen und zu verallgemeinern, denn sie zeigen, wie sich die Gesetzmäßigkeiten bei der Herausbildung der ökonomischen Verhältnisse der kommunistischen Gesellschaft durchsetzen.

Mit der Verbindung von logischer und historischer Erkenntnisform in der politischen Ökonomie des Sozialismus tritt das Problem auf den Plan, den Prozeß der kommunistischen Vergesellschaftung der Produktion zu periodisieren und zu diesem Zwecke die Reifegrade zu bestimmen. Das setzt voraus, die Frage zu entscheiden, wie der Ausgangspunkt für die Entwicklung der kommunistischen Produktionsweise anzusetzen ist. Diese und viele andere Probleme, die sich aus der Genesis der sozialistischen Produktionsverhältnisse ergeben, können kaum nutzbringend untersucht werden, ohne die strukturellen Zusammenhänge zu analysieren, die diesem System von Beziehungen zugrunde liegen, und diese entsprechend der inneren Logik der Herausbildung der kommunistischen Produktionsweise aufzugliedern. Nur so läßt sich die Einheit von logischer und historischer Erkenntnisform realisieren, die sich aus dem objektiven Wesen der sozialistischen Produktionsverhältnisse ergibt, d. h., im Grunde genommen ist an die Untersuchung von der Position einer konkret-historischen Betrachtung der Erscheinungen heranzugehen. Dabei darf man natürlich nicht einseitig verfahren und das Prinzip der Einheit von Historischem und Logischem als Einheit von historischer und logischer Form der Erkenntnis verstehen. Dieses Problem ist wesentlich umfassender.

Da der Begriff „Historisches" unterschiedliche Bedeutung haben kann, so ist, wie bereits gesagt, das Problem der Einheit von Logischem und Historischem nicht eindeutig zu entscheiden. Das Logische kann mit dem Historischen vor allem im Rahmen der Grundfrage der Philosophie korrespondieren. In diesem Fall charakterisiert das Problem der Einheit von Logischem und Historischem das Verhältnis der Logik der Untersuchung des Gegenstandes der Erkenntnis zu dessen tatsächlicher Entwicklung. In unserem Fall ist die ökonomische Struktur der Gesellschaft ein solcher Gegenstand der Erkenntnis, während die Wirtschaftswissenschaft deren theoretische Widerspiegelung ist. Das Problem der Übereinstimmung von Logischem und Historischem läuft deshalb darauf hinaus, in den Kategorien der ökonomischen Theorie die Aufeinanderfolge der Herausbildung und Entwicklung des Systems von ökonomischen Verhältnissen widerzuspiegeln. Da es sich um die Wiedergabe struktureller Zusammenhänge eines bestimmten Typs eines Wirtschaftssystems handelt, kann und braucht die Aufeinanderfolge der wissenschaftlichen Kategorien nicht die Abfolge des historischen Prozesses in der empirisch gegebenen Form widerzuspiegeln.

Die theoretische Widerspiegelung eines ökonomischen Systems muß die innere Logik seiner Funktionsweise und Entwicklung zum Ausdruck bringen, die meistens nicht mit der unmittelbaren historischen Aufeinanderfolge übereinstimmt. Die Aufgabe der Wissenschaft besteht also darin, die Gesetzmäßigkeiten und inneren Zusammenhänge eines historischen Prozesses aufzudecken, die nicht mit dessen zeitlichem Verlauf übereinstimmen und das auch nicht können. Hier besteht eine Einheit von Logischem und Historischem vom Wesen her. In diesem Sinne stimmt die Logik der Kategorien in der ökonomischen Wissenschaft mit der Logik der Entwicklung des betreffenden ökonomischen Systems überein, die Logik im „Kapital" steht mit der inneren Logik der Herausbildung und Entwicklung der kapitalistischen Produktionsweise in Übereinstimmung. Kann man z. B. negieren, daß solche Reihen in der Abfolge, wie Ware—Geld—Kapital, absoluter — relativer Mehrwert oder einfache kapitalistische Reproduktion—Manufaktur—maschinelle Produktion nicht die historische Aufeinanderfolge des realen Entwicklungsprozesses des Kapitalismus als eines bestimmten Systems von Produktionsverhältnissen widerspiegeln?

Nach unserer Auffassung lassen sich keine überzeugenden Argumente nennen, um die Übereinstimmung von Logischem und Historischem zu negieren. Deshalb können wir nicht den Behauptungen einiger Philosophen zustimmen, die versuchen, Karl Marx das Bestreben zu unterschieben, stets und überall nachzuweisen, daß die Logik der Kategorien nicht mit der Logik des realen historischen Prozesses übereinstimmt. So finden wir in einer Veröffentlichung, die Probleme des Historismus untersucht, folgende Behauptung: „Im Unterschied zu Hegel, bei dem die logische Methode des ‚Aufsteigens' auf der bewußten und konsequenten Durchsetzung des Prinzips von der Einheit von Historischem und Logischem beruht, d. h. auf der Einheit von Sein und Denken ganz allgemein, und im Gegensatz zur klassischen bürgerlichen politischen Ökonomie, die *unbewußt* vom gleichen idealistischen Grundsatz ausging und folglich die logische Idealisierung nicht als Forschungsmethode anwandte, sondern ebenfalls Anspruch darauf erhob, daß die logische Entwicklung ihrer Kategorien mit der realen historischen Entwicklung insgesamt übereinstimme, also im Gegensatz zu allen diesen Auffassungen hat Karl Marx stets und überall nachzuweisen versucht, daß die Logik der Kategorien in der politischen Ökonomie mit der ‚Logik' des realen historischen Prozesses *nicht übereinstimmt.*"[20]

Um welchen realen historischen Prozeß handelt es sich hier? Um den realen historischen Prozeß im allgemeinen oder um den realen historischen Prozeß der Entwicklung des ökonomischen Systems des Kapitalismus? Geht man vom realen historischen Prozeß schlechthin aus, so ist es ganz natürlich, daß die Logik der politischen Ökonomie des Kapitalismus, wie sie im „Kapital" dargestellt ist, niemals Anspruch darauf erhob, mit der Logik des historischen Prozesses an sich übereinzustimmen, da sie eine Methode darstellt, mit deren Hilfe lediglich die Struktur der kapitalistischen Form der gesellschaftlichen Organisation der Produktion wissenschaftlich widergespiegelt werden soll. Darüber hinaus bringt diese Logik der Kategorien vor allem die Struktur zum Ausdruck, und erst dann die Genesis dieser historischen Stufe der Gesellschaft. Keine Logik der Kategorien, die eine beliebige gesellschaftliche Organisation widerspiegelt, kann, im welthistorischen Rahmen betrachtet, mit der Logik des realen historischen Prozesses übereinstimmen. Sie kann bestenfalls mit dem historischen Prozeß der Herausbildung und Entwicklung der betreffenden Gesellschaftsformation übereinstimmen.

Hat man aber nicht den historischen Prozeß im allgemeinen im Auge, sondern den Prozeß der Herausbildung und Entwicklung der kapitalistischen Gesellschaft, so stimmt die von Karl Marx angewandte Logik der Kategorien in der politischen Ökonomie im großen und ganzen zweifellos mit dem realen historischen Prozeß überein. Folglich besteht das Problem darin, was man unter dem realen historischen Prozeß verstehen soll, wenn man ihn zur Logik der Kategorien in der politischen Ökonomie in Beziehung setzt. Schließlich ist noch ein anderes Problem zu beachten: Nicht alles, was der Entwicklung des Kapitalismus vorangegangen war oder mit dieser parallel verläuft, steht in direkter Beziehung zu dessen Geschichte, auch wenn es sich zweifellos in den realen historischen Prozeß einfügt. Bevor man darüber streitet, ob die Logik der Erforschung des ökonomischen Systems des Kapitalismus mit dem realen historischen Prozeß übereinstimmt oder nicht, ist die Frage zu klären, welche Prozesse und Fakten überhaupt mit dem Kapitalismus in Zusammenhang stehen. Aber dazu muß man wissen, was der Kapitalismus von seiner ökonomischen Organisation her darstellt. Diese Aufgabe entscheidet aber die Logik der Kategorien in der politischen Ökonomie. Erst dann kann man an die Erforschung der Genesis der kapitalistischen Gesellschaft gehen. Die Kenntnis der Struktur (der kategorialen Logik) ist also die entscheidende Voraussetzung, um den realen historischen Prozeß ihrer Herausbildung zu erforschen.

[20] Princip istorizma v poznanii social'nych javlenij, Sammelband, Moskva 1972, S. 141/142.

Geht man so an das Problem heran, stimmt die Logik der Kategorien in der politischen Ökonomie ohne Zweifel mit dem realen historischen Entwicklungsprozeß des Kapitalismus überein. Gerade das wies Karl Marx im „Kapital" nach. Natürlich geht es nicht um eine unmittelbare Übereinstimmung, sondern um eine solche dem Wesen, dem Ergebnis, den Hauptentwicklungstendenzen nach. „Das Kapital" von Karl Marx ermöglichte es erstmalig, wissenschaftlich an die Geschichte des Kapitalismus und an die Geschichte überhaupt heranzugehen. Die Logik der Kategorien im „Kapital" gehört deshalb zu den wichtigsten Instrumentarien und Methoden,um einen historischen Prozeß zu untersuchen.

In diesem Zusammenhang erhebt sich natürlich noch eine weitere Frage: Was bringt die Logik der Kategorien in der politischen Ökonomie eigentlich zum Ausdruck? Ist sie nicht die logische Form, um den realen historischen Entwicklungsprozeß des Systems der materiellen Beziehungen des Kapitalismus widerzuspiegeln? Es geht doch keineswegs darum, in welcher Reihenfolge sich die Kategorien der politischen Ökonomie entwickeln und ob diese mit der Reihenfolge ihres Entstehens im empirischen Geschichtsprozeß übereinstimmt. Es handelt sich doch vor allem darum, daß die Reihenfolge der Erforschung der Kategorien die wichtigsten historischen Marksteine bei der Herausbildung und Entwicklung der kapitalistischen Produktion sowie bei der Vorbereitung auf den Übergang zu einer höheren gesellschaftlichen Produktionsform charakterisiert. „Die Erforschung der Produktionsverhältnisse der gegebenen, historisch bestimmten Gesellschaft in ihrer Entstehung, ihrer Entwicklung und ihrem Verfall — das ist der Inhalt der ökonomischen Lehre von Marx", schrieb W. I. Lenin.[21]

Die Logik der Kategorien im „Kapital" entspricht dem realen historischen Prozeß also vor allem in der Richtung, daß sie die gedankliche Widerspiegelung des objektiven historischen Prozesses der Herausbildung, der Funktionsweise und der Entwicklung des Kapitalismus in dessen notwendiger, gesetzmäßiger Form ist, die die Haupttendenz der geschichtlichen Entwicklung darstellt. Gerade in dieser Hinsicht stimmt die logische Methode der politischen Ökonomie mit der Methode des historischen Materialismus überein und ist mit letzterer identisch. Das bedeutet natürlich nicht, daß die logische Methode in der politischen Ökonomie Anspruch erheben kann, den gesamten Geschichtsprozeß zu erklären, denn dieser wird nicht nur von ökonomischen, sondern auch von politischen, ideologischen und anderen Faktoren bestimmt, die die geschichtliche Entwicklung modifizieren und komplizieren. Obwohl die ökonomischen Faktoren die entscheidende Rolle spielen, setzt sich deren Rolle doch letztlich nur über eine Vielzahl von vermittelnden Faktoren durch.

Aber es geht nicht nur darum. Um die logische Methode erfolgreich anzuwenden, muß ein voll ausgereiftes, voll herausgebildetes ökonomisches System einer Gesellschaft bestehen, das strukturell ein geschlossenes organisches Gebilde darstellt, dessen Elemente Produkte seiner Funktionsweise sind. In diesem System

[21] W. I. Lenin, Karl Marx, in: Werke, Bd. 21, Berlin 1970, S. 48.

sind die Überreste der Vergangenheit, in deren Rahmen dieses System entstand, entweder völlig überwunden, oder sie sind so weit umgestaltet, daß sie zu Bestandteilen eines völlig neuen Systems wurden. In diesem Fall kann man die Struktur dieses Systems als etwas Ganzes, als selbständigen Organismus, der aufgrund nur ihm eigener Gesetzmäßigkeiten funktioniert, in logischer Form, d. h. in Form eines Systems von Begriffen, Kategorien und Gesetzen widerspiegeln.

Die Anwendung der logischen Methode ist ein wichtiges Mittel, um die historische Spezifik eines ökonomischen Systems zu bestimmen, d. h. diejenigen spezifischen Merkmale, die das System als konkrete historische Formation charakterisieren.

Das alles besagt aber keineswegs, daß die logische Methode selbst bei der Analyse eines reifen ökonomischen Systems von Beziehungen stereotyp angewendet werden kann. Irgendwelche ahistorische Formen der Einheit von Historischem und Logischem könnten so kaum festgestellt werden. Weiter oben behandelten wir diese Frage vor allem unter dem Gesichtspunkt ihrer kategorialen Determination, d. h. unter dem Aspekt der ökonomischen Erscheinungsformen. In der Wirklichkeit ist der Entwicklungsprozeß der empirischen Geschichte aber konkretspezifisch determiniert. Wir haben bereits wiederholt darauf hingewiesen, daß das Historische vor allem spezifisch determiniert ist. Deshalb ist die Übereinstimmung zwischen der Logik der Kategorien bei der Untersuchung des Geschichtsprozesses mit der empirischen Geschichte letztlich dadurch gesichert, daß die Untersuchung aus einer konkret-historischen Betrachtungsweise der gesellschaftlichen Erscheinungen erfolgt, die die Abgrenzung der Formationen der gesellschaftlichen Entwicklung bestimmt. Aber alle diese Thesen bedürfen gerade in dieser Richtung einer bestimmten Weiterentwicklung.

Die Entwicklung der Gesellschaftsformationen hat die Dialektik von Produktivkräften und Produktionsverhältnissen zur inneren Grundlage, wobei diese dialektische Wechselwirkung stets spezifisch ist. In bezug auf die Widerspiegelung der Entwicklung innerhalb der Formation wird für die Einheit von Historischem und Logischem nunmehr charakteristisch, daß sie die Form dieses Prozesses annimmt. Ohne diese Form zu untersuchen, kann man nicht die Einheit von Historischem und Logischem bei der Widerspiegelung der konkreten Gesellschaftsform aufdecken.

Wir behandelten hier einige Aspekte der inhaltlichen Einheit von Historischem und Logischem als Prinzip der wissenschaftlichen Widerspiegelung der Wirklichkeit. Bei ihrer allgemeinen Determination können sie jedoch nicht das ganze Problem umfassen, denn hier wird nicht der Inhalt des Mechanismus analysiert, der den Geschichtsprozeß determiniert. Dieser wird von der materiellen Produktion bestimmt. Die Entwicklung der materiellen Produktion beruht wiederum auf der Wechselwirkung ihrer Hauptkomponenten, nämlich der Produktivkräfte und der Produktionsverhältnisse, und trägt stets konkret-historischen Charakter.

Die Hauptvoraussetzung für die Einheit von Historischem und Logischem bei der Erkenntnis sozialer Erscheinungen ist deshalb das Verständnis für die inneren

Gesetzmäßigkeiten des Geschichtsprozesses, d. h. für die Dialektik der materiellen Produktion, die von der Wechselwirkung von Produktivkräften und Produktionsverhältnissen bestimmt wird. Dieser Prozeß verkörpert die innere Logik der empirischen Geschichte und bestimmt deshalb auch deren theoretische Widerspiegelung.

2. Zur Dialektik von Produktivkräften und Produktionsverhältnissen

Im Vorwort seiner Arbeit „Zur Kritik der Politischen Ökonomie" faßte Karl Marx die Ergebnisse seiner Untersuchungen über die Gesetzmäßigkeiten des Geschichtsprozesses zusammen und formulierte als Gesetz, daß die Entwicklung der Produktivkräfte der bestimmende Faktor bei der Bewegung der gesellschaftlichen Produktion ist. Diese Marxsche Entdeckung war ein grundlegender Ausgangspunkt für die materialistische Auffassung von der Entwicklungsgeschichte der menschlichen Gesellschaft.

Unter den gegenwärtigen Bedingungen ist die Dialektik der gesellschaftlichen Produktion, wie sie in der Wechselwirkung von Produktivkräften und Produktionsverhältnissen zum Ausdruck kommt, weiter zu durchdenken.

Die Entwicklung neuer gesellschaftlicher Erscheinungen ermöglicht es heutzutage, tiefer in das Wesen dieses Problems einzudringen. Das ist besonders aktuell in einem Jahrhundert großer sozialer Veränderungen, wie sie durch den Übergang vom Kapitalismus zum Sozialismus und Kommunismus ausgelöst wurden. Dieser Übergang hat den Charakter eines welthistorischen Prozesses angenommen, der den Hauptinhalt der gegenwärtigen Epoche bestimmt. Von besonderer Bedeutung ist dabei, daß sich dieser Übergang unter den Bedingungen der sich entfaltenden wissenschaftlich-technischen Revolution vollzieht, die zur Entwicklung grundsätzlich neuer Produktionsmöglichkeiten und der diesen entsprechenden Formen der gesellschaftlichen Produktionsorganisation führte.

Diese das zwanzigste Jahrhundert prägenden Prozesse bestätigten die Thesen des Marxismus-Leninismus, sind aber gleichzeitig Anlaß, sie weiter schöpferisch zu durchdenken und die neuen Erkenntnisse zu verallgemeinern. Es war Karl Marx, der die historische Rolle der Produktivkräfte betonte: „Eine Gesellschaftsformation geht nie unter, bevor alle Produktivkräfte entwickelt sind, für die sie weit genug ist, und neue höhere Produktionsverhältnisse treten nie an die Stelle, bevor die materiellen Existenzbedingungen derselben im Schoß der alten Gesellschaft selbst ausgebrütet worden sind."[22]

So basierten die ökonomischen Strukturen der Urgesellschaft mit den ihnen eigenen Formen der Gemeinschaftsarbeit, der unmittelbar kollektiven Art der Aneignung ihrer Ergebnisse, dem gleichberechtigten Charakter der Verteilung

[22] K. Marx, Zur Kritik der Politischen Ökonomie, in: MEW, Bd. 13, Berlin 1972. S. 9.

und der dieser Struktur der Produktion entsprechenden sozialen Formen auf einem Niveau der Arbeitsproduktivität, das vom Stand der gegenständlichen Faktoren des Arbeitsprozesses bestimmt war, wobei dessen Effektivität vom Umfang der für den Lebensunterhalt notwendigen Existenzmittel begrenzt war. Deshalb bemerkt R. I. Kosolapov mit Recht, daß „in der Urgesellschaft die technologische Vereinigung der Arbeitskraft mit den Produktionsmitteln mit der ökonomischen übereinstimmt. Diese ist ebenso unmittelbar wie erstere, oder genauer gesagt, beide unterscheiden sich weder in der empirischen Wirklichkeit noch im Bewußtsein der Menschen."[23] Aber diese Form der ökonomischen und sozialen Organisation der Gesellschaft, die in der Frühzeit der Menschheit allenthalben verbreitet war, begann allmählich zu zerfallen und wurde durch antagonistische Strukturen ersetzt, sobald der Stand der Arbeitsproduktivität ständig einen Überschuß über den für den einfachen Lebensunterhalt notwendigen Aufwand sicherte.

Die gleiche Gesetzmäßigkeit in der Entwicklung der gesellschaftlichen Formen ist deutlich in der Geschichte der vorbürgerlichen antagonistischen Gesellschaften zu verfolgen. Deren innere Organisation und die verschiedenen Stufen, die die Hauptentwicklungsetappen dieser Formen bestimmten, waren letztlich vom Stand der Produktivkräfte und dem Umfang des Mehrprodukts bestimmt, worin sich dieser Zustand manifestierte. Zweifellos beruhten die Beziehungen der persönlichen Abhängigkeit, die damit verbundenen primitiven Methoden zur Erwirtschaftung eines Mehrprodukts, der der unmittelbaren Konsumtion dienende Charakter der Produktion, das sehr begrenzte Ausmaß der produktiven Akkumulation und andere spezifische Besonderheiten der vorkapitalistischen Wirtschaftsstrukturen auf einem solchen Stand der gesellschaftlichen Arbeitsproduktivität, der vorwiegend von den natürlichen Faktoren des Arbeitsprozesses bestimmt wurde, während die von der Arbeit geschaffenen Faktoren keine Rolle spielten. Die bestimmende Rolle, die die Produktivkräfte im Vergleich zu einigen anderen Faktoren der gesellschaftlichen Entwicklung spielen, läßt sich noch deutlicher in der neuen und neuesten Geschichte verfolgen, besonders bei der Herausbildung und Entwicklung der kapitalistischen Produktionsweise. Diese These zu beweisen, würde den Rahmen dieser Arbeit sprengen. Wir beschränken uns darum auf einige grundsätzliche Bemerkungen.

Erstens kann die kapitalistische Produktionsweise nur dann normal funktionieren, wenn ein solcher Stand der Arbeitsproduktivität erreicht ist, bei dem ein Teil des Mehrprodukts in einen Zusatzfonds für die Reproduktion verwandelt werden kann. Die produktive Akkumulation und der durch sie bestimmte Typ der erweiterten Reproduktion bilden die entsprechende Form für das Fungieren des Kapitals und die darauf beruhende Art und Weise der Produktion der Lebensbedingungen.

Zweitens werden diejenigen Veränderungen, die im Charakter der Unterordnung der Arbeit unter das Kapital vor sich gehen, insbesondere die reale Form dieser

[23] R. I. Kosolapov, Ni teni utopii, Moskva 1971, S. 22.

Unterordnung, völlig von der Entwicklung der gesellschaftlichen Arbeitsproduktivität bestimmt, in der sich die Entwicklung der Produktivkräfte, insbesondere der gegenständlichen Bedingungen des Arbeitsprozesses, widerspiegelt.

Drittens bildet die Entwicklung der Produktivkräfte die Grundlage für den Prozeß der Vergesellschaftung der Produktion, deren Umfang weit über den Rahmen der privatkapitalistischen Form der Aneignung hinausgeht. Der hier erreichte Stand verkörpert diejenigen materiellen Voraussetzungen, die der Kapitalismus für seinen historischen Nachfolger vorbereitet. Der hohe Stand der Arbeitsproduktivität bildet letztlich die materielle Grundlage für den unvermeidlichen Untergang der kapitalistischen Produktionsweise, für die historische Ablösung des Kapitalismus durch den Kommunismus.

Diese Gesetzmäßigkeit zeigt sich besonders deutlich beim Übergang vom Kapitalismus zum Sozialismus in Ländern mit durchschnittlichem bzw. darunterliegendem Entwicklungsstand. Um die sozialistischen Produktionsverhältnisse zu festigen, ist konsequent eine entwickelte industrielle Basis zu schaffen und die maschinelle Großproduktion mit der ihr entsprechenden Technologie, der Elektrifizierung des Landes usw. umfassend zu entwickeln.

Unter den Bedingungen der entwickelten sozialistischen Gesellschaft, deren Aufgabe vor allem darin besteht, die materiell-technische Basis des Kommunismus zu schaffen, ist es besonders wichtig, die Produktivkräfte zu entwickeln und die Ergebnisse der gegenwärtigen wissenschaftlich-technischen Revolution mit den Vorzügen des Sozialismus zu verbinden. Um die kommunistische Produktionsweise zu festigen, müssen der Stand der Arbeitsproduktivität und die ihr entsprechenden Formen der gesellschaftlichen Organisation höher als im Kapitalismus sein.

Diese Grundsätze machen die Gesetzmäßigkeiten des historischen Prozesses und die bestimmende Rolle der Produktivkräfte in der gesellschaftlichen Entwicklung deutlich. Der weitgespannte Rahmen dieser Gesetzmäßigkeiten verleitet aber oft dazu, sie bewußt einseitig auszulegen.

Einige Autoren betonen gegenwärtig zwar die Bedeutung der Produktionsverhältnisse als aktiven Faktor zur Entwicklung der Produktivkräfte, doch sie sehen die Hauptursache für ihre Veränderung in der inneren Logik der Produktivkräfte. So hebt der Verfasser einer Arbeit, die sich mit diesem Problem beschäftigt, zu Recht hervor, daß die Entwicklung der materiellen Produktion unter dem Einfluß ihrer inneren Widersprüche erfolgt, und zwar vor allem zwischen den technischen (Produktivkräfte) und sozialen (Produktionsverhältnisse) Formen der materiellen Produktion.[24] Doch gleich darauf lesen wir: „Die Grundlage der Entwicklung der materiellen Produktion, also eines Entwicklungsfaktors, der die Entwicklungsrichtung und die Realisierungs*bedingungen* durch die Spezifik seiner inneren Widersprüche bestimmt, sind aber nach Karl Marx die Produktivkräfte ... Gerade aufgrund der inneren Widersprüche der Produktivkräfte, der Technologie

[24] Vgl. Praktika i poznanie, Moskva 1973, S. 87.

der Produktion reifen Widersprüche zwischen der technischen und der sozialen Form der Produktion heran . . ."[25]

Worin besteht der Inhalt dieses inneren Widerspruchs der Produktivkräfte? Nach Ansicht des Verfassers ist dies ein Widerspruch zwischen der Notwendigkeit, die Effektivität der Produktivkräfte ständig zu erhöhen, und ihrer gegebenen Struktur. „Die Herausbildung und Lösung dieses Widerspruchs", so lesen wir weiter, „ist ebenfalls eine Dialektik, die objektive Logik der Entwicklung der materiellen Produktion. Diese Dialektik ist eine außerordentlich grundlegende, substantielle und allgemeine objektive Gesetzmäßigkeit der Entwicklung der materiellen Produktion und damit auch aller anderen gesellschaftlichen Beziehungen, einschließlich des theoretischen Verhältnisses Gesellschaft — Natur, d. h. der Wissenschaft."[26] Folglich müßten sich die materielle Produktion und das Gesamtsystem der gesellschaftlichen Beziehungen nach den Entwicklungsgesetzen der Produktionstechnologie, d. h. nach den Gesetzen der Produktivkräfte entwickeln. Letztere würden sich nur unter der Einwirkung ihrer inneren Logik verändern, die den Produktivkräften an sich innewohnt.

Die Frage nach den Ursachen für die Entwicklung der Produktivkräfte wird gelegentlich dahingehend beantwortet, daß ihnen Quellen und Triebkräfte innewohnen.[27] Als Quellen für die Entwicklung der Produktivkräfte, die als unmittelbare Ursache ihrer Veränderung angesehen werden, gelten meistens die Arbeit als ein sich zwischen dem Menschen und der Natur vollziehender Prozeß, der Ausbildungsstand der unmittelbar in der Produktion Beschäftigten und die Wissenschaft. Zu den Triebkräften, die indirekt auf die Entwicklung der Produktivkräfte einwirken, gehören Produktionsverhältnisse, materielle und geistige Bedürfnisse, der Klassenkampf, soweit es sich um antagonistische Gesellschaftsordnungen handelt, usw. Dabei wird behauptet, daß die Triebkräfte in solchen Ursachen liegen, „die nicht *unmittelbar* die Entwicklung der Produktivkräfte beeinflussen, so groß ihre Bedeutung für die Entwicklung der Produktivkräfte auch sein mag[28]".

Man erkennt sofort, daß sich diese Variante kaum von der oben genannten unterscheidet, wonach ihre innere Logik die Hauptursache für die Entwicklung der Produktivkräfte ist. Bei einem solchen Herangehen wird der sozialen Form der Funktionsweise der Produktivkräfte zweitrangige Bedeutung beigemessen.

Um die Frage nach den Ursachen der Entwicklung der Produktivkräfte und derem Wechselverhältnis zu den Produktionsverhältnissen richtig zu beantworten, müssen wir uns an die grundsätzlichen Feststellungen von Karl Marx in seinem Vorwort „Zur Kritik der Politischen Ökonomie" halten. Hier finden wir die These von der bestimmenden Rolle der Produktivkräfte.

[25] Ebenda.

[26] Ebenda, S. 87/88.

[27] Vgl. Socializm: dialektika razvitija proizvoditel'nych sil i proizvodstvennych otnošenij, Moskva 1975, S. 118, 119, 121, 123.

[28] Ebenda, S. 123.

W. I. Lenin entwickelte diese Frage in seinen Werken weiter und betonte, daß der grundlegende Inhalt der materialistischen Geschichtsauffassung vom Begriff der Produktionsverhältnisse bestimmt wird. So schrieb er: „Wie Darwin der Vorstellung ein Ende bereitet hat, Tier- und Pflanzenarten seien durch nichts miteinander verbunden, zufällig entstanden, ‚von Gott erschaffen' und unveränderlich, wie er als erster die Biologie auf eine völlig wissenschaftliche Grundlage gestellt hat, indem er die Veränderlichkeit der Arten und die Kontinuität zwischen ihnen feststellte — so hat Marx seinerseits der Vorstellung ein Ende bereitet, die Gesellschaft sei ein mechanisches Aggregat von Individuen, an dem gemäß dem Willen der Obrigkeit (oder, was dasselbe ist, der Gesellschaft und der Regierung) beliebige Veränderungen vorgenommen werden können, das zufällig entsteht und sich wandelt, hat er als erster die Soziologie auf eine wissenschaftliche Grundlage gestellt, indem er den Begriff der ökonomischen Gesellschaftsformation als Gesamtheit der jeweiligen Produktionsverhältnisse festlegte und feststellte, daß die Entwicklung solcher Formationen ein naturgeschichtlicher Prozeß ist."[29]

Diese Äußerung unterstreicht die These, daß man die Soziologie nur dann auf eine wissenschaftliche Basis stellen kann, wenn man den Begriff der ökonomischen Gesellschaftsformation als Gesamtheit der gegebenen Produktionsverhältnisse definiert. Zugleich wies Lenin auf die bestimmende Rolle der Produktivkräfte hin. „Von der Entwicklung der Produktivkräfte", schrieb er, „hängen die Verhältnisse ab, die die Menschen bei der Erzeugung der zur Befriedigung der menschlichen Bedürfnisse notwendigen Güter eingehen."[30] Befassen wir uns deshalb eingehender mit der Wechselwirkung von Produktivkräften und Produktionsverhältnissen.

Die Gesellschaft kann als System der Natur nur existieren und sich erst recht nur entwickeln, wenn sie sich ständig in Kontakt zur Natur befindet und der Stoffwechsel zwischen Gesellschaft und Natur erfolgt. Die Produktivkräfte sind das Mittel für den Kontakt zwischen Gesellschaft und Natur. Deshalb sind sie nicht nur ein aus der Natur folgendes, sondern auch ein soziales Phänomen.

Um die Produktivkräfte der Gesellschaft als soziale Erscheinung zu charakterisieren, ist es von wesentlicher Bedeutung, die Gesellschaft nicht einfach als Teil der Natur, sondern als einen besonderen Teil von ihr aufzufassen, der sich grundsätzlich von anderen Systemen der Natur unterscheidet. Die Besonderheit besteht darin, daß die Gesellschaft über eine eigene Struktur verfügt, die sich wesentlich von der Natur unterscheidet. Diese Struktur sind die Verhältnisse, die zwischen den gesellschaftlichen Individuen als Voraussetzung für den ständig zwischen Gesellschaft und Natur vor sich gehenden Stoffwechsel entstehen, mit anderen Worten die Produktionsverhältnisse. Sie bilden nämlich den inneren Aufbau des gesellschaftlichen Organismus. In ihren Beziehungen zur Natur reproduziert sich die

[29] W. I. Lenin, Was sind die „Volksfreunde" und wie kämpfen sie gegen die Sozialdemokraten?, in: Werke, Bd. 1, Berlin 1961, S. 133.

[30] W. I. Lenin, Friedrich Engels, in: Werke, Bd. 2, Berlin 1961, S. 8.

Gesellschaft nicht nur als Teil der Natur, sondern vor allem als ein besonderes System der Natur, das eine eigene Struktur besitzt. Die Notwendigkeit der Reproduktion der Gesellschaft als besonderes System mit einer ihr innewohnenden eigenen Struktur bedeutet im Grunde genommen, daß die Initiative für den Kontakt zur Natur stets von der Gesellschaft ausgeht. Deshalb werden auch die Mittel für diesen Kontakt von der Gesellschaft selbst bestimmt und erfüllen ganz bestimmte soziale Funktionen. Als soziale Erscheinung fungieren und entwickeln sich die Produktivkräfte der Gesellschaft nicht auf der Grundlage von Naturgesetzen, sondern von Gesetzen der Gesellschaft und vor allem desjenigen Systems der Gesellschaft, das den inneren Aufbau der Gesellschaft zum Ausdruck bringt, d. h. auf Grund von Gesetzen der Produktionsverhältnisse. Die Gesetze der Natur sollen dabei keineswegs ignoriert werden, aber es ist die Rolle der gesellschaftlichen Gesetze zu bestimmen, die sie beim Stoffwechsel zwischen Gesellschaft und Natur spielen. Der Kontakt zwischen Gesellschaft und Natur ist deshalb eine ursprüngliche Beziehung, weil die Gesellschaft ein Teil der Natur ist. Da die Gesellschaft aber ein besonderer Teil der Natur mit einer ihr immanenten eigenen Organisation ist, so kommt den Gesetzen der Gesellschaft und vor allem den Gesetzen ihrer inneren Organisation, d. h. den Produktionsverhältnissen, die dominierende Bedeutung bei der Realisierung dieser Beziehung zu.

Es gibt keine Gesellschaft an sich. Es gibt immer nur eine historisch bestimmte Gesellschaft mit einem ihr eigenen historisch bestimmten Typ einer ökonomischen Struktur. Spricht man deshalb von der dominierenden Rolle der gesellschaftlichen Gesetze, wie sie in den Beziehungen zwischen Gesellschaft und Natur zum Ausdruck kommen, so handelt es sich um den spezifischen Charakter dieser Gesetze, der die jeweilige historische Form der Gesellschaft bestimmt. Das Allgemeine ist stets eine Eigenschaft, ein Grundzug oder das Wesen des Besonderen. Ohne Analyse des Besonderen ist das Allgemeine nicht zu verstehen. Deshalb kann man den Charakter der Beziehungen zwischen Gesellschaft und Natur nur bestimmen, wenn man die Produktionsverhältnisse der jeweiligen historisch bestehenden Gesellschaft analysiert. „Der Riesenschritt vorwärts, den Marx in dieser Hinsicht getan hat", schrieb Lenin, „bestand ja gerade darin, daß er alle diese Betrachtungen über Gesellschaft und Fortschritt im allgemeinen verwarf und dafür die *wissenschaftliche* Analyse einer bestimmten Gesellschaft, nämlich der kapitalistischen, und eines bestimmten Fortschritts, des kapitalistischen, lieferte."[31]

Marx' Hauptwerk „Das Kapital" befaßt sich bekanntlich mit der Untersuchung der Produktionsverhältnisse der bürgerlichen Gesellschaft, deren Gesetze alle wesentlichen Merkmale dieser Gesellschaft und insbesondere ihr Verhältnis zur Natur bestimmen.

[31] W. I. Lenin, Was sind die „Volksfreunde" und wie kämpfen sie gegen die Sozialdemokraten?, in: Werke, Bd. 1, a.a.O., S. 136.

In diesem Zusammenhang sollten wir beachten, daß Karl Marx, als er das Hauptziel des „Kapital“ formulierte, betonte: „... es ist der letzte Endzweck dieses Werks, das ökonomische Bewegungsgesetz der modernen Gesellschaft zu enthüllen ...“[32]

Bezeichnenderweise spricht Marx nicht vom Gesetz der ökonomischen Entwicklung, sondern vom ökonomischen Bewegungsgesetz der modernen, d. h. kapitalistischen Gesellschaft. Dieser logische Akzent, der in der Literatur kaum Beachtung findet, ist kein Zufall. Er entspricht dem Grundgedanken des dialektischen Materialismus in der Soziologie, wonach die ökonomische Entwicklung letztlich alle anderen Seiten des sozialen Lebens bestimmt. Im Rahmen einer bestimmten historischen Gesellschaftsformation sind die Produktionsverhältnisse der aktive Faktor für die Entwicklung der Produktivkräfte, d. h. die innere Ursache ihrer Bewegung.

Nehmen wir beispielsweise die Entwicklung der Produktivkräfte in der kapitalistischen Produktionsweise. Die kapitalistischen Produktionsverhältnisse entstanden und entwickelten sich ursprünglich nicht auf einer diesen adäquaten technischen Basis, denn diese war aus früheren Epochen überkommen. Aber auf der Grundlage handwerklicher Produktionstechnik konnte sich das kapitalistische System der Produktionsverhältnisse nicht endgültig durchsetzen.

Erstens besteht eine notwendige Voraussetzung für die kapitalistischen Ausbeutungsverhältnisse darin, daß der unmittelbare Produzent von den gegenständlichen Bedingungen des Arbeitsprozesses getrennt wird. Anfangs erfolgte eine solche Trennung durch die Methoden der ursprünglichen Akkumulation. Aber zwangsweise erzielte Ergebnisse können nicht von Dauer sein, wenn sie nicht ökonomisch fundiert werden. Es mußte eine solche Technologie der Produktion geschaffen werden, die den Arbeiter tatsächlich von den Produktionsmitteln trennt, d. h., daß die bisherigen Produktionsmethoden nicht mehr gesellschaftlich vorherrschend sind. Es ging also um die Schaffung einer grundsätzlich neuen Produktionsgrundlage, die dem Wesen der neuen Produktionsverhältnisse entsprach. Diese Grundlage war die maschinelle Großproduktion. Durch sie konnten sowohl die technischen als auch die sozialen Aufgaben gelöst werden, deren Inhalt vom Wirken der dem Kapitalismus innewohnenden Gesetze bestimmt wurde.

Zweitens wurde mit der Ablösung des Handwerks durch die maschinelle Großproduktion eine weitere ebenso wichtige Aufgabe gelöst. Der Kapitalismus, der sich auf der Grundlage der maschinellen Großproduktion entwickelte, führte zur Herausbildung von Produktivkräften, wie sie in der gesamten bisherigen Geschichte der menschlichen Gesellschaft nicht geschaffen worden waren. Damit bewies er seine Vorzüge gegenüber den vorbürgerlichen Formen der gesellschaftlichen Produktion. Aber nicht der zweite, sondern gerade der erste Aspekt charakterisiert die maschinelle Großproduktion als spezifische Produktivkraft des Kapitalismus. Karl Marx wies auf diesen Umstand hin und bemerkte, daß „in

[32] K. Marx, Das Kapital, Erster Band, in: MEW, Bd. 23, Berlin 1962, S. 15/16.

dem heutigen Zustand die Produktivkraft nicht nur darin besteht, etwa die Arbeit des Menschen wirksamer oder die Naturkräfte und sozialen Kräfte erfolgreicher zu machen, sie besteht ebensosehr darin, die Arbeit wohlfeiler oder *unproduktiver* für den Arbeiter zu machen. Die Produktivkraft ist also von vornherein durch den Tauschwert bestimmt."[33]

In noch größerem Maße tritt die aktive Rolle der Produktionsverhältnisse bei der Herausbildung der kommunistischen Produktionsweise in Erscheinung. Die gewaltige Entwicklung der Produktivkräfte in der Periode der Sowjetmacht in unserem Land, das gegenwärtig ein Fünftel der Weltindustrieproduktion bei einem Anteil von 6% der Weltbevölkerung erzeugt, die fortschrittlichen Errungenschaften der Sowjetunion auf den Gebieten von Wissenschaft und Technik sowie die Schaffung eines großen wissenschaftlichen Potentials sind ganz allgemein Ergebnisse, die die grundlegenden Vorzüge der sozialistischen Produktionsorganisation gegenüber der kapitalistischen widerspiegeln.

Die aktive Rolle der Produktionsverhältnisse im Rahmen der jeweiligen historisch bestimmten Form der gesellschaftlichen Produktion bedeutet aber keineswegs, daß diese Formen nur auf einem bestimmten Entwicklungsniveau der Produktivkräfte entstehen. Wie dieses Niveau erreicht wird und welche Ursachen seine Entwicklung bestimmen, ist indes außerhalb des Systems der Produktionsverhältnisse nicht zu begreifen. Und deshalb kann man sich nicht nur auf die innere Logik der Produktivkraft konzentrieren.

Die Entwicklung von Wissenschaft und Technik ist in der Tat durch eine bestimmte innere Logik gekennzeichnet. Dabei taucht folgende Frage auf: Warum führen die gleichen wissenschaftlichen und technischen Errungenschaften in einem Fall zu technischen Umwälzungen, die das gesamte System der gesellschaftlichen Produktion revolutionieren, während sie in anderen Fällen viele Jahrhunderte hindurch nicht realisiert werden, und warum sind sie ohne wesentlichen Einfluß auf die materielle Produktion? Wir wissen z.B., daß die Grundprinzipien für die Entwicklung der Dampfmaschine schon im 1. Jahrhundert von Heron entwickelt, dagegen erst nach fast eineinhalbtausend Jahren realisiert wurden. Die innere Logik der Produktivkräfte kann dies nicht erklären. Würden die wissenschaftlichen Kenntnisse als solche die Entwicklungsrichtung der Technik und der materiellen Produktion allein bestimmen, so wäre, wie J. D. Bernal richtig bemerkt, der Übergang von der manuellen zur maschinellen Produktion bereits in der Epoche vollzogen worden, in der Aristoteles lebte, denn „die Kenntnisse und Errungenschaften der hellenistischen Epoche auf dem Gebiet der Mechanik wären an sich ausreichend gewesen, um jene größeren Maschinen zu produzieren, die den Anstoß zur industriellen Revolution gegeben haben — das Vielfachgetriebe der Textilmaschinen und die Dampfmaschine".[34]

[33] K. Marx, Über Friedrich Lists Buch „Das nationale System der politischen Ökonomie", in: Beiträge zur Geschichte der Arbeiterbewegung, 3/1972, S. 441.

[34] J. D. Bernal, Die Wissenschaft in der Geschichte, Berlin 1961, S. 168.

Selbst hervorragende technische Erfindungen werden nicht zu Elementen der Produktivkräfte der Gesellschaft, wenn sie nicht deren ökonomischer Struktur entsprechen. Die Bedürfnisse der Technik sind bekanntlich die Triebkraft der Wissenschaft. Sie werden wiederum von den Bedürfnissen der ökonomischen Entwicklung der Gesellschaft und dem Charakter ihrer Produktionsverhältnisse bestimmt. Das ist unserer Auffassung nach von wesentlicher Bedeutung, will man die Kriterien des wissenschaftlich-technischen Fortschritts, besonders in der sozialistischen Gesellschaft, fixieren.

Bei dieser Frage darf man nicht nur die technische Seite des Problems im Auge haben, denn letztlich besitzen die ökonomischen Bedürfnisse der sozialistischen Gesellschaft dominierende Bedeutung. Ein neues technisches Mittel wird vom System der gesellschaftlichen Produktion nur dann angenommen, wenn es sozialökonomische Bedürfnisse befriedigt. Die planmäßige Leitung von Wissenschaft und Technik im Sozialismus ist eine notwendige Komponente, mit deren Hilfe die Gesellschaft den materiellen Produktionsprozeß ihrer Lebensbedingungen kontrolliert und die voraussetzt, daß die aus den sozialistischen Produktionsverhältnissen sich ergebenden ökonomischen Bedürfnisse ständig analysiert werden. Nur so können die Beschlüsse des XXV. Parteitages der KPdSU effektiv realisiert werden, die verlangen, „die Theorie von der Schaffung der materiell-technischen Basis des Kommunismus . . . weiter auszuarbeiten“.[35]

In der philosophischen Literatur wird die Frage nach dem Verhältnis von Produktivkräften und Produktionsverhältnissen dadurch gelöst, daß die Beziehungen des Geschichtsprozesses, die diesen als ganzheitliche ununterbrochene Entwicklung kennzeichnen, von denjenigen Beziehungen abgegrenzt werden, die durch die Gliederung dieses Prozesses in Formationen bedingt sind. „Betrachtet man die Geschichte als Ganzes“, schreibt V. F. Pustarnakov, „so verkörpert die Entwicklung der Produktivkräfte die Kontinuität der Geschichte. Vom Stand und Entwicklungsniveau der Produktivkräfte hängen die Verhältnisse ab, die die Menschen untereinander bei der Produktion der zur Befriedigung der menschlichen Bedürfnisse notwendigen Gegenstände eingehen. . . .Betrachtet man die Geschichte unter dem Gesichtspunkt ihrer Diskontinuität, d. h. als einen Prozeß ständiger Ablösung der ökonomischen Gesellschaftsformationen, so ergibt sich, daß im Rahmen jeder Gesellschaftsformation die Produktionsverhältnisse die entscheidende Rolle spielen, deren Gesamtheit die reale ökonomische Basis der Gesellschaft, die Grundlage der gesamten gesellschaftlichen Entwicklung bildet.“[36] Diese Erklärung ist für die Behandlung der Dialektik von Produktivkräften und Produktionsverhältnissen zweifellos neu. Doch dabei tauchen zumindest zwei Fragen auf: Erstens, enthält die Gliederung des Geschichtsprozesses nach Gesellschaftsformationen Elemente der Kontinuität, oder charakterisiert sie diesen ausschließlich von seiten der Diskontinuität? Zweitens, verkörpert die Geschichte

[35] XXV. Parteitag der KPdSU, Dokumente, Berlin 1976, S. 74.

[36] V. F. Pustarnakov, „Kapital“ Marksa i filosofskaja mysl’ v Rossii, Moskva 1974, S. 314.

als Ganzes nur Kontinuität, oder wird sie auch durch Diskontinuität gekennzeichnet?

Unseres Erachtens lassen diese Fragen nur eine Antwort zu: Die Geschichte stellt eine Einheit von Kontinuität und Diskontinuität dar, und gerade durch diese Einheit stellt sie etwas Ganzes dar. Das bedeutet aber gleichzeitig, daß jede einzelne Gesellschaftsformation sowohl gesamthistorische als auch konkret-historische Eigenschaften aufweist. Ohne Aufgliederung des Geschichtsprozesses in Gesellschaftsformationen gibt es keinerlei gesamthistorische Zusammenhänge. Jede Produktionsweise enthält Merkmale, Eigenschaften und Beziehungen, die sie mit der gesamten vorangegangenen geschichtlichen Entwicklung verbinden. Gleichzeitig werden in ihrem Rahmen die Voraussetzungen für die nachfolgende Produktionsweise geschaffen, da eine neue Gesellschaftsform aus der alten hervorgeht und auf keine andere Art entstehen kann. Andererseits stellt jede ökonomische Gesellschaftsformation einen besonderen sozialen Organismus dar, der sich durch seine einmalige Spezifik auszeichnet. Er besitzt seinen besonderen inneren Aufbau, der sich von allen anderen Gesellschaftstypen unterscheidet. Deshalb existieren jene gesamthistorischen Beziehungen, die diese Gesellschaftsformation enthält, stets als Eigenschaften, Seiten und Merkmale dieser konkret-historischen Gesellschaftsform. Daraus ergibt sich, daß die Hauptkomponente dieser Produktionsweise, nämlich ihre Produktivkräfte und Produktionsverhältnisse, sowohl Eigenschaften der Kontinuität und Diskontinuität als auch des Allgemeinen und Besonderen verkörpern.

Die Produktivkräfte bringen deshalb die Kontinuität des Geschichtsprozesses zum Ausdruck, weil sie die ständige Verbindung der Gesellschaft zur Natur darstellen und das Mittel für diese Verbindung sind. Gleichzeitig verkörpern sie aber auch die Diskontinuität des Geschichtsprozesses. Dabei geht es nicht nur darum, daß sich ihr qualitativer Zustand im historischen Entwicklungsprozeß ändert und revolutionäre Umwälzungen vor sich gehen, die grundlegende Veränderungen im Verhältnis von Gesellschaft und Natur zum Ausdruck bringen, sondern auch darum, daß die Produktivkräfte ein Produkt der sozialen Entwicklung und ein Ergebnis der Funktionsweise der konkret-historischen Gesellschaftsform darstellen, die auf besondere Weise, nämlich adäquat zum Charakter ihrer inneren Struktur, mit der Natur verbunden ist.

Unter Hinweis hierauf schrieben Marx und Engels, „daß eine bestimmte Produktionsweise oder industrielle Stufe stets mit einer bestimmten Weise des Zusammenwirkens oder gesellschaftlichen Stufe vereinigt ist, und diese Weise des Zusammenwirkens ist selbst eine ‚Produktivkraft' "[37]. Die historisch neue Gesellschaftsform übernimmt von ihrem Vorgänger eine bestimmte Menge an Produktionsmitteln. Aber das sind nicht ihre eigenen Produktivkräfte. Die handwerkliche Technik, die jahrhundertealten traditionellen Methoden der Technologie, die hohe berufliche Meisterschaft der unmittelbaren Produzenten und andere

[37] K. Marx/F. Engels, Die deutsche Ideologie, in: MEW, Bd. 3, Berlin 1958, S. 30.

materielle Faktoren des Produktionsprozesses, die der Kapitalismus von seinem historischen Vorgänger, der Feudalgesellschaft, übernommen hatte, wurden vom Kapital zwar eine gewisse Zeit hindurch genutzt, aber sie waren in Wirklichkeit nicht seine Produktivkraft. Die neue Produktivkraft, die von Anbeginn die neue bürgerliche Produktionsweise verkörperte, war die kapitalistische Kooperation der Arbeit, ursprünglich in der Form der einfachen Kooperation. Sie war, wie Karl Marx betonte, historisch und logisch der Ausgangspunkt der kapitalistischen Produktion. Obwohl der Kapitalismus diese Form nicht erfunden hatte und sie in der einen oder anderen Form auch den vorbürgerlichen Produktionsweisen bekannt war, trug sie erstens vor dem Kapitalismus sporadischen Charakter, und zweitens nahm diese Form des Arbeitsprozesses im Kapitalismus einen neuen sozialen Inhalt an.

Natürlich fallen als solche „die einfache Cooperation, wie ihre weiter entwickelten Formen — wie überhaupt alle Mittel der Productivkraft der Arbeit zu steigern — . . . in den Arbeitsproceß, nicht in den *Verwerthungs*proceß . . . Aber alle diese Mittel, die angewandt werden, um die efficiency des Arbeitsproceß zu steigern, vermindern (to a certain degree) die nothwendige Arbeitszeit, und vermehren so den Surpluswerth . . .“[38] Und deshalb tritt uns die Kooperation, diese gesellschaftliche Produktivkraft der gesellschaftlichen Arbeit, als Produktivkraft des Kapitals und nicht der Arbeit gegenüber. Die Kooperation verstärkt noch den Prozeß der Arbeitsteilung, wodurch die maschinelle Produktion leichter einzuführen ist, die Arbeit letztlich aber dem Kapital untergeordnet wird. Die Kooperation der Arbeit wird somit zu einer sozial bedeutsamen Form des Arbeitsprozesses in Kapitalismus, denn sie stellt ein Mittel zur Selbstverwertung des Wertes und in dieser Eigenschaft eine Produktivkraft der kapitalistischen Gesellschaft dar.

Beim Übergang vom Kapitalismus zum Sozialismus übernimmt die neue Produktionsweise von der alten nicht nur eine bestimmte Menge an Produktionsmitteln, die von der vorhergehenden Produktionsweise geschaffen wurden. Sie bewirkt vielmehr von Anfang an eine neue Form des gesellschaftlichen Arbeitsprozesses, die dem Wesen ihrer ökonomischen Verhältnisse entspricht und die deshalb auch als ihre führende Produktivkraft in Erscheinung tritt. Diese Form ist die alle Werktätigen einbeziehende Kooperation der Arbeit, wie im weiteren nachgewiesen werden wird. Sowohl im ersten wie auch im zweiten Fall handelt es sich folglich um einen qualitativen Sprung, um eine Unterbrechung der Kontinuität in der historischen Entwicklung der Produktivkräfte. Das schließt natürlich nicht aus, daß die Produktivkräfte gleichzeitig auch die Kontinuität des Geschichtsprozesses zum Ausdruck bringen, d. h. den gesamthistorischen Zusammenhang verkörpern.

[38] K. Marx, Zur Kritik der Politischen Ökonomie. Manuskript 1861—1863, in: MEGA, II. Abteilung, Bd. 3.1, a. a. O., S. 233/234.

Die historische Besonderheit jeder gesellschaftlichen Produktionsform widerspiegelt nicht nur die Diskontinuität des Geschichtsprozesses, sondern enthält auch eine bestimmte Kontinuität. Erstens entstehen diejenigen Elemente, die die gesellschaftliche Produktionsform der nachfolgenden Produktionsweise charakterisieren, im Rahmen der ökonomischen Beziehungen der vorangegangenen Produktionsweise. So entstand die Wertform als ökonomische Beziehung lange vor dem Kapitalismus in den vorbürgerlichen Produktionsweisen und wurde unter bestimmten historischen Bedingungen zur Ausgangsform des Industriekapitals. Unter diesem wurde sie zu der in der Gesellschaft vorherrschenden Form der ökonomischen Beziehung. Aber im höchsten Stadium des Kapitalismus, angesichts der Herrschaft der Monopole, wenn das Finanzkapital an die Stelle des Industriekapitals tritt, verliert die Wertbeziehung an Bedeutung, und es entstehen Elemente der Planmäßigkeit. „Schon im Jahre 1891 . . .", schrieb W. I. Lenin, „als die Deutschen ihr Erfurter Programm annahmen, sagte Engels, daß man den Kapitalismus nicht mehr wie bisher als Planlosigkeit auslegen könne. Das sei bereits veraltet: Beim Bestehen von Trusts hört die Planlosigkeit auf."[39]

In der kommunistischen Produktionsweise wird die planmäßige Beziehung zur charakteristischen gesellschaftlichen Produktionsform, d. h. zu der in der Gesellschaft herrschenden Form der Beziehungen.

Außerdem ist zu beachten, daß im System der Produktionsverhältnisse auch andere Beziehungen existieren, die ökonomische Zusammenhänge der gesellschaftlichen Produktion zum Ausdruck bringen, wie sie deren verschiedensten spezifischen Formen innewohnen.

Das heißt nicht, daß diejenigen Merkmale der Produktionsverhältnisse die entscheidende Seite bilden, die die Kontinuität des historischen Prozesses zum Ausdruck bringen. Die ökonomischen Verhältnisse der Gesellschaft stellen vor allem diejenige Seite der gesellschaftlichen Produktion dar, die sie historisch als Übergangsform charakterisieren. Dennoch können ihnen auch gesamthistorische Aspekte innewohnen.

Die Produktivkräfte und die Produktionsverhältnisse bilden folglich eine Einheit von Kontinuität und Diskontinuität. Deshalb verkörpern beide, wenn auch in unterschiedlichem Maße, sowohl gesamthistorische Zusammenhänge als auch solche, die nur einer Gesellschaftsformation eigen sind. Anderenfalls ließe sich nicht erklären, wie sich einerseits bei einer bestimmten Form von Produktionsverhältnissen diejenigen materiellen Faktoren herausbilden, die die Voraussetzungen darstellen, um zu einer neuen gesellschaftlichen Produktionsform überzugehen, und wie diese Faktoren anderseits die Funktion als Bindeglied zwischen dieser Gesellschaftsform und der Natur wahrnehmen, d. h. die Voraussetzungen für die Reproduktion dieser Form bilden. Doch das vom Kapitalismus,

[39] W. I. Lenin, Siebente Gesamtrussische Konferenz der SDAPR (B) (Aprilkonferenz), in: Werke, Bd. 24, Berlin 1959, S. 229.

vor allem in seinem gegenwärtigen Stadium, geschaffene System der materiellen Produktionsbedingungen stellt ein vollständiges System der materiellen Voraussetzungen für den Übergang zum Sozialismus dar. Und dieser Übergang hat bereits gegenwärtig den Charakter eines welthistorischen Prozesses angenommen.

Dessenungeachtet sind diese materiellen Voraussetzungen im kapitalistischen System auch weiterhin ein Faktor, die Produktionsverhältnisse der bürgerlichen Gesellschaft zu reproduzieren. Die Schaffung der materiellen Voraussetzungen für den Übergang zu einer neuen Form der gesellschaftlichen Produktion ist nicht identisch mit dem Übergang selbst. Die materiellen Voraussetzungen, die den gesamthistorischen Zusammenhang verkörpern, sind vor allem das Ergebnis des innerhalb der jeweiligen Gesellschaftsordnung ablaufenden Prozesses und dienen während eines bestimmten Zeitraumes diesem Prozeß, während sie gleichzeitig bei einem bestimmten Entwicklungsstand dieses Prozesses, nämlich beim realen Übergang von einer Gesellschaftsformation zur anderen, als materieller Faktor dieses Übergangs wirken, d. h. als Mittel, das die Kontinuität des Geschichtsprozesses sichert. Es handelt sich dabei um die Gesetzmäßigkeit und Notwendigkeit, den Inhalt der Produktivkräfte des einfachen Arbeitsprozesses von den Produktivkräften der Gesellschaft abzugrenzen. Diese Abgrenzung hat wesentliche Bedeutung für das Verständnis der realen Formen, in denen die Komponenten der gesellschaftlichen Produktion innerhalb einer Gesellschaftsordnung und beim Übergang von einer Form der gesellschaftlichen Produktion zu einer anderen miteinander in Beziehung stehen.

Produktivkräfte sind beim einfachen Arbeitsprozeß bekanntlich die Produktionsmittel und die Menschen, die sie in Bewegung setzen, wobei sie sich auf bestimmte Erfahrungen und Fertigkeiten stützen. In diesem Fall sind es abstrakte Aspekte des Arbeitsprozesses, die die allgemeinen Produktionsbedingungen ausmachen, wie sie allen historischen Epochen eigentümlich sind. Durch die Einwirkung von Elementen des einfachen Arbeitsprozesses entsteht ein Produkt, d. h. ein materielles Gut, das für den produktiven oder persönlichen Verbrauch geeignet ist. Obwohl die Produktivkräfte beim einfachen Arbeitsprozeß eine Abstraktion darstellen, schmälert das nicht die Tatsache, daß diese eine durchaus reale Bedeutung hat und sie daher zu den notwendigen Abstraktionen gehört.

Anders verhält es sich, wenn es sich um solche Produktivkräfte der Gesellschaft handelt, die sich ihrem Inhalt nach in einigen wesentlichen Punkten von den Produktivkräften des einfachen Arbeitsprozesses unterscheiden. Dieser Unterschied schlägt sich vor allem im Resultat ihres Funktionierens nieder. Ein solches Resultat ist kein materielles Gut, kein für den Konsum geeignetes Produkt, sondern die Gesellschaft selbst. Im Hinblick auf den kapitalistischen Produktionsprozeß schrieb Marx: „Betrachten wir die bürgerliche Gesellschaft im großen und ganzen, so erscheint immer als letztes Resultat des gesellschaftlichen Produktionsprozesses die Gesellschaft selbst, d. h. der Mensch selbst in seinen gesellschaftlichen Beziehungen. Alles, was feste Form hat, wie Produkt etc., erscheint nur als Moment, als verschwindendes Moment in dieser Bewegung."[40] Folglich ist die gesellschaftliche Produktion ein Mittel zur Reproduktion der Gesellschaft als eines besonderen Systems der Natur. Deshalb sind die Produktivkräfte der Gesellschaft als Mittel für die Verbindung von Gesellschaft und Natur ein Faktor zur Reproduktion der Gesellschaft. Sie umfassen die Gesamtheit der Kräfte, die den Zusammenhang von Gesellschaft und Natur sichern und mit deren Hilfe die Reproduktion der jeweiligen Gesellschaftsformation erfolgt. Hierzu gehört also nicht nur die Gesamtheit der gegenständlichen und lebendigen Faktoren des Arbeitsprozesses, sondern auch der Entwicklungsstand der persönlichen Fähigkeiten des Menschen, der Anreiz zur Arbeit, die Formen der gesellschaftlichen Organisation des Produktionsprozesses, die Formen sowie die Art und Weise der Verteilung der Bedingungen und Ergebnisse der Produktion und vieles andere. Deshalb haben die Verfasser des Lehrbuchs „Wissenschaftlich-technische Revolution und Sozialismus" recht, wenn sie hervorheben, daß man die Produktivkräfte der Gesellschaft „nicht enggefaßt, ahistorisch und schematisch auffassen sollte, sondern im Sinne der Definition von Marx, nämlich als umfassende und sich verändernde Gesamtheit aller Kräfte, die das Leben der Menschen ‚produzieren', einschließlich der gesellschaftlichen Beziehungen, der Wissenschaft, der schöpferischen Fähigkeiten des Menschen und der Beherrschung der Naturkräfte durch ihn. Jede rationelle Integration in die Gesellschaft, jede Nutzung der Ergebnisse der Wissenschaft im gesellschaftlichen Leben und jeder Schritt bei der Entwicklung des Menschen und seiner Fähigkeiten wird gegenwärtig zu einem Bestandteil neuer Produktivkräfte der Gesellschaft."[41]

Diese Auffassung von den Produktivkräften der Gesellschaft bedeutet im Grunde genommen, daß auch die gegenseitigen Beziehungen der Menschen ein notwendiges Element in der Gesamtheit jener Kräfte bilden, die die Gesellschaft in ihrer spezifisch bestimmten historischen Form reproduzieren. Der Zusammenhang mit der Natur wird also nicht nur durch die gegenständlichen und persönlichen Faktoren des Arbeitsprozesses, über die die jeweilige Gesellschaft verfügt, hergestellt, sondern auch durch diejenigen gesellschaftlichen Beziehungen, durch die dieser Zusammenhang möglich wird. „In der Produktion wirken die Menschen nicht allein auf die Natur, sondern auch aufeinander. Sie produzieren nur, indem sie auf eine bestimmte Weise zusammenwirken und ihre Tätigkeiten gegeneinander austauschen. Um zu produzieren, treten sie in bestimmte Beziehungen und Verhältnisse zueinander, und nur innerhalb dieser gesellschaftlichen Beziehungen und Verhältnisse findet ihre Einwirkung auf die Natur, findet die Produktion statt."[42] Die gegenseitigen Beziehungen der Menschen wirken auf die Produktivkräfte einer historisch bestimmten Gesellschaft ein, womit sie aber nicht aufhören, Produktionsverhältnisse, d. h. gesellschaftliche Beziehungen in

[40] K. Marx, Grundrisse der Kritik der Politischen Ökonomie (Rohentwurf), a. a. O., S. 600.
[41] Naučno-techničeskaja revoljucija i socializm, Sammelband, Moskva 1973, S. 7.
[42] K. Marx/F. Engels, Lohnarbeit und Kapital, in: MEW, Bd. 6, Berlin 1968, S. 407

der Produktion zu sein. Folglich kann man die Produktivkräfte der Gesellschaft nicht als identisch mit den abstrakten Momenten des einfachen Arbeitsprozesses ansehen, da sich letzterer wesentlich vom gesellschaftlichen Produktionsprozeß unterscheidet. Tritt der Mensch im ersten Fall in Beziehung zur Natur, so ist es im zweiten Fall die Gesellschaft. Wird im ersten Fall ein Produkt, ein materielles Gut, geschaffen, so ist es im zweiten Fall eine bestimmte Form der Gesellschaft. Diese Abgrenzung, die in der ökonomischen Literatur meist nicht vorgenommen wird, ist nicht nur theoretisch von Interesse. Sie gewinnt vor allem in der Gegenwart beträchtliche praktische Bedeutung.

Die Dynamik der modernen Produktivkräfte und ihre grundlegenden Entwicklungstendenzen können selbst unter den Bedingungen der bürgerlichen Gesellschaft kaum mit ausreichender Effektivität erforscht werden, wenn man sie sich schematisch als Gesamtheit der Produktionsmittel und Menschen vorstellt, ohne die gesellschaftlichen Beziehungen zu berücksichtigen, die je nach Notwendigkeit in die Produktivkräfte einbezogen sind und eine sehr aktive Rolle spielen. „Es gibt ebensowenig Produktionsmittel *an sich*, außer der Gesellschaft, und ohne Einfluß auf sie, wie ein Kapital *an sich*."[43] Diese Aufgabe kann erst recht nicht gelöst werden, wenn es sich um die Produktivkräfte der sozialistischen Gesellschaft handelt.

In der entwickelten sozialistischen Gesellschaft, in der der intensive Typ der gesellschaftlichen Reproduktion ständig an Bedeutung gewinnt, hängt die Entwicklung der Produktion immer weniger von der Menge der Produktionsmittel und vom Ausmaß der neu investierten Arbeit ab. Sie wird zunehmend von der Qualität der Produktionsbedingungen, der Einführung der Ergebnisse des wissenschaftlich-technischen Fortschritts, der Produktionsorganisation usw. bestimmt. Geht es z. B. um Entscheidungen, die sozialistische Produktion zu optimieren, so darf man nicht nur die technischen und technologischen Vorteile dieser oder jener Variante erwägen, da sie nur relativen Charakter tragen, sondern muß man auch die sozialen Folgen beachten. Bei der Einführung neuer Technik sind nicht nur die kurzfristigen Ergebnisse zu berücksichtigen, die sich in einer Senkung der Selbstkosten oder der Erhöhung der Rentabilität niederschlagen, sondern auch die globalen Auswirkungen, wie sie sich für die langfristige Perspektive der ökonomischen Entwicklung der gesellschaftlichen Produktion ergeben. Die Orientierung auf die laufenden Ergebnisse genügt nämlich aus verschiedenen Gründen nicht.

Erstens wird bei der Wahl einer billigeren Variante, die in kurzer Zeit produktionswirksam wird, oft die perspektivische Koordinierung im Zusammenhang mit der Entwicklung der Volkswirtschaftsstruktur außer acht gelassen. Zweitens ist nicht immer auszuschließen, daß sich in Einzelfällen negative Auswirkungen der modernen Produktion auf die Umwelt ergeben. Drittens wird durch das Streben nach möglichst rascher Produktionswirksamkeit oftmals der technische Fort-

[43] F. Engels, Brief an K. Kautsky vom 26. Juni 1884, in: MEW, Bd. 36, Berlin 1967, S. 168.

schritt vernachlässigt, denn jede nachfolgende Verbesserung geht von den Vorteilen im Vergleich zum Durchschnittsstand in der Gegenwart aus. Nach einigen Jahren verkehrt sich ein solcher „durchschnittlicher“ Vorteil in sein direktes Gegenteil und führt dazu, daß bewußt moralisch veraltete Technik und Technologie hergestellt und eingesetzt werden.

Die neue Form, in der die Einheit von Produktivkräften und Produktionsverhältnissen im Sozialismus realisiert wird, verlangt, daß die Entwicklung nicht auf Zwischenergebnisse, sondern auf Finalergebnisse orientiert wird. Das wurde auf dem XXV. Parteitag der KPdSU als ein außerordentlich wichtiger Aspekt der volkswirtschaftlichen Probleme bezeichnet.[44] Deshalb muß die Entwicklung der Produktion auf der Anwendung der fortgeschrittenen Technik und Technologie sowie entsprechenden Formen ihrer gesellschaftlichen Organisation beruhen.

Besondere Bedeutung haben in diesem Zusammenhang die Spezialisierung nach Baugruppen und Technologien, die Konzentration und Zentralisation der Produktion sowie die Entwicklung neuer Formen für die Organisationsstruktur, wie die Schaffung von Produktions- und Industrievereinigungen sowie Agrar-Industrie-Komplexen, da sie umfassende Möglichkeiten bieten, die Arbeit auf wissenschaftlicher Grundlage zu organisieren und die Forschungsergebnisse produktionswirksam werden zu lassen. Daneben gewinnen auch solche sozialökonomischen Faktoren große Bedeutung wie die Erhöhung des Lebensstandards, die Vervollkommnung der Leitung der sozialistischen Produktion, die Weiterentwicklung des Systems materieller Anreize, die Verstärkung des schöpferischen Charakters der Arbeit, die weitere Ausarbeitung und Vervollkommnung des Mechanismus der sozialistischen Wirtschaftsführung usw.

Damit bei der Schaffung der materiell-technischen Basis des Kommunismus die Errungenschaften der wissenschaftlich-technischen Revolution effektiv genutzt werden können, sind diese Errungenschaften also mit den Vorzügen der sozialistischen Organisation der gesellschaftlichen Produktion zu verbinden.

Der gesamthistorische Zusammenhang wird immer über das System materieller Bedingungen hergestellt, durch die die jeweilige Gesellschaftsform in Beziehungen zur Natur tritt, und er schließt deshalb auch diese Form ein. Letztere wird zur konkret-historischen Art und Weise seiner Realisierung. Nur auf Grundlage dieser Form und durch sie werden darüber hinaus jene ökonomischen und sozialen Potenzen akkumuliert, die der jeweilige Gesellschaftstyp an den nachfolgenden weitergibt. Der gesamthistorische Zusammenhang, wie er sich unter dem Gesichtspunkt der Aufgliederung des Geschichtsprozesses nach Gesellschaftsformationen ergibt, kann daher nicht außerhalb der Tätigkeit der jeweiligen Gesellschaftsform gesehen werden, da letztere nämlich auch ihren Entwicklungs-

[44] XXV. Parteitag der KPdSU, Rechenschaftsbericht des Zentralkomitees der Kommunistischen Partei der Sowjetunion und die nächsten Aufgaben der Partei in der Innen- und Außenpolitik, Berichterstatter: L. I. Breshnew, Generalsekretär des ZK der KPdSU, Berlin 1976, S. 72/73.

prozeß charakterisiert. Betrachtet man den gesamthistorischen Zusammenhang unabhängig von der gesellschaftlichen Form der materiellen Produktion, so läuft das auf eine Charakteristik der einfachen Momente des Arbeitsprozesses hinaus, wie sie allen Entwicklungsstufen der menschlichen Gesellschaft gemeinsam sind.

Hieran ändert sich auch dadurch nichts, daß die Produktivkräfte verschiedene Bereiche umfassen, wie stoffliche und energetische, individuelle und gesellschaftliche Produktivkräfte usw. Das schafft nur den Anschein einer konkret-historischen Untersuchung der Produktivkräfte. In Wirklichkeit verharren wir dabei, sie formal-abstrakt zu charakterisieren, da wir ihren Inhalt mit den einfachen Momenten des Arbeitsprozesses identifizieren.

An diese Fragen darf man aber nicht einseitig herantreten. Bei der Geschichte der Naturwissenschaft, insbesondere bei der Geschichte der Technik, ist es durchaus berechtigt, von der Spezifik der gesellschaftlichen Produktionsformen zu abstrahieren. Handelt es sich aber um die politische Ökonomie, die die gesellschaftliche Organisation der Produktion untersucht, so ist eine solche Abstraktion von sehr begrenztem Wert, denn Technik und Produktivkräfte der Gesellschaft sind nicht das gleiche. Die Menschen treten nämlich nicht als isolierte und unabhängige Subjekte in Beziehung zur Natur, sondern als gesellschaftliche Individuen, d. h. als Individuen, die sich in bestimmten gesellschaftlichen Zusammenhängen befinden. Und erst durch diese Zusammenhänge können sie in Beziehungen zur Natur treten, was strenggenommen bedeutet, daß nicht einzelne Menschen, sondern die Gesellschaft in Beziehungen zur Natur tritt.

Außerdem sind die gegenständlichen Faktoren, mit deren Hilfe die Menschen auf die Natur einwirken, nicht das Produkt der Natur, sondern das Ergebnis einer spezifisch-sozialen Tätigkeit und verkörpern die Existenz derjenigen gesellschaftlichen Beziehungen, unter denen sie agieren. Sie sind die materiellen Träger dieser Beziehungen. Die gegenseitigen Beziehungen der Menschen untereinander, d. h. der Charakter und die Art und Weise ihres Verkehrs, ordnen sich in die Bewegung der Voraussetzungen und Ergebnisse ihrer Arbeitstätigkeit ein. Ebendarum ist der Prozeß des Verkehrs der Individuen ein materieller Prozeß, der die Grundlage ihrer gesellschaftlichen Verhältnisse bildet. Produktionsverhältnisse sind nämlich keine theoretischen, sondern praktische Verhältnisse der Individuen, die vermittels einer bestimmten gegenständlichen Welt real existieren. Deshalb sind auch die Produkte als Form der materialisierten menschlichen Tätigkeit und der Mensch selbst als bestimmte Verkörperung der Naturkräfte wirkliche Träger solcher Verhältnisse.

Der hier genannte Aspekt der Dialektik von Produktivkräften und Produktionsverhältnissen der gesellschaftlichen Produktion wird durch die qualitative Besonderheit der sozialen Erscheinungen bestimmt. Diese Besonderheit besteht darin, daß jede Erscheinung der sozialen Wirklichkeit in sich qualitativ unterschiedliche Merkmale vereinen kann: natürliche, allgemein-soziale und spezifisch soziale Qualitäten, wobei letztere abermals differenziert sein können. Deshalb kann ein und dieselbe Erscheinung verschiedene Beziehungen umfassen und verschiedene gesellschaftliche Funktionen erfüllen, und zwar je nachdem, in welchen realen Zusammenhängen sie sich mit anderen Erscheinungen befindet. So ist z.B. das fixe Kapital eine ökonomische Kategorie, die die Produktionsverhältnisse der bürgerlichen Gesellschaft zum Ausdruck bringt. Aber gleichzeitig ist sie auch ein Mittel, das den Stoffwechsel dieser Gesellschaft mit der Natur sichert. Das gleiche Produktionsmittel, das im einfachen Arbeitsprozeß als dessen Produktivkraft auftritt, ist in der kapitalistischen Gesellschaft nur insofern Produktivkraft, wie es als fixes Kapital fungiert. Der Mensch ist in jeder Gesellschaft die Hauptproduktivkraft, aber in der bürgerlichen Gesellschaft ist er nur dann Produktivkraft, wenn er mit seiner Arbeit Mehrwert schafft. Andererseits können kapitalistische Produktionsverhältnisse dort nicht entstehen, wo es weder Produktionsmittel noch Arbeitskräfte gibt, also Faktoren, die bestimmte Produktionsfunktionen erfüllen können. Bilden die Produktivkräfte der Gesellschaft also den Inhalt der gesellschaftlichen Produktion, so ist dieser Inhalt eng mit seiner Form verknüpft. Nur in dieser Einheit stellen sie einen Faktor für den Zusammenhang zwischen einem historisch bestimmten Gesellschaftstyp und der Natur dar. Folglich umfassen die Produktivkräfte die gesamte gesellschaftliche Produktion, betrachtet man sie unter dem Gesichtspunkt des Wechselverhältnisses zwischen Gesellschaft und Natur. Demgegenüber umfassen die Produktionsverhältnisse die gesamte gesellschaftliche Produktion, betrachtet man diese unter dem Gesichtspunkt der inneren Struktur der Gesellschaft, d. h. als Grundlage aller gesellschaftlichen Verhältnisse.

Wenn es um die gesamte geschichtliche Entwicklung geht, dann ist der Widerspruch zwischen Produktivkräften und Produktionsverhältnissen die wichtigste Quelle für die Entwicklung der gesellschaftlichen Produktion. Die wesentliche Quelle für die Entwicklung der gesellschaftlichen Produktion im Rahmen einer historisch bestimmten Gesellschaftsform sind die Widersprüche, die ihrer ökonomischen Struktur, d. h. dem System der Produktionsverhältnisse dieser Gesellschaft immanent sind. In diesem Fall geht die Entwicklung auf Grund des Wirkens der ökonomischen Gesetze vor sich, die die konkrete historische Besonderheit der Gesellschaft zum Ausdruck bringen. Aber Charakter, Formen und Wirkungsmechanismus dieser Gesetze kann man nicht unabhängig von den Beziehungen betrachten, die zwischen Gesellschaft und Natur bestehen. Die Entwicklung der Faktoren, die den Zusammenhang zwischen Gesellschaft und Natur sichern, sowie die auf dem Wirken der ökonomischen Gesetze beruhende Steigerung ihrer Effektivität führen ihrerseits dazu, daß sich die ökonomische Struktur entwickelt und verändert. Aber gerade hier zeigt sich der reale Unterschied zwischen Produktivkräften und Produktionsverhältnissen. Um sich die Ergebnisse ihrer eigenen Tätigkeit anzueignen, muß die jeweilige gesellschaftliche Produktionsform die Fähigkeit zu einer bestimmten Elastizität zeigen. Die absolute Grenze dieser Elastizität, die Grenze für die Anpassungsfähigkeit dieser Form, ist ihr eigenes Wesen. Sobald diese Grenze erreicht ist, hört diese gesellschaftliche Form der

Produktion auf, sich zu entwickeln, beginn zu zerfallen und unterzugehen. Sie hört in diesem Falle auf, Träger von Eigenschaften des gesamthistorischen Zusammenhanges zu sein.

Die vorbürgerlichen ökonomischen Strukturen zerfielen und gingen unter, denn sie hatten der Produktion von stofflichem Reichtum sehr enge Grenzen gesetzt, da diese Gesellschaftsformen auf einem solchen Produktionsniveau beruhten, das vorwiegend von den natürlichen Produktionsbedingungen bestimmt war. Die Entwicklung der gesellschaftlichen Arbeitsteilung und die darauf beruhende Herausbildung von Voraussetzungen für die Produktion von stofflichem Reichtum untergruben auch die stärksten Grundlagen ihrer inneren Organisation, so daß sie auf der naturwüchsigen Basis der Produktion zugrunde ging. „Alle bisherigen Gesellschaftsformen ...", schrieb Marx, „gingen unter an der Entwicklung des Reichtums — oder, was dasselbe ist, der gesellschaftlichen Produktivkräfte. Bei den Alten, die das Bewußtsein hatten, wird der Reichtum daher direkt als Auflösung des Gemeinwesens denunziert. Die Feudalverfassung ihrerseits ging unter an städtischer Industrie, Handel, moderner Agrikultur (sogar an einzelnen Erfindungen, wie Pulver und Druckerpresse)."[45]

Aber die gleiche Arbeitsteilung und die sich auf ihrer Grundlage entwickelnde Warenproduktion, der sich der Feudalismus nicht angleichen konnte, wurden der Ausgangspunkt für die Entwicklung des Kapitalismus. Für ihn waren die Schaffung von stofflichem Reichtum und die universelle Entwicklung der Produktivkräfte die entscheidende Voraussetzung seiner Existenzfähigkeit. Das Kapital weitete die Grenzen, in denen es sich den veränderten Produktionsbedingungen anpassen kann, beträchtlich aus und ermöglichte damit einen echten revolutionären Umschwung in der technischen Basis der Produktion. Sobald aber das Kapital das Stadium der maschinellen Großproduktion erreicht, wird es zum Hemmnis für die weitere Entwicklung der Produktivkräfte. „Auf diesem Punkt angelangt", schreibt Karl Marx, „tritt das Kapital, d. h. Lohnarbeit, in dasselbe Verhältnis zur Entwicklung des gesellschaftlichen Reichtums und der Produktivkräfte, wie Zunftwesen, Leibeigenschaft, Sklaverei, und wird als Fessel notwendig abgestreift."[46]

Erreicht die kapitalistische Produktionsweise ihre historischen Grenzen, so ist das keineswegs mit ihrem sofortigen Untergang identisch. Das schließt nicht aus, daß diese Produktionsweise im Verlauf eines bestimmten Zeitraums nicht nur bestehen, sondern sich auch entwickeln kann. Die kapitalistische Produktionsweise hat die ihr innewohnenden unlösbaren Widersprüche und ihre historische Begrenztheit seit mehr als hundert Jahren bewiesen. In diesem Zeitraum, der durch den Übergang vom Kapitalismus zum Sozialismus im Weltmaßstab gekennzeichnet ist, hat sich auch der Kapitalismus beträchtlich verändert. Heute besteht in den entwickelten kapitalistischen Ländern das System des staatsmonopolistischen

[45] K. Marx, Grundrisse der Kritik der Politischen Ökonomie (Rohentwurf), a. a. O., S. 438/439.
[46] Ebenda, S. 635.

Kapitalismus, das eine sehr entwickelte Form der bürgerlichen Produktionsverhältnisse darstellt. Der Kapitalismus des 20. Jahrhunderts, der sich auf der Grundlage der Monopolherrschaft entwickelte, hat auf dem Gebiet der Produktivkräfte ein höheres Niveau als der Kapitalismus der freien Konkurrenz erreicht. Trotzdem ist diese Periode durch den Niedergang und Ruin des Kapitalismus als sozialökonomisches System, als Produktionsweise gekennzeichnet. In diesem Zeitraum entwickelt sich der Kapitalismus insgesamt auf einer absteigenden Linie und ist faulender und sterbender Kapitalismus; in seinem Rahmen entstanden und entwickelten sich solche ökonomische Formen, die ihrem Inhalt nach Übergangsformen von der freien Konkurrenz zur völligen Vergesellschaftung sind, und es bildeten sich die materiellen Voraussetzungen für den Übergang zum Sozialismus heraus.

Die Voraussetzungen für den Übergang zu einer neuen Form der gesellschaftlichen Produktion entstehen im Rahmen der bisherigen Produktionsweise, d. h., sie sind das Ergebnis der gegenseitigen Einwirkung von Produktivkräften und Produktionsverhältnissen der alten Produktionsweise, die eine unterschiedliche Rolle in diesem Prozeß spielen. Die spezifische Gesellschaftsform, die die Grenzen dieser Produktionsweise charakterisiert, kann sich beim Übergang zu einer neuen Produktionsweise nicht erhalten. Die Gesamtheit der Faktoren, die das von der vorangegangenen Produktionsweise erreichte Niveau der Arbeitsproduktivität bestimmen, bleibt erhalten und stellt die materiellen Voraussetzungen dar, die von der neuen Form der gesellschaftlichen Produktion übernommen werden. Wie diese Voraussetzungen beschaffen sind und wie die neue Produktionsweise sie sich zu eigen macht, ergibt sich aus deren konkret-historischem Charakter. In diesem Fall ist noch etwas anderes hervorzuheben. Keine Produktionsweise schafft für ihren historischen Nachfolger die Produktivkräfte, geschweige denn die Produktionsverhältnisse in fertiger, völlig abgeschlossener Form. Sie bereitet für den Nachfolger die materiellen Voraussetzungen vor. Es ist die historische Aufgabe der jeweiligen Produktionsweise, die ihrem Wesen adäquaten Produktivkräfte zu schaffen. Das System der ökonomischen Verhältnisse der neuen Gesellschaft trägt wesentlich dazu bei, diese Aufgabe zu lösen.

Der Kapitalismus ist die letzte antagonistische ökonomische Gesellschaftsformation. Der Übergang vom Kapitalismus zum Kommunismus bedeutet, den Widerspruch zwischen dem Allgemein-Historischen und dem Konkret-Historischen zu überwinden, der der vorangegangenen Entwicklung der Menschheit innewohnte, denn Funktionsweise und Entwicklung der kommunistischen Gesellschaft sind von deren Einheit getragen. Demnach verkörpert jene Form die konkrete historische Besonderheit der kommunistischen Produktion, die dem gesamthistorischen Inhalt der gesellschaftlichen Entwicklung adäquat ist. „Der Kommunismus“, schrieben Karl Marx und Friedrich Engels in der „Deutschen Ideologie“, „unterscheidet sich von allen bisherigen Bewegungen dadurch, daß er die Grundlage aller bisherigen Produktions- und Verkehrsverhältnisse umwälzt und alle naturwüchsigen Voraussetzungen zum ersten Mal mit Bewußtsein als

Geschöpfe der bisherigen Menschen behandelt, ihrer Naturwüchsigkeit entkleidet und der Macht der vereinigten Individuen unterwirft."[47] Vom Standpunkt der Wechselwirkung von Produktivkräften und Produktionsverhältnissen bedeutet die kommunistische Organisation der Produktion eine solche Art des Zusammenwirkens, daß die Produktionsverhältnisse ein ständig wirkender und von ihrem Wesen her nicht begrenzter Faktor sind, der ständigen Fortschritt der Produktivkräfte bewirkt. Die Ursache liegt darin, daß die Wirtschaft zwar nach wie vor die Basis der Gesellschaft bildet, aber dennoch zunehmend ein Mittel darstellt, um vorwiegend soziale Aufgaben zu lösen. Die Produktion stofflichen Reichtums bleibt erhalten, aber sie ist jetzt ein Mittel, das den Bedürfnissen der allseitigen Entwicklung des Menschen untergeordnet ist. Deshalb ist der Kommunismus kein Zustand, sondern ein ständiger Entwicklungsprozeß, den widerzuspiegeln die Hauptaufgabe der ökonomischen Theorie des Sozialismus darstellt.

[47] K. Marx/F. Engels, Die deutsche Ideologie, in: MEW, Bd. 3, a. a. O., S. 70.

KAPITEL II

Die Genesis des ökonomischen Systems der kommunistischen Gesellschaft

1. Besonderheiten bei der Herausbildung des Systems

Bei der Untersuchung des Entwicklungsprozesses eines sozialökonomischen Organismus ist vor allem die Form zu klären, in der sich dieser Organismus herausbildet, denn sie enthält bereits Keime sämtlicher Impulse für seine Bewegung. Der Prozeß der Herausbildung allein vermittelt nämlich keine exakte Vorstellung von den inneren Zügen der neuen Formation. Eine exakte Bestimmung fällt dadurch um so schwerer, weil es in dieser Periode praktisch keine Kategorien gibt, die dem Wesen der vor sich gehenden Veränderungen entsprechen. Deshalb bedient man sich bei der Untersuchung der überkommenen Kategorien. Das erschwert aber nicht nur den Erkenntnisprozeß, sondern dadurch bilden sich in der Wissenschaft auch bestimmte feststehende Auffassungen heraus, deren Überwindung in der Folge eine nicht weniger schwierige Aufgabe darstellt als die Abbildung der objektiven Wirklichkeit.

So hat die Geschichte der sozialistischen Umgestaltungen in der UdSSR und in den Ländern der sozialistischen Gemeinschaft in zahlreichen Veröffentlichungen ihren Niederschlag gefunden. Die Grundgesetzmäßigkeiten für den Übergang vom Kapitalismus zum Sozialismus, die in jedem Land wirken, das den Weg des sozialistischen Aufbaus beschreitet, wurden in zahlreichen theoretischen Dokumenten und in den Materialien der Beratungen der kommunistischen und Arbeiterparteien der sozialistischen Staaten formuliert. Die Lösung dieser Frage ist eine sehr wesentliche Grundlage für die Erarbeitung des theoretischen Modells vom Entstehungsprozeß des ökonomischen Systems der kommunistischen Gesellschaft. Die theoretische Widerspiegelung der Herausbildung des Systems muß wiederum mit der kategorialen Bestimmung der ökonomischen Struktur der kommunistischen Produktionsweise verknüpft werden, denn sonst ist die genetische Kontinuität der wissenschaftlichen Kategorien nicht gewährleistet und wird der Entwicklungsprozeß statisch widergespiegelt.

Die Notwendigkeit von Untersuchungen auf diesem Gebiet ergibt sich aus dem besonderen Stellenwert, den das ökonomische System in der Struktur der gesellschaftlichen Beziehungen einnimmt. Die Herausbildung der gesellschaftlichen Beziehungen der kommunistischen Gesellschaft wird letztlich durch die Herausbildung der kommunistischen Produktionsverhältnisse determiniert, die die Vereinheitlichung aller übrigen Komponenten der gesellschaftlichen Struktur entsprechend ihrem eigenen Wesen bestimmt.

Die Ausarbeitung des theoretischen Modells von der Herausbildung des ökonomischen Systems der kommunistischen Gesellschaft ist auch deshalb aktuell, weil dieser Prozeß in einigen sozialistischen Staaten noch nicht abgeschlossen ist und andere Länder den Weg der sozialistischen Umgestaltung gerade erst beschreiten.

Gegenwärtig läßt sich natürlich noch keine abgeschlossene Theorie für die Herausbildung des ökonomischen Systems der kommunistischen Gesellschaft erarbeiten, denn seine Struktur befindet sich noch in der Herausbildung. Deshalb läßt sich noch keine endgültige Verbindung zwischen dem theoretischen Modell der Herausbildung und den kategorialen Begriffen für die Eigenbewegung des Systems der Produktionsverhältnisse herstellen. Dennoch können wir aus dem umfangreichen empirischen Material, das über den Aufbau der entwickelten sozialistischen Gesellschaft vorliegt, einige wesentliche Schlußfolgerungen ziehen, wenn man es theoretisch verallgemeinert. Das betrifft vor allem das Wesen des Übergangs vom Kapitalismus zum Sozialismus.

Die materiellen Voraussetzungen für den Sozialismus entstehen bekanntlich in der kapitalistischen Gesellschaft. Das ist zu beachten, da wir vom gegenwärtigen Stand der Produktionsverhältnisse der kapitalistischen Gesellschaft ausgehen, deren charakteristische Besonderheit in der Vereinigung der Macht der Monopole mit der des bürgerlichen Staates liegt. Auf dieser Stufe entstehen in vollem Umfang die materiellen Voraussetzungen für den Übergang zum Sozialismus. Zwar ist dieser Aspekt sehr wichtig, um die Herausbildung der Produktionsverhältnisse der kommunistischen Gesellschaft theoretisch zu analysieren, doch liegt er außerhalb der eigentlichen Geschichte der kommunistischen Produktionsweise. Wo aber ist der historische Beginn für die Produktionsverhältnisse der kommunistischen Gesellschaft anzusetzen?

Die Spezifik bei der Herausbildung der Produktionsverhältnisse der kommunistischen Gesellschaftsordnung und ihr grundlegender Unterschied zu allen vorangegangenen Formen ökonomischer Verhältnisse wird nicht allein durch die Besonderheiten ihres Wesens, sondern auch durch den Charakter ihrer Entstehung und die Besonderheiten des naturgeschichtlichen Prozesses der Evolution der sozialen Formen bestimmt. Sie heben nicht das allgemeine Entwicklungsgesetz auf, wonach das Neue aus dem Alten hervorgeht. Aber in welchen Formen das Neue entsteht und wie der Übergang vom Alten zum Neuen erfolgt, das sind stets konkrete Fragen, die nicht nach allgemeinen historischen Schemata gelöst werden können. Alles wird dadurch bestimmt, aus welcher und in welche Richtung sich der Übergang vollzieht und in welcher konkreten historischen Situation er erfolgt. Selbst der Übergang vom Feudalismus zum Kapitalismus weist vielfältige Formen auf. Das trifft um so stärker auf den Übergang vom Kapitalismus zum Sozialismus zu.

Die Besonderheit des Sozialismus besteht darin, daß es sich um die Herausbildung einer grundlegend anderen ökonomischen Struktur gegenüber allen vorangegangenen handelt, und deren fertige Formen können nicht durch einige organisatorische Umgestaltungen unter den Bedingungen kapitalistischer Produktionsverhältnisse entstehen. Demgegenüber bildeten sich die bürgerlichen Produktionsverhältnisse bereits im Schoße der ökonomischen und politischen Struktur der feudalen Gesellschaft heraus. Die Bourgeoisie wurde bereits zur ökonomisch herrschenden Klasse, noch ehe sie die politische Herrschaft errungen hatte.

Die politische Herrschaft der Bourgeoisie ist nicht die Vorbedingung für die Entstehung und Entwicklung des Kapitalismus, „weil die grundlegende organisierende Kraft in der anarchisch aufgebauten kapitalistischen Gesellschaft der elementar in die Breite und Tiefe wachsende nationale und internationale Markt ist“[1]. Natürlich benötigt die Bourgeoisie bei einem bestimmten Reifegrad der kapitalistischen Verhältnisse auch die politische Herrschaft, um ihre ökonomische Situation zu festigen. Aber bis zu einem bestimmten Augenblick können sich die kapitalistischen Verhältnisse entwickeln, auch wenn die politische Macht in den Händen des Feudaladels bleibt.

Anders verhält es sich beim Übergang vom Kapitalismus zum Sozialismus. Es ist eine unabdingbare Voraussetzung für die Entstehung und Entwicklung der ökonomischen Struktur der kommunistischen Gesellschaft, daß die Arbeiterklasse die politische Macht erringt.

Die Eroberung der politischen Macht durch die Arbeiterklasse setzt voraus, daß das politische System der bürgerlichen Gesellschaft restlos beseitigt, der alte Staatsapparat zerschlagen und ein grundsätzlich neuer Staatsapparat geschaffen wird. Dieser kann nur normal funktionieren, wenn die breiten Massen der Werktätigen unter Führung der Arbeiterklasse und ihres Vortrupps, der kommunistischen Partei, zur politischen Tätigkeit herangezogen werden. Nur gestützt auf die Diktatur des Proletariats kann die Arbeiterklasse im Bündnis mit den werktätigen Massen die gesamten Produktivkräfte beherrschen und sichern, daß die vom Kapitalismus geschaffenen materiellen Voraussetzungen des Sozialismus im Interesse der Gesellschaft realisiert werden. Das bedingt, daß vor allem auf wirtschaftlichem Gebiet revolutionäre Maßnahmen ergriffen werden, um die ökonomische Macht der Bourgeoisie zu beseitigen und „ein außerordentlich kompliziertes und feines Netz von neuen organisatorischen Beziehungen herzustellen, die die planmäßige Produktion und Verteilung der Produkte erfassen, wie sie für die Existenz von Dutzenden Millionen Menschen notwendig sind“.[2]

Die Eroberung der politischen Macht durch die Bourgeoisie bedeutet, daß die Herausbildung der kapitalistischen Produktionsweise abgeschlossen ist. Der Übergang der politischen Macht in die Hände der Arbeiterklasse ist notwendig, damit sich die kommunistische Produktionsweise herausbilden kann. Das ist aber mehr als nur eine Voraussetzung. Die Staatsmacht muß (vor allem zu Anfang) in den Händen der Arbeiterklasse sein, denn dies ist ein wesentlicher Faktor, damit sich das System der ökonomischen Verhältnisse der sozialistischen Gesell-

[1] W. I. Lenin, Die nächsten Aufgaben der Sowjetmacht, in: Werke, Bd. 27, Berlin 1960, S. 230.
[2] Ebenda, S. 231.

schaft entwickelt. Die Diktatur des Proletariats ist keine gewöhnliche politische Herrschaft, die sich auf die Autorität der Macht stützt. Der Staat der Diktatur des Proletariats ist die Ursprungsform eines das ganze Volk umfassenden Zentrums der Leitung der sozialistischen Produktion, d. h., er erfüllt ökonomische Funktionen. Das ergibt sich aus den prinzipiellen Besonderheiten der Struktur des ökonomischen Systems des Sozialismus.

Die kapitalistischen Produktionsverhältnisse entstehen und wirken als ein System der Marktwirtschaft, das durch spontane Regulatoren gelenkt wird. Demgegenüber bilden die ökonomischen Verhältnisse der sozialistischen Gesellschaft von Anfang an ein System, das als notwendige Komponente ein eigenes Leitungsorgan benötigt. Der Sozialismus könnte als spontaner Prozeß weder entstehen noch sich weiterentwickeln, denn er stellt den direkten Gegensatz zur Marktwirtschaft dar. Der Staat der Diktatur des Proletariats erfüllt von Anbeginn diese Funktion eines ökonomischen Organs, d. h. eines Organs zur planmäßigen Leitung der Produktion. Daß er gleichzeitig auch die politische Form der Organisation der Arbeiterklasse darstellt, ändert nichts am Wesen der Sache, denn die Arbeiterklasse übt ihre politische Herrschaft deshalb aus, um die Entstehung eines neuen ökonomischen Systems, das keine Klassenstruktur der Gesellschaft zuläßt, zu sichern.

Politisch gesehen, weist der Staat der Diktatur des Proletariats die Form eines Staates der Übergangsperiode vom Kapitalismus zum Sozialismus auf, während er vom ökonomischen Standpunkt her die Urform des ökonomischen Organs der gesamten Gesellschaft ist. Diese Funktion des Staates bleibt nicht nur über die Übergangsperiode hinaus erhalten, sondern erfährt dann ihre völlige und umfassende Entwicklung. Deshalb kennzeichnen die Erringung der politischen Macht durch die Arbeiterklasse und die Behauptung der Diktatur des Proletariats den Beginn der eigentlichen Geschichte des ökonomischen Systems der kommunistischen Gesellschaft, handelt es sich doch um die Herausbildung von Produktionsverhältnissen der kommunistischen Gesellschaft.

Diese These ist in den Materialien der Konferenz der kommunistischen und Arbeiterparteien der sozialistischen Länder von 1957 begründet. Hier wurden die allgemeinen Gesetzmäßigkeiten der revolutionären Umgestaltung der kapitalistischen Gesellschaft in die sozialistische formuliert. Eine entscheidende Gesetzmäßigkeit besteht darin, daß die Arbeiterklasse, deren Kern die marxistisch-leninistische Partei ist, die werktätigen Massen führt im Prozeß des Vollzugs der proletarischen Revolution und der Errichtung der Diktatur des Proletariats in dieser oder jener Form.

Beim Wechselverhältnis von politischen und ökonomischen Prozessen ist das innere, historisch bedingte Moment der Entstehung der Produktionsverhältnisse der sozialistischen Gesellschaft beim Übergang vom Kapitalismus zum Sozialismus gänzlich anders als beim Übergang vom Feudalismus zum Kapitalismus. Wie bereits gesagt, erfolgen unter dem Einfluß der politischen Faktoren die Herausbildung der ökonomischen Struktur des Sozialismus und die Umgestaltung der gesellschaftlichen Institutionen: Aus Trägern überwiegend politischer Funktionen verwandeln sie sich allmählich in ökonomische Organe und werden zu Elementen der ökonomischen Struktur. Der untrennbare Zusammenhang zwischen den politischen Maßnahmen des Staates der Diktatur des Proletariats und der Struktur des sich herausbildenden Systems sozialistischer Produktionsverhältnisse bildet eine außerordentlich charakteristische Besonderheit bei der Herausbildung des ökonomischen Systems des Sozialismus.

Die Erringung der politischen Macht durch die Arbeiterklasse, die Errichtung der Diktatur des Proletariats und die Umgestaltung des Staates der Arbeiterklasse in ein Organ, das von Anfang an die Funktionen eines ökonomischen Zentrums der Gesellschaft erfüllt, wie sie sich aus dem Wesen der entstehenden Produktionsverhältnisse der kommunistischen Gesellschaft ergeben, sind gleichwertige Erscheinungen. Sie sind ein organischer Bestandteil der Herausbildung des ökonomischen Systems der kommunistischen Gesellschaftsordnung. Solange sich die ökonomische Struktur der kommunistischen Produktionsweise herausbildet, haben die Willensakte des Staates die Funktion von ökonomischen Faktoren, d. h., sie treten als ökonomische Potenz auf. „Oder warum", schrieb Friedrich Engels, „kämpfen wir denn um die politische Diktatur des Proletariats, wenn die politische Macht ökonomisch ohnmächtig ist? Die Gewalt (d. h. die Staatsmacht) ist auch eine ökonomische Potenz!"[3] Der Umstand, daß der Staat der Diktatur des Proletariats eine ökonomische Potenz bei der Herausbildung der sozialistischen Produktionsverhältnisse darstellt, kann nicht als Begründung herangezogen werden, um alle staatlichen Maßnahmen gleichrangig zu bewerten.

Bei der Herausbildung der ökonomischen Struktur des Sozialismus ist zu unterscheiden, daß erstens die notwendigen Voraussetzungen für deren Herausbildung geschaffen und zweitens die direkten Komponenten des Systems selbst gebildet werden müssen. Im ersten Fall handelt es sich um Prozesse, die ihrem Wesen nach einmalig und deshalb nicht wiederholbar sind. Im zweiten Fall geht es um Prozesse, die sich bei der Produktion und Reproduktion der Lebensbedingungen der Gesellschaft ständig wiederholen. Obwohl es sich in beiden Fällen um Momente bei der Herausbildung der ökonomischen Struktur des Sozialismus handelt und sie durch die aktive Rolle der politischen Maßnahmen des Staates der Diktatur des Proletariats vermittelt werden, unterscheiden sie sich doch in bezug auf die Herausbildung der kommunistischen Produktionsweise.

Zu den erstgenannten Prozessen gehören solche Willensakte des Staates der Diktatur des Proletariats, mit denen Verhältnisse des Privateigentums an den Produktionsbedingungen und -ergebnissen beseitigt werden. Konkrete Formen zur Realisierung dieser Prozesse sind die Beschlagnahme, die Nationalisierung und zum Teil die Zusammenfassung der kleinen Warenproduktion in Genossenschaften. Die Abschaffung des privatkapitalistischen Eigentums und die Schaf-

[3] F. Engels, Brief an Conrad Schmidt vom 27. Oktober 1890, in: MEW, Bd. 37, Berlin 1967, S. 493.

fung von sozialistischem gesellschaftlichem Eigentum ist ein notwendiger Bestandteil der ökonomischen Maßnahmen, die zu den allgemeinen Gesetzmäßigkeiten beim Übergang vom Kapitalismus zum Sozialismus gehören.

Die bei der Herausbildung der Produktionsverhältnisse der kommunistischen Produktionsweise vorzunehmende Aufhebung des kapitalistischen Eigentums und die Schaffung von sozialistischem Eigentum besitzen zweifellos einen realen ökonomischen Inhalt, obwohl sie der Form nach einen Rechtsakt darstellen, der an sich noch keine bestimmende Komponente des Systems der ökonomischen Beziehungen der neuen Produktionsweise schafft. Als Lenin das Programm für die sozialistische Umgestaltung der gesellschaftlichen Verhältnisse in Sowjetrußland ausarbeitete und in der Praxis verwirklichte, unterschied er streng zwischen Produktionsverhältnissen und Rechtsformen, die diese zum Ausdruck bringen. Er war der Auffassung, daß letztere zwar eine außerordentlich aktive Rolle spielen, insbesondere in der ersten Etappe der sozialistischen Umgestaltungen, aber keineswegs mit der unmittelbaren Schaffung des ökonomischen Systems der neuen Gesellschaft identisch sind. W. I. Lenin kritisierte scharf die „linken" Kommunisten, die „entschlossenste Vergesellschaftung", „gänzliche Vernichtung der Bourgeoisie und endgültiges Brechen der Sabotage" forderten, und schrieb: „Man kann in der Frage der Nationalisierung, der Konfiskation entschlossen oder unentschlossen sein. Aber das ist es ja gerade, daß selbst die allergrößte ‚Entschlossenheit' nicht hinreicht, um den Übergang *von* der Nationalisierung und der Konfiskation *zur* Vergesellschaftung zu vollziehen."[4] Betrachtet man die Vergesellschaftung unmittelbar von ihrem ökonomischen Inhalt her, so stellt sie einen Prozeß der Herausbildung und Festigung von Produktionsverhältnissen der kommunistischen Gesellschaft dar. In diesem Sinne beschränkt sich die Vergesellschaftung nicht auf die Übergangsperiode vom Kapitalismus zum Sozialismus, sondern umfaßt sie die gesamte erste Phase der kommunistischen Produktionsweise.

Obwohl die Rechtsakte des Staates der Diktatur des Proletariats und der unmittelbare ökonomische Prozeß der Entstehung der Elemente der materiellen Produktionsverhältnisse Seiten eines einheitlichen Prozesses sind, der zur Herausbildung der Produktionsverhältnisse der kommunistischen Gesellschaft führt, darf man sie aber nicht gleichsetzen, denn erstere bilden die Voraussetzung für die ökonomische Entwicklung, während letzterer einen unmittelbaren Bestandteil des ökonomischen Systems darstellt, der ständig reproduziert wird, d. h. ein Ergebnis seiner Eigenbewegung ist. Andernfalls müßte man zu den ökonomischen Elementen auch solche zählen, die eigentlich nicht zu den Produktionsverhältnissen der Gesellschaft gehören. Das ist besonders wichtig, wenn es um eine Systemanalyse der Produktionsverhältnisse des Sozialismus geht, d. h. um die Untersuchung von Gesetzmäßigkeiten der Funktionsweise der Struktur des ökono-

[4] W. I. Lenin, Über „linke" Kinderei und über Kleinbürgerlichkeit, in: Werke, Bd. 27, Berlin 1960, S. 325/326.

mischen Systems des Sozialismus. Es ist N. A. Cagolov zuzustimmen, wenn er schreibt: „Um zu erklären, wie die Gesellschaft Eigentümer der Produktionsmittel bleibt, nachdem sie diese erst einmal durch Enteignung in Besitz genommen hat, sind diejenigen Produktionsverhältnisse ausfindig zu machen, die die Zugehörigkeit der Produktionsmittel zur Gesellschaft reproduzieren. Wenn man sagt, daß die Grundlage dafür darin zu suchen ist, daß diese Produktionsmittel der Gesellschaft gehören, so ist das glatte Tautologie."[5]

Die Gesamtheit der Willensäußerungen, mit deren Hilfe die Voraussetzungen geschaffen werden, um die neue Wirtschaftsstruktur zu gestalten, stehen mit dieser in einem genetischen Zusammenhang. Trotzdem bilden diese Maßnahmen einen Aspekt der Entstehung des sozialistischen Wirtschaftssystems, und zwar nicht deshalb, weil sie der Form nach einen Rechtsakt darstellen, sondern infolge ihrer besonderen Rolle, die sie bei der Herausbildung des ökonomischen Systems des Sozialismus spielen.

Der gnoseologische Aspekt der Abgrenzung von materiellen und ideologischen Beziehungen kann in diesem Fall nicht die entscheidende Rolle spielen, da das gesellschaftliche System als solches noch nicht existiert. Es befindet sich erst in der Herausbildung. Die Kategorien von Basis und Überbau sind Kategorien eines herausgebildeten Systems gesellschaftlicher Beziehungen, und deshalb kann man mit ihnen erst operieren, wenn sich die Gesellschaft im reifen Zustand befindet.

Die Gesetzmäßigkeiten der Herausbildung eines Systems und die Gesetzmäßigkeiten seiner Funktionsweise als entstandener Formation sind völlig unterschiedlich. Analysiert man die Entstehung der Produktionsverhältnisse des Sozialismus vom Standpunkt seiner vollen Herausbildung, so entsteht in diesem Fall die Gefahr, die Bedeutung der ökonomischen Maßnahmen zu negieren, die der proletarische Staat in der Übergangsperiode bei der Herausbildung der sozialistischen Produktionsverhältnisse ergriffen hat. Damit bleibt nur ein Weg, nämlich die wesentlichen Zusammenhänge der entstehenden sozialistischen Produktionsverhältnisse außerhalb der eigentlichen Geschichte der kommunistischen Produktionsweise zu suchen. Dabei kann es vorkommen, daß zu den Elementen der entstehenden Produktionsverhältnisse der sozialistischen Gesellschaft solche materiellen Voraussetzungen gerechnet werden, die bei der Entwicklung der kapitalistischen Produktionsweise, vor allem im Stadium des Monopolkapitalismus, entstehen.

Die Negation des Kapitalismus bedeutet den Übergang von einem System von Produktionsverhältnissen zu einem anderen. Das ist nur dann der Fall, wenn die dafür notwendigen Voraussetzungen durch das überkommene System von Produktionsverhältnissen geschaffen wurden. Der Übergang vollzieht sich durch revolutionäre Aktionen der Arbeiterklasse und Errichtung der Diktatur des Proletariats in der einen oder anderen Form. Obwohl die Beschlagnahme und Nationalisierung Maßnahmen des Staates der Diktatur des Proletariats sind,

[5] Vestnik Moskovskogo gosudarstvennogo universiteta, Serija ėkonomičeskaja, 1/1974, S. 20.

die auf die Beseitigung der bürgerlichen Eigentumsbeziehungen und die Schaffung gesellschaftlichen Eigentums gerichtet sind, sind sie dennoch nicht mit der Entstehung von Bestandteilen des ökonomischen Systems des Sozialismus gleichzusetzen, obwohl sie gerade die unmittelbaren Faktoren für die Herausbildung dieses Systems darstellen. Ginge man anders an das Problem heran, so würde das bedeuten, auf die Notwendigkeit zu verzichten, daß die Arbeiterklasse die politische Macht erringt und die Diktatur des Proletariats in dieser oder jener Form errichtet, die die notwendige Voraussetzung für den Übergang vom Kapitalismus zum Sozialismus darstellt.

Solche Auffassungen bilden den Hauptinhalt reformistischer und rechtsrevisionistischer Konzeptionen vom Aufbau des Sozialismus. Die Anhänger dieser Konzeptionen gehen davon aus, daß im ökonomischen System des Kapitalismus fertige Formen von Produktionsverhältnissen des Sozialismus entstehen, die eine Umwandlung des Kapitalismus in Sozialismus auf rein evolutionärem Wege bewirken. In diesem Fall sei es überflüssig, daß die Arbeiterklasse die politische Macht erringt und ein System revolutionärer ökonomischer Maßnahmen verwirklicht, um das Monopol der Bourgeoisie an den Produktionsbedingungen und -ergebnissen zu brechen.

Die Herausbildung von sozialistischen Produktionsverhältnissen, bei der die politischen und rechtlichen Faktoren die Funktion von Voraussetzungen für die Herausbildung des neuen Systems erfüllen, umfaßt die Übergangsperiode und bildet einen wesentlichen Bestandteil ihres Inhalts. Während dieses Zeitraumes wird das bürgerliche Eigentum zwangsweise aufgehoben, und die gesamte Gesellschaft ergreift von den Produktionsbedingungen Besitz, gestaltet die kleine Warenproduktion um, überwindet die antagonistische Struktur der Gesellschaft usw. Gleichzeitig verwandeln sich in dieser Zeit die materiellen Voraussetzungen des Sozialismus in dessen Existenzgrundlage, die im Verlauf seiner Eigenbewegung reproduziert wird. Solche Elemente der neuen Form gesellschaftlicher Beziehungen, die im Kapitalismus als „Sprengkraft" wirken, werden zu einem Bestandteil der Übergangsperiode. Die wirtschaftlich-organisatorischen und politisch-rechtlichen Maßnahmen sichern die Herausbildung der neuen gesellschaftlichen Produktionsform.

In diesem Zusammenhang taucht natürlich die Frage auf, was eigentlich die neue Form der gesellschaftlichen Beziehungen darstellt, die die Bewegung der kommunistischen Produktionsweise in ihrer jeweiligen sozialen Determiniertheit begründet. Um diese Frage zu beantworten, sind einige Aspekte zu bestimmen, die die Grundlage für die Herausbildung der kommunistischen Produktionsweise charakterisieren. Dabei handelt es sich vor allem um deren Ausgangsform und deren Ausgangspunkt.

2. Ausgangsform und Ausgangspunkt der kommunistischen Produktionsweise

Die Frage, welche Ausgangsform die ökonomische Struktur der kommunistischen Gesellschaftsformation aufweist, wurde in der sowjetischen Wirtschaftsliteratur erst vor kurzem aufgeworfen. Obwohl sich diese Fragestellung anfangs nicht durchsetzen konnte, erreichte die Diskussion darüber später ein ziemlich großes Ausmaß. Einige Ökonomen sind der Auffassung, daß die Frage nach der Ausgangsform in theoretischer Hinsicht wenig ergiebig ist. Solche Auffassungen sind unseres Erachtens aber nicht berechtigt.

Die Entstehung, Herausbildung und Entwicklung der kommunistischen Produktionsweise hebt nicht den natürlichen historischen Prozeß der Entwicklung gesellschaftlicher Formen auf, sondern bestätigt diesen vielmehr in überzeugender Weise. Die Ausgangsform der Produktionsverhältnisse ist ein sehr wichtiges Glied beim Übergang von einer Produktionsweise zur anderen, sie ist die ökonomische Form für die Negation der alten Qualität und die Schaffung einer neuen. Deshalb nimmt das Problem der Ausgangsform der kapitalistischen Produktionsweise einen so bedeutenden Platz in der ökonomischen Lehre von Karl Marx ein. Untersucht man die Entstehung des ökonomischen Systems der kommunistischen Gesellschaft, so bildet die Ausgangsform eine der zentralen Fragen. Das ist auch tatsächlich der Fall. Doch um die Ausgangsform der sozialistischen Produktion zu untersuchen, ist es im Grunde notwendig, sich mit der Planmäßigkeit und den Ware-Geld-Beziehungen im System der sozialistischen Produktion zu befassen.

Bei der Behandlung dieses Problems muß man von der im Vorwort zum ersten Band des „Kapital" vertretenen These ausgehen. Marx betonte, daß die kapitalistische Produktionsweise und die ihr entsprechenden Produktions- und Zirkulationsverhältnisse Gegenstand seiner Untersuchung sind. Diese Abgrenzung ist unserer Auffassung nach nicht zufällig gewählt. Sie enthält wichtige methodologische Prämissen.

Legt man den Terminus der Produktionsweise in dem Sinne aus, daß man darunter die Einheit von Produktivkräften und Produktionsverhältnissen versteht, so bedarf die Abgrenzung zwischen kapitalistischer Produktionsweise und den ihr entsprechenden Produktions- und Zirkulationsverhältnissen keiner Begründung. Im „Kapital" und in anderen Arbeiten von Marx wird der Terminus „Produktionsweise" aber auch in engerer Bedeutung gebraucht, und zwar in dem Sinne, daß er vorwiegend die Beziehungen der Gesellschaft zur Außenwelt, zur Natur umfaßt. In diesem Fall dient er dazu, die technische und technologische Struktur der Produktion zu bezeichnen, und charakterisiert damit das Wirken jener Faktoren, die den Stoffwechsel zwischen Natur und Gesellschaft sichern und mit deren Hilfe der Hauptinhalt der historisch vorhandenen Produktions- und Zirkulationsverhältnisse realisiert wird. In seiner allgemeinen Bedeutung, d. h. im weiteren Sinne, in dem er in der Lehre und in der wissenschaftlichen Literatur gebraucht wird, umfaßt dieser Begriff alle materiellen Beziehungen, darunter auch die Produktions- und Zirkulationsverhältnisse.

Karl Marx untersucht die dem Kapitalismus entsprechenden Produktions- und Zirkulationsverhältnisse, bevor er die kapitalistische Produktionsweise analysiert, die als eine historisch bestimmte Art und Weise der Wechselwirkung von Gesellschaft und Natur angesehen wird. Er beginnt die Erforschung der kapitalistischen Produktionsweise mit der Analyse der einfachen kapitalistischen Kooperation. Zuvor untersucht Marx die kapitalistische Produktion vorwiegend unter dem Gesichtspunkt der dem Kapitalismus eigenen Produktions- und Zirkulationsverhältnisse. „Das Kapital" beginnt bekanntlich mit der Analyse der Ware und des Geldes. Hier wird die allgemeinste Grundlage der kapitalistischen Produktionsweise, deren äußerste, aber zugleich völlig reale Abstraktion untersucht.

In den folgenden Abschnitten untersucht Marx die dem Kapitalismus immanenten Beziehungen von Kapital und Lohnarbeit, die im Zusammenhang mit der Mehrwertproduktion realisiert werden. Das ist aber noch keine kapitalistische Produktionsweise im eigentlichen Sinne. Der Kapitalismus entwickelt und festigt sich erst auf der Grundlage der Produktions- und Zirkulationsverhältnisse, indem er einen Umschwung in der materiellen Grundlage der Produktion herbeiführt, d. h. in der Art und Weise ihrer Verbindung zur Außenwelt, zur Technik, Technologie und der Organisation des Produktionsprozesses. Nur insoweit diese Umgestaltungen erfolgen, werden die kapitalistischen Produktions- und Zirkulationsverhältnisse zu einem zusammenhängenden organischen System, das durch das Funktionieren der ihm entsprechenden Produktionsweise reproduziert wird.

Die Produktionsweise ist jetzt diesen Verhältnissen adäquat. Vorher basierten diese im wesentlichen auf der früheren Produktionsweise, und deshalb bedurfte ihre Reproduktion solcher Faktoren, die in der Vorgeschichte des Kapitalismus die entscheidende Rolle spielten. Da sich aber die kapitalistischen Produktions- und Zirkulationsverhältnisse ihre eigene Produktionsweise schaffen, verlieren die Faktoren der ursprünglichen Akkumulation allmählich an Bedeutung. Der Kapitalismus funktioniert von nun an auf der Grundlage eines Stoffwechsels, der gänzlich das Produkt des Kapitals ist. Das bedeutet, daß die dem Kapitalismus wesenseigenen Produktions- und Zirkulationsverhältnisse anfangs nicht Produkte der kapitalistischen Produktionsweise im eigentlichen Sinne sind, sondern aus den zerfallenden früheren ökonomischen Formen hervorgehen, die auf der materiellen Grundlage der dem Kapitalismus vorangegangenen Produktionsweisen und den ihnen entsprechenden Formen des Arbeitsprozesses beruhten.[6]

[6] In seiner Kritik an den Volkstümlern schrieb W. I. Lenin: „Sie vergessen, daß die ursprüngliche Form des *Kapitals* immer und überall das Handels-, das Geldkapital war, daß sich das Kapital des technischen Produktionsprozesses immer in der Form bemächtigt, in der es ihn vorfindet, und ihn erst später einer technischen Umwandlung unterzieht." (W. I. Lenin, Der ökonomische Inhalt der Volkstümlerrichtung und die Kritik an ihr in dem Buch des Herrn Struve, in: Werke, Bd. 1, Berlin 1961, S. 484.)

Die tatsächliche Gestaltung der kapitalistischen Produktionsweise beginnt mit der einfachen kapitalistischen Kooperation, die zwar noch auf der traditionellen handwerklichen Technik beruht, aber dennoch die neue Form der Organisation des Arbeitsprozesses charakterisiert, die eine höhere Stufenleiter in der Produktivität der gesellschaftlichen Arbeit bedeutet. Der neuen Produktionsweise müssen somit die gesellschaftlichen Formen der Organisation des Arbeitsprozesses entsprechen, die eine höhere Produktivität gewährleisten. Die kapitalistischen Produktions- und Zirkulationsverhältnisse enthalten an sich nicht unmittelbar dieses entscheidende Element der Produktionsweise. Gerade deshalb charakterisiert Karl Marx die kapitalistische Kooperation historisch und begrifflich als Ausgangspunkt der kapitalistischen Produktion.[7]

Das Warenverhältnis bildet die gesellschaftliche Ausgangsform des Kapitalismus, auf deren Grundlage die kapitalistischen Produktions- und Zirkulationsverhältnisse entstehen und existieren, während die einfache kapitalistische Kooperation der Ausgangspunkt für diejenigen Umgestaltungen in der unmittelbaren Produktion ist, die hier das Industriekapital entstehen lassen.

Um die Entstehung der kommunistischen Produktion konkreter und umfassender zu analysieren, muß man auch hier zwischen ihrer gesellschaftlichen Ausgangsform oder der allgemeinen ökonomischen Grundlage, d. h. der Form ihrer ökonomischen Zelle, und dem Ausgangspunkt des Kommunismus als neuer Produktionsweise unterscheiden. Bei der Behandlung der Frage nach dem Ausgangsproduktionsverhältnis der kommunistischen Gesellschaft erfolgt in der Literatur keine Abgrenzung zwischen der ökonomischen Ausgangsform und dem Ausgangspunkt der kommunistischen Produktionsweise als Verbindung zwischen Gesellschaft und Natur.

Die genetischen Zusammenhänge zwischen der ökonomischen Struktur der kommunistischen Gesellschaft und ihrer Wechselwirkung zu ihren historischen Vorläufern werden dagegen unterschiedlich dargestellt, und zwar je nachdem, ob man die allgemeine Ausgangsform der kommunistischen Produktion oder ihren Ausgangspunkt analysiert.

Der Kapitalismus schafft die materiellen Voraussetzungen für den Übergang zum Kommunismus, aber er schafft nicht die Voraussetzungen für das Funktionieren der kommunistischen Produktionsweise. Diese letzteren entstehen bereits auf der Grundlage und unter der Einwirkung der kommunistischen Produktions- und Zirkulationsverhältnisse. Erst auf ihrer Grundlage entwickelt sich eine neue Organisation und gesellschaftliche Produktivkraft der Arbeit, die den endgültigen Sieg des Kommunismus über den Kapitalismus bedeutet. Andererseits ist die neue Produktionsweise die Voraussetzung für die Reproduktion der ihr entsprechenden Produktions- und Zirkulationsverhältnisse und die allgemeine gesellschaftliche Form der Produktion.

[7] Vgl. K. Marx, Das Kapital, Erster Band, in: MEW, Bd. 23, Berlin 1962, S. 341.

Der natürliche historische Zusammenhang zwischen den verschiedenen Typen der Produktionsverhältnisse besteht also darin, daß die vorangegangene Produktionsweise die notwendigen Voraussetzungen für das Entstehen der Ausgangsform der folgenden Gesellschaft schafft. In diesem Sinne wird die ökonomische Ausgangsform der kommunistischen Gesellschaft von der kapitalistischen Produktionsweise vorbereitet. Was ist das für eine Form?

Um dieses Problem zu klären, ist vor allem darauf hinzuweisen, daß diese Form nur eine historisch determinierte Form der Arbeit sein kann, denn wir befinden uns in jener Epoche der menschlichen Geschichte, die dadurch gekennzeichnet ist, daß der stoffliche Reichtum durch die Arbeit produziert wird. Diese Feststellung hat nach unserer Auffassung grundsätzliche Bedeutung, denn sie orientiert von Anfang an darauf, die ökonomische Ausgangsform im Bereich der durch die gesellschaftliche Arbeit determinierten Beziehungen zu suchen. Bei Karl Marx im „Kapital" stellt der Doppelcharakter der Arbeit das wesentliche Merkmal für das ökonomische Ausgangsverhältnis des Kapitalismus dar, das die Grundlage für das Entstehen aller übrigen ökonomischen Formen der bürgerlichen Produktion bildet. Deshalb erscheint es zweifellos richtig, in methodologischer Hinsicht die ökonomische Ausgangsform der kommunistischen Produktion im Bereich der Arbeitsbeziehungen zu suchen, also die historische Form der Arbeitsbeziehungen zu bestimmen.

Die genetische Form der ökonomischen Struktur des Kapitalismus ist die Wertform als eine spezifisch historische Beziehungsform. Die daraus entspringenden Produktions- und Zirkulationsverhältnisse und die ihnen entsprechenden Merkmale der kapitalistischen Produktionsweise lassen diese Form zu der in der Gesellschaft vorherrschenden Art und Weise der menschlichen Tätigkeit werden. Aber die Entwicklung jeder Erscheinung führt auf einem bestimmten Entwicklungsniveau zwangsläufig zur Herausbildung ihres Gegensatzes. Das Kapital, das auf der Grundlage der Wertform entsteht, sich entwickelt und sich auf dieser Grundlage umfassend und frei entfaltet, stellt bekannterweise gleichzeitig den Gegensatz zu dieser Form dar, denn es basiert nicht nur auf der isolierten Arbeit, sondern auch auf deren kooperativer Form, die den Ausgangspunkt und die notwendige Voraussetzung für das Funktionieren und die Entwicklung des Kapitalismus als Produktionsweise bildet. Die kooperative Form des Arbeitsprozesses hingegen verkörpert von Anfang an den gesellschaftlichen Charakter der Arbeit als gemeinschaftliche Arbeit. Die unmittelbar gesellschaftliche Arbeit als Ergebnis der kapitalistischen Produktionsweise ist deshalb der genaue Gegensatz zu dem mit der Wertform ausgedrückten Verhältnis. Dadurch entsteht und entwickelt sich ein Widerspruch zwischen dem Wert als der gesellschaftlichen Form der Arbeit und der gemeinsamen unmittelbar gesellschaftlichen Arbeit als der gesellschaftlichen Art und Weise ihrer Verausgabung. Und mit der Weiterentwicklung der von der kapitalistischen Produktionsweise ausgelösten Tendenzen (Entstehung immer entwickelterer Formen der Kooperation der Arbeit, Konzentration und Zentralisation der Produktion) wird dieser Widerspruch ständig tiefer.

Die Entwicklungstendenz des Kapitalismus, die sich aus seinem gesellschaftlichen Wesen ergibt, besteht also darin, daß er die Wertform, den Zusammenhang, sprengt und die unmittelbar gesellschaftliche Form hervorbringt. Diese Form ist aber die genetische Grundlage, auf der sich die kommunistische Produktionsweise herausbilden und entwickeln kann. Deshalb charakterisierten die Klassiker des Marxismus die historische Rolle der kapitalistischen Produktionsweise in zwei kurzen Thesen, nämlich Vergesellschaftung der Arbeit und Hebung ihrer Produktivkräfte.[8] Je radikaler und tiefer die Wertform zerstört wird, um so höher ist der erreichte Stand der Vergesellschaftung der Arbeit und deren Produktivität, um so entwickelter ist die unmittelbar gesellschaftliche Form der Beziehung als ökonomische Ausgangsform der kommunistischen Produktion.

Das ökonomische System der kommunistischen Gesellschaft ist bekanntlich nicht sofort voll herausgebildet und entwickelt. Deshalb besteht die Bedeutung der marxistischen Lehre von den zwei Phasen des Kommunismus auch darin, daß die Gesetzmäßigkeiten bestimmt werden müssen, nach denen sich entwickelte kommunistische Verhältnisse herausbilden, und untersucht wird, wie die niedere Phase des Kommunismus, d. h. der Sozialismus, in reifen Kommunismus übergeht. Das ist deshalb besonders wichtig, weil hier von den ökonomischen Beziehungen des entwickelten Sozialismus die Rede ist.

Die Entstehung der kommunistischen Gesellschaft ist ein historischer Prozeß, und deshalb muß man auch historisch an ihn herangehen. Für die hier aufgeworfene Frage nach der Ausgangsform der kommunistischen Produktionsverhältnisse genügt es also nicht, deren Inhalt allgemein zu definieren. Man muß außerdem auch die konkrete Form feststellen, in der sie dieses Verhältnis ursprünglich verkörperte. Nur dann kann sich die Theorie auf die Wirklichkeit stützen und wird deshalb der Praxis Nutzen bringen. Es ist also die Ausgangsform des ökonomischen Systems der kommunistischen Gesellschaft in der ersten Phase ihrer historischen Reife, d. h. für den Sozialismus, zu bestimmen.

Die Form des Zusammenhangs als eines unmittelbar gesellschaftlichen kann im Sozialismus und im reifen Kommunismus nicht identisch sein. Sie stellt nach wie vor das Gegenteil des in der Wertform ausgedrückten Verhältnisses dar, doch im Rahmen dieser Qualität weist sie einen unterschiedlichen Inhalt auf, weshalb auch die Art und Weise ihrer Realisierung verschieden ist. Die Besonderheit der sozialistischen Phase besteht darin, daß die gegenständliche Form zugleich die Form ist, die den unmittelbaren gesellschaftlichen Zusammenhang zum Ausdruck bringt. Mit anderen Worten: Die Produktionsverhältnisse entstehen im Zusammenhang und auf Grund der Ergebnisse der Tätigkeit, aber nicht durch die Tätigkeit als solche. Die gegenständliche Form der unmittelbar gesellschaftlichen Beziehung unterscheidet sich wesentlich von der vergegenständlichten, der Wertform der Beziehung. Letztere ist die Bewegungsform des Widerspruchs zwischen pri-

[8] Vgl. W. I. Lenin, Die Entwicklung des Kapitalismus in Rußland, in: Werke, Bd. 3, Berlin 1956, S. 617.

vater und gesellschaftlicher Arbeit, d. h. des Widerspruchs, der die Form der Arbeit der Warenproduzenten charakterisiert und der unmittelbar gesellschaftlichen Form direkt entgegengesetzt ist. Die gegenständliche Form ist die Form der unmittelbar gesellschaftlichen Beziehung, wobei sie ein solches Reifestadium aufweist, bei dem sie für jeden als Existenzmittel, jedoch nicht als erstes Lebensbedürfnis in Erscheinung tritt.

Solange der Reichtum der Gesellschaft in gegenständlicher Form existiert, d. h., sich von der unmittelbaren Arbeit unterscheidet und ihr objektiv gegenübersteht, ist die lebendige Arbeit ein Faktor zur Produktion des Reichtums und gleichzeitig auch ein Maß für den Aufwand, um den gegenständlichen Reichtum zu erzeugen. Deshalb ist das unmittelbare Motiv für die Tätigkeit der Gesellschaft nicht die Tätigkeit an sich, sondern das Ergebnis, das Produkt, d. h. die Tätigkeit, die sich gegenständlich materialisiert hat. Das konkrete Individuum und die Gesellschaft insgesamt interessiert unmittelbar nicht die Tätigkeit als solche, sondern ihr Ergebnis. Hier unterscheidet sich das Ziel der Tätigkeit noch von der Tätigkeit an sich, es verhält sich zu ihr als etwas Äußerem. Auf einer bestimmten Entwicklungsstufe ist die Tätigkeit ein Mittel zur Erreichung eines Ziels, das die Form seines gegenständlichen Ergebnisses hat. Deshalb sind Ziel und Mittel noch Gegensätze, weil die innere Triebkraft der Tätigkeit nicht in ihr selbst liegt, sondern in der ihr objektiv gegenüberstehenden Form.

Der Umstand, daß die unmittelbar gesellschaftliche Form der Beziehung als genetische Ausgangsform der Produktionsverhältnisse der kommunistischen Gesellschaft anfangs in gegenständlicher Form auftritt, zeigt deren ungenügende Reife. Sie ist aber nicht im Verhältnis zum gesamten ökonomischen System der kommunistischen Gesellschaft ungenügend ausgebildet, sondern nur im Vergleich zu deren höchster Phase, d. h. dem reifen Kommunismus. Im Verhältnis zur gesamten kommunistischen Produktionsweise kann die unmittelbar gesellschaftliche Form der ökonomischen Beziehung nicht von Anfang an eine voll ausgebildete, ihrem Inhalt adäquate Form annehmen. Das trifft übrigens nicht nur auf die ökonomische Zelle der kommunistischen Gesellschaft zu. Auch die Wertform als Ausdruck menschlicher Tätigkeit, wie sie während des Niedergangs der vorbürgerlichen materiellen Beziehungen in Erscheinung trat, war ungenügend entwickelt und mit den Überresten patriarchalischer Abhängigkeit behaftet.

Die Herausbildung eines historisch bestimmten Systems ist zugleich auch die Bestätigung für dessen Ausgangsform, denn sie entwickelt sich von einer Voraussetzung zum Ergebnis der Funktionsweise dieses Systems. Der Unterschied besteht aber darin, daß die Schaffung und Entwicklung der kapitalistischen Produktionsweise letztlich ihre eigene genetische Grundlage zwar nicht überwindet, jedoch untergräbt und mit der Herausbildung einer neuen ökonomischen Beziehung einhergeht, die die Ausgangsform für ein anderes ökonomisches System bildet. Demgegenüber ist die Herausbildung des ökonomischen Systems der kommunistischen Gesellschaft dadurch gekennzeichnet, daß sich ihre Ausgangsform entwickelt und die in ihr enthaltenen Potenzen, die von ihrem unmittelbar gesellschaftlicher Wesen bestimmt werden, restlos gefestigt werden. Zugleich mit dieser Herausbildung wird die gegenständliche Form endgültig überwunden und setzt sich die ihrem inneren Wesen adäquate objektive Form durch, in der dieses Wesen Ausdruck und Maß findet. Das erfolgt insoweit, als die Arbeit aus einem Mittel zum Lebensunterhalt zum ersten Bedürfnis wird.

Die Form der gegenständlichen Beziehung darf nicht mit der Warenform gleichgesetzt werden. Beide unterscheiden sich nicht nur grundlegend, sondern können einander auch entgegengesetzt sein. Die Warenform ist eine spezifisch historische Art und Weise zur Realisierung der gegenständlichen Beziehung, doch ist nicht jede gegenständliche Beziehung eine Warenbeziehung.

Die Warenform ist eine besondere historische Qualität der gegenständlichen Beziehung, die die Verhältnisse ökonomisch isolierter Glieder der Produktionstätigkeit kennzeichnet, die ihr gesellschaftliches Wesen durch den Austausch der Arbeitsergebnisse realisieren. Folglich ist die Warenform des Produkts in ihrem entwickelten Zustand die Form der privaten Arbeit. Die einzelnen Produkte werden hier nicht deshalb zu Elementen des gesellschaftlichen Reichtums, weil sie ganz allgemein Produkte, also Träger bestimmter Gebrauchseigenschaften sind, die gesellschaftliche Bedürfnisse befriedigen können, sondern weil sie die Fähigkeit zum Austausch besitzen und tatsächlich ausgetauscht werden. Im unmittelbaren Arbeitsprozeß wird nur der stoffliche Inhalt des Reichtums, aber nicht der Reichtum in seiner gesellschaftlichen Determiniertheit geschaffen. Die einzelnen Erzeugnisse werden nur als Träger des Wertes zu Bestandteilen des gesellschaftlichen Reichtums. Um ein Element des gesellschaftlichen Reichtums zu schaffen, genügt es nicht, daß der Produzent ein Produkt erzeugt, er muß vielmehr Wert schaffen. Nur dann wird seine Arbeit gesellschaftlich anerkannt und reproduziert er sich selbst als Glied der Gesellschaft. Die Warenform der gesellschaftlichen Produktion verkörpert mithin eine solche Organisation, in der der Wert als Subjekt der gesellschaftlichen Produktionstätigkeit in Erscheinung tritt, während der Warenproduzent ihr Objekt ist, der sich mit der Ausübung einer bestimmten konkreten Art von Arbeit befaßt.[9]

Unter dem Gesichtspunkt des einfachen Arbeitsprozesses wird die Subjekt-Objekt-Beziehung hier von den Füßen auf den Kopf gestellt, denn der Produzent

[9] Vgl. K. Marks, Forma stoimosti, in: ders., Fragmenty iz francuzskogo izdanija I t. „Kapitala“, in: K. Marks/F. Ėngel's, sočinenija, t. 49, Moskva 1974, S. 152, 174, 188; ders., Das Kapital, Erster Band, in: MEW, Bd. 23, a. a. O., S. 169. In diesem Zusammenhang ist Ė. V. Il'enkov zuzustimmen, wenn er schreibt: „Marx hat, um einen Begriff aus der 'Phänomenologie des Geistes' von Hegel zu gebrauchen, den Wert nicht nur als Substanz, sondern auch als Subjekt aufgefaßt. Der Wert erschien als Substanz und Subjekt aller entwickelten Formen und Kategorien der politischen Ökonomie. Hier setzt auch die bewußte Dialektik in dieser Wissenschaft ein. Denn das 'Subjekt' stellt nach der Auffassung von Marx (in diesem Falle verwendet er die Terminologie aus der 'Phänomenologie des Geistes') eine Realität dar, die sich durch ihre inneren Widersprüche entfaltet“ (Ė. V. Il'enkov, Dialektičeskaja logika. Očerki istorii i teorii, Moskva 1974, S. 240).

einer bestimmten Naturalform eines Erzeugnisses tritt nicht als aktive Seite des materiellen Produktionsprozesses und nicht als schöpferischer Ausgangspunkt in Erscheinung, sondern als dessen passive Seite, als Ergebnis. Die aktive Seite des Produktionsprozesses ist der Wert. Der Produzent reproduziert sich hier als Organ der Gesellschaft nur deshalb, weil er Wert schafft.

Dieses Verhältnis findet seinen historischen und logischen Abschluß in der höchstentwickelten Form der Warenproduktion, im Kapitalismus, wo das Kapital als Subjekt des gesellschaftlichen Produktionsprozesses in Erscheinung tritt, während die Lohnarbeit ihr Objekt ist. [10] Zugleich bildet sich schon im Rahmen der kapitalistischen Produktionsweise und auf der Grundlage der von ihr geschaffenen materiellen Voraussetzungen die unmittelbar gesellschaftliche Form der Beziehung heraus, die anfangs nur in gegenständlicher Form existieren kann. Als Ausdruck der entstehenden unmittelbar gesellschaftlichen Beziehung bildet sie jedoch von Anfang an das Gegenstück zur Ware, denn sie enthält eine prinzipiell andere Grundlage und ist Ausdruck der neuen historischen Entwicklungstendenz der materiellen Verhältnisse.

Einige Ökonomen behaupten, daß die gegenständliche Form der unmittelbar gesellschaftlichen Beziehung nicht als Alternative zur Warenproduktion schlechthin entsteht, sondern als Form, die der kapitalistischen als der höchstentwickelten Form der Warenproduktion entgegengesetzt ist. Nach ihrer Auffassung bedeutet das Vorhandensein einer gegenständlichen Beziehung im Sozialismus, daß die Warenproduktion beibehalten wird, jedoch einen neuen Inhalt aufweist. Diesen neuen Inhalt erhält die Warenproduktion durch die Existenz einer unmittelbar gesellschaftlichen Form der Beziehung. Diese Auffassung ist nicht sehr überzeugend. Spricht man davon, daß die Warenproduktion durch den Kapitalismus, besonders in seinem höchsten Stadium, untergraben wird, so ist damit gemeint, daß die Grundlage des Kapitalismus, die nämlich die Warenproduktion in ihrer einfachen Form darstellt, wie auch die allgemeinsten Grundlagen des Kapitalismus untergraben werden und sein genetisches Ausgangsglied als ein historisch determiniertes System von Verhältnissen überwunden wird. Die Entstehung und Herausbildung des unmittelbar gesellschaftlichen Charakters der Beziehung bedeutet, daß die genetische Form einer neuen Gesellschaft entsteht, die dem bisherigen ökonomischen System insgesamt, d. h. vor allem hinsichtlich seiner Grundlage, entgegengesetzt ist. Deshalb stellt die unmittelbar gesellschaftliche Form

[10] „Die Herrschaft des Kapitalisten über den Arbeiter ist daher die Herrschaft der Sache über den Menschen, der toten Arbeit über die lebendige, des Produkts über den Produzenten, da ja in der Tat die Waren, die zu Herrschaftsmitteln (aber bloss als Mittel der Herrschaft des *Kapitals* selbst) über die Arbeiter werden, blosse Resultate des Produktionsprozesses, *die* Produkte desselben sind. Es ist dies ganz *dasselbe* Verhältnis in der materiellen Produktion, im wirklichen gesellschaftlichen Lebensprozess — denn dies ist der Produktionsprozess — welches sich auf dem ideologischen Gebiet in der *Religion* darstellt, die Verkehrung des Subjekts in das Objekt und umgekehrt." (Archiv Marksa i Engel'sa, Bd. II (VII), Moskva 1933, S. 33/34.).

der Beziehung, auch wenn sie anfangs in gegenständlicher Form besteht, von Anbeginn den Gegensatz zur Warenform im allgemeinen dar. Diese Tatsache ist sowohl historisch als auch logisch die Ausgangsprämisse, wenn man die Genesis und die Struktur der kommunistischen Produktionsweise erforscht.

Welche Merkmale weist nun die gegenständliche Form auf, in der sich in der Anfangszeit die unmittelbar gesellschaftliche Beziehung als genetische Ausgangsform der kommunistischen Produktion realisiert?

Eine wesentliche Besonderheit, die die Ausgangsform im Gegensatz zum Warenprodukt charakterisiert, besteht darin, daß mit dieser Form die unmittelbar gesellschaftliche Beziehung realisiert wird. Diese zeigt sich darin, daß die Naturalform des Produkts, d. h. der Nutzen des Produkts als Ergebnis der konkreten Arbeit, zur vorherrschenden gesellschaftlichen Determinante des Produkts wird. Die einzelnen Arten und Modifikationen dieser Arbeit wirken als Glieder der Gesamtarbeit der Gesellschaft unmittelbar aufeinander ein.

Auf dieser Basis kann die Gesellschaft im voraus die gesellschaftlichen Bedürfnisse ermitteln und dementsprechend die verschiedenen Arten von Arbeit sowie die materiellen Ressourcen verteilen.

Die gegenständliche Form der unmittelbar gesellschaftlichen Beziehung ist ferner dadurch gekennzeichnet, daß jedes einzelne Erzeugnis als Ergebnis konkreter Arbeit sofort auch ein Element des gesellschaftlichen Gesamtprodukts und damit des gesellschaftlichen Reichtums darstellt, ohne daß der Austausch durch den Markt vermittelt werden muß und daher ohne Entfremdung der Arbeitsergebnisse der einzelnen Glieder der materiellen Produktion vonstatten geht. Das Produkt erhält damit seinen unmittelbar gesellschaftlichen Gebrauchswert, tritt also nicht über den Markt in die Konsumtion ein.

Die gegenständliche Form der unmittelbar gesellschaftlichen Beziehung ist die Grundlage dafür, daß sich ein Funktionsmechanismus für die gesamte gesellschaftliche Produktion, vor allem ein Planungsmechanismus, herausbildet und entwickelt, der sich völlig von der Warenproduktion unterscheidet und als allgemeines Funktionsinstrument der kommunistischen Produktionsweise in Erscheinung tritt. Die Planmäßigkeit, die die notwendige Form zur Realisierung der unmittelbar gesellschaftlichen Beziehung darstellt, bedeutet, daß die Proportionen für die Verteilung aller materiellen Ressourcen der Gesellschaft bewußt, zielgerichtet und entsprechend den gesellschaftlichen Bedürfnissen festgelegt, eingehalten bzw. verändert werden. Mit ihrer Hilfe kann die Gesellschaft bewußt den Prozeß kontrollieren, durch den sie ihre eigenen Lebensbedingungen produziert. Die Planmäßigkeit ist damit das ökonomische Gesetz der kommunistischen Produktion, ähnlich wie das Wertgesetz das Gesetz der Warenform der gesellschaftlichen Produktion ist.

Die gegenständliche Form der unmittelbar gesellschaftlichen Beziehung verändert im Unterschied zur Warenform des Produkts völlig die soziale Determination von Subjekt und Objekt in der Wirtschaftstätigkeit. Der Produzent wird jetzt Subjekt des Produktionsprozesses, während der Herstellungsprozeß des

Produkts Objekt des Arbeitsprozesses sowohl des einzelnen Mitgliedes der Gesellschaft als auch der Gesellschaft insgesamt ist. Die materiellen Produktionsbeziehungen verlieren ihre Fetischform, sie werden klar und überschaubar. Im Gegensatz zur Warenproduktion ist die gegenständliche Form der unmittelbar gesellschaftlichen Beziehung ihrem Wesen nach nicht eine Form der privaten, sondern der gesellschaftlichen Aneignung der Produktionsbedingungen und -ergebnisse. Die durch eine revolutionäre Umgestaltung entstehende gesellschaftliche Eigentumsform findet hier ihre ökonomische Realisierung und wird nun als Produkt des rein ökonomischen Prozesses reproduziert.

Der Inhalt der ökonomischen Realisierung des gesellschaftlichen Eigentums ist dadurch gekennzeichnet, daß es bei der gegenständlichen Form der unmittelbar gesellschaftlichen Beziehung nicht mehr möglich ist, daß sich einzelne Produzenten die Ergebnisse des Produktionsprozesses aneignen, wie sie sich aus den unterschiedlichen Produktionsbedingungen ergeben. Was sich die einzelnen Produzenten aneignen können, hängt von der Menge und Qualität ihrer Arbeit ab, und nicht von der Effektivität ihrer materiellen Voraussetzungen. Letztere gehören der gesamten Gesellschaft, und deshalb muß das Mehrprodukt, das sich aus ihrer höheren Effektivität ergibt, auch der gesamten Gesellschaft gehören. Nur dadurch kann jene Gleichheit zwischen den Mitgliedern der Gesellschaft in bezug auf die Produktionsbedingungen reproduziert werden, die anfangs durch Willensakte wie Beschlagnahme und Nationalisierung der Produktionsmittel erreicht wird.

Die hier dargelegten Momente kennzeichnen die gegenständliche Form im Unterschied zur Warenform als Ausdruck einer unmittelbar gesellschaftlichen Beziehung. Aber da diese nach wie vor einen gegenständlichen Ausdruck hat, d. h., in einer Daseins-, nicht aber in einer Tätigkeitsform existiert, bezeichnet sie den ersten Reifegrad der unmittelbar gesellschaftlichen Beziehung, die das spezifische Merkmal der sozialistischen Phase der kommunistischen Produktion ausmacht. In dieser Ausdrucksform ist die unmittelbar gesellschaftliche Beziehung eine notwendige Stufe beim Übergang von der isolierten Arbeit zur unmittelbar gesellschaftlichen Arbeit, die sich in Form von Tätigkeit realisiert und deshalb in Arbeitseinheiten gemessen wird.

Der Inhalt der unmittelbar gesellschaftlichen Arbeit ist dem Inhalt der warenproduzierenden Arbeit direkt entgegengesetzt. Das ist eine grundlegende These der ökonomischen Theorie des Marxismus. Solange jedoch die unmittelbar gesellschaftliche Beziehung in gegenständlicher Form existiert, kann diese unter bestimmten Bedingungen zum Träger von Verhältnissen werden, wie sie auch der Warenproduktion innewohnen. Das kommt nicht etwa daher, daß diese Form existiert, denn sie kann ihre gesellschaftlichen Funktionen ausschließlich in Naturalform verwirklichen, wie dies bei der Naturalwirtschaft und der vollständig herausgebildeten unmittelbar gesellschaftlichen Produktion der Fall ist. Die gegenständliche Form wird dann zum Träger von Verhältnissen der Warenproduktion, wenn die unmittelbar gesellschaftliche Beziehung sich noch in der Herausbildung befindet und anfangs notwendigerweise in einer solchen Form in Erscheinung tritt, unter Verhältnissen existiert, da eine gesellschaftliche Arbeitsteilung beibehalten wird, bei der die verschiedenen Arten der menschlichen Tätigkeit konserviert werden und voneinander isoliert bleiben. Wir betonen diesen Umstand deshalb, weil er unmittelbaren Bezug zur Herausbildung des ökonomischen Systems der kommunistischen Gesellschaft hat.

Die historischen Erfahrungen beim Aufbau des Sozialismus beweisen, daß die Elemente der Ware-Geld-Beziehungen im wesentlichen nicht nur in der Übergangsperiode und in der Periode der Errichtung des Sozialismus, sondern auch in der Etappe der entwickelten sozialistischen Gesellschaft weiterbestehen. Dadurch hat sich die Leitung der wirtschaftlichen Entwicklung mit komplizierten praktischen Problemen auseinanderzusetzen, die ihrer Lösung harren. Die ökonomische Theorie bleibt vielfach hinter den aktuellen Aufgaben zurück. Die Ursache liegt darin, daß man die im Sozialismus beibehaltenen Ware-Geld-Beziehungen nicht als eine Erscheinung anzusehen versucht, die den Reifegrad der unmittelbar gesellschaftlichen Form der Beziehung fixiert, sondern als selbständigen Kreis von Verhältnissen, der in gewisser Weise isoliert ist und neben den Beziehungen der unmittelbar gesellschaftlichen Produktion besteht.

Obwohl wir dieses Problem nicht eingehender untersuchen wollen, da es über die Problematik dieser Arbeit hinausgeht, möchten wir nur bemerken, daß die im Sozialismus weiterbestehenden Ware-Geld-Beziehungen nicht zu jenen Faktoren gehören, die genetische Funktionen ausüben. Als die Begründer des wissenschaftlichen Sozialismus das theoretische Modell des Sozialismus ausarbeiteten, gingen sie davon aus, daß die Ware-Geld-Beziehungen bereits in der ersten Phase der kommunistischen Gesellschaft überwunden sein werden. Der Austausch der Arbeitsergebnisse zwischen der Gesellschaft und ihren einzelnen Mitgliedern wurde dabei nicht ausgeschlossen, aber er war als Austausch auf der Grundlage eines Arbeits-, nicht aber eines Wertäquivalents gedacht. Die reale Praxis der sozialistischen Produktion bestätigte diese Gesetzmäßigkeit völlig, denn das Hauptprinzip des Austauschs von Tätigkeiten ist in der sozialistischen Gesellschaft der Austausch gleicher Mengen von Arbeit. Die Ausnutzung von Elementen der Warenbeziehungen erklärt sich daraus, daß der gegenwärtige Stand der realen Vergesellschaftung noch nicht das Niveau erreicht hat, bei dem die gesellschaftliche Arbeitsteilung überwunden wäre. Aber die bestimmende Entwicklungstendenz des Sozialismus ist die Annäherung der verschiedenen Formen von Arbeit. Deshalb wirken die Faktoren, die die Genesis der materiellen Verhältnisse der kommunistischen Gesellschaft bestimmen, gleichzeitig als Mittel, um die Überreste der Ware-Geld-Beziehungen zu überwinden.

Der Hauptwiderspruch, der die Herausbildung der kommunistischen Produktionsverhältnisse bestimmt, ist — soweit es sich um ihre Genesis handelt — der Widerspruch zwischen dem unmittelbar gesellschaftlichen Charakter der materiellen Tätigkeit und der gegenständlichen Form ihres gesellschaftlichen Ausdrucks. Die Bewegung dieses Widerspruchs ist eine der wesentlichen inneren Quellen für die Herausbildung der unmittelbar gesellschaftlichen Beziehung in Form der

Tätigkeit als solcher.[11] Das bedeutet die Verwandlung der Arbeit aus einem Mittel zum Lebensunterhalt zum ersten Lebensbedürfnis. Die praktische Lösung dieses Problems impliziert einen ganzen Komplex tiefgreifender sozialökonomischer Umgestaltungen bei der Errichtung der materiell-technischen Basis des Kommunismus.

Diese Bewegung setzt voraus, daß die Widersprüche überwunden werden, die sich aus der gesellschaftlichen Teilung der Arbeit und der Beibehaltung von Elementen ihres Doppelcharakters ergeben. Bevor die unmittelbar gesellschaftliche Beziehung die Form ihres gegenständlichen Ausdrucks abwirft, muß sich diese endgültig von den Elementen der Wertform befreien. Bei der Schaffung der materiell-technischen Basis des Kommunismus ist natürlich auch diese Aufgabe zu lösen, die eine bestimmte Etappe bei der Herausbildung der kommunistischen Produktionsverhältnisse kennzeichnet.

Das erfolgt vermutlich lange bevor die Arbeit den eigentlichen kommunistischen Charakter der Realisierung annimmt, d. h. noch im Rahmen der sozialistischen Entwicklungsphase der kommunistischen Gesellschaft. Parallel dazu müssen sich bestimmte Veränderungen in den Formen der gegenseitigen Beziehungen zwischen den sozialistischen Betrieben des volkseigenen Sektors der sozialistischen Produktion sowie zwischen den Formen der volkseigenen Produktion und der kollektivwirtschaftlichen sowie genossenschaftlichen Form der Produktion vollziehen.

Welche konkreten Formen dieser Prozeß auch haben mag, wichtig ist, daß wir seinen Hauptinhalt begreifen, der durch die Veränderungen in den Beziehungen zwischen Produktion und Austausch bestimmt wird.

Das also sind die objektiven Besonderheiten im Inhalt und in der äußeren Determination der Ausgangsform des ökonomischen Systems der kommunistischen Gesellschaft. Diese Besonderheiten führen zu komplizierten logischen Problemen. Es handelt sich um die Methoden, wie diese spezifische ökonomische Form zu analysieren ist. Bevor man aber nach der Methode zur Lösung des theoretischen Problems der Ausgangsbeziehung des kommunistischen Systems von Produktionsverhältnissen sucht, muß man dieses selbst erkennen.

Es erscheint durchaus logisch, die gegenständliche Form der unmittelbar vergesellschafteten Arbeit zu untersuchen, indem man ihren Inhalt in Teilprozesse zergliedert und diese dann analysiert. Aber diese Forschungsmethode erscheint nur auf den ersten Blick überzeugend. Auch wenn uns die Elemente eines beliebigen Ganzen bekannt sind, so beantwortet ihre Analyse nicht die Frage, warum gerade sie ein Ganzes bilden, da auch ein anderes Ganzes aus diesen Elementen

[11] Die Überwindung der gegenständlichen Form der gesellschaftlichen Beziehung bedeutet unter den Bedingungen des reifen Kommunismus keineswegs, daß die gegenständlichen Ergebnisse des Produktionsprozesses beseitigt werden. Sie werden auch in der höheren Phase der kommunistischen Gesellschaft vorhanden sein. Dabei ändert sich aber ihre soziale Funktion grundlegend.

bestehen kann, das sich vom ersten unterscheidet. Außerdem sind die Eigenschaften des Ganzen nicht identisch mit den Eigenschaften seiner Teilelemente. Es stellt eine neue Qualität dar, die sich nicht aus der einfachen Addition der Eigenschaften seiner Elemente ergibt. Untersucht man die gegenständliche Form des Ausdrucks außerhalb des unmittelbar gesellschaftlichen Charakters der Beziehung, so kann es sich nur um die Warenbeziehung handeln, d. h. die Art und Weise des Ausdrucks der Verhältnisse der Warenproduktion.

Der unmittelbar gesellschaftliche Charakter der Arbeit ist als ein kommunistisches Verhältnis anzusehen, wenn man ihn als genetische Form einer historisch gegebenen gesellschaftlichen Produktionsweise betrachtet. Die unmittelbar gesellschaftliche Form der Beziehung und die Warenform der Beziehung können im Rahmen ein und desselben ökonomischen Gesellschaftssystems nicht als entwikkelte Formationen nebeneinander bestehen, da sie einander ausschließen. Untersucht man beide Formen als selbständige Formen, so werden wir in Wirklichkeit entweder das System der Warenproduktion oder das reife System der kommunistischen Produktion erforschen. Aber in diesem Falle geht der unmittelbare Gegenstand der Untersuchung unter, denn bei diesem handelt es sich um die Genesis des ökonomischen Systems der kommunistischen Gesellschaft, das von seinem Ausgangsverhältnis her untersucht wird. In diesem Falle kann man die Besonderheiten der sozialistischen Phase der kommunistischen Produktionsweise nicht erkennen und nicht die Gesetzmäßigkeiten für das Hinüberwachsen vom Sozialismus zum Kommunismus bestimmen. In diesem Fall werden die ökonomischen Formen des Sozialismus zwangsläufig und unvermeidlich von den ökonomischen Formen des Kommunismus getrennt. Versuche, sie durch rein logische Mittel wieder zusammenzuführen, erweisen sich als Zwang gegenüber der ökonomischen Wirklichkeit.

Man kann den realen Prozeß der Genesis der kommunistischen Formen nur begreifen, wenn man den Inhalt des Ausgangsverhältnisses klärt, der für beide Phasen der kommunistischen Gesellschaftsordnung der gleiche ist, anfangs aber als spezifischer Ausdruck auftritt. Diese Qualität des Verhältnisses muß auch Objekt der theoretischen Analyse sein. Dieses Verhältnis ist als Einheit von Inhalt und spezifisch historischer Ausdrucksform zu untersuchen. Die Aufgabe bei der theoretischen Analyse der kommunistischen Produktion besteht darin, die Dialektik dieser Einheit zu ermitteln.

Aber die ökonomische Ausgangsform ist die Form der Genesis der der kommunistischen Produktionsweise entsprechenden Produktions- und Zirkulationsverhältnisse, die als unmittelbare Entwicklung dieser Ausgangsform und als Entfaltung ihrer inneren Widersprüche in Erscheinung treten. Die kommunistische Produktionsweise im eigentlichen Sinne, nämlich als Art und Weise des Zusammenhangs von Gesellschaft und Natur sowie der Charakter ihrer materiellen Bestandteile und deren Evolution, werden von der ökonomischen Ausgangsform nicht unmittelbar bestimmt.

Karl Marx befaßt sich mit der Erforschung der kapitalistischen Produktionsweise erst, nachdem er die ökonomische Ausgangsform der bürgerlichen Gesellschaft und die auf ihrer Grundlage entstandenen kapitalistischen Produktionsverhältnisse des Mehrwerts analysiert hat. Also liegt zwischen der Ausgangsform und dem Ausgangspunkt der kapitalistischen Produktion die Analyse des grundlegenden Produktionsverhältnisses und des Grundgesetzes des Kapitalismus. Der Ausgangspunkt des Kapitalismus als historisch bestimmte Produktionsweise entsteht auf der Grundlage seines grundlegenden ökonomischen Verhältnisses, das die ihm eigenen Produktionsverhältnisse charakterisiert.

Die neue Produktionsweise kommt vor allem darin zum Ausdruck, daß sie die ihr entsprechende Organisationsform der gesellschaftlichen Arbeit schafft, die in ihrer Entwicklung nacheinander verschiedene Stadien durchläuft, die die einzelnen Phasen ihrer Produktivitätssteigerung kennzeichnen. Die materiell-technische Grundlage dieser neuen Form bleibt anfangs die gleiche, wie sie die neue Gesellschaft von der alten übernimmt. Der Wandel in der technischen Grundlage der Produktion vollzieht sich nur allmählich, und zwar entsprechend der Festigung neuer Produktionsverhältnisse und unter deren unmittelbarem Einfluß.

Die durch die kapitalistischen Produktionsverhältnisse entstandene Kooperation, die einen neuen Typ der gesellschaftlichen Arbeitsorganisation darstellte, bildete den Ausgangspunkt für die kapitalistische Produktionsweise.

Welcher Typ der gesellschaftlichen Arbeitsorganisation bildet nun den Ausgangspunkt für die kommunistische Produktionsweise? Das ist die das gesamte Volk einbeziehende Kooperation der Arbeit, d. h. eine Kooperation, die die gesamte Gesellschaft umfaßt.

Die gesamtgesellschaftliche Kooperation ist ein spezifischer Typ der gesellschaftlichen Arbeitsorganisation und stellt gerade für die kommunistische Produktionsweise den Ausgangspunkt dar, was historisch gesehen ihren Unterschied gegenüber allen anderen Produktionsweisen charakterisiert. Diese Kooperation ist die einzig mögliche Art und Weise, die der kommunistischen Gesellschaft entsprechenden Produktions- und Austauschverhältnisse zu realisieren, und entwickelt sich unter dem Einfluß der diesen Verhältnissen innewohnenden Gesetze. Die Frage, welchen Inhalt diese Verhältnisse haben, kann nur beantwortet werden, wenn man die Struktur der kommunistischen Produktion analysiert.

3. Besonderheiten bei der theoretischen Widerspiegelung der Genesis des Systems

Bei der Untersuchung, wie sich die kommunistische Produktionsweise entwickelt, sind wir bisher im Prinzip noch nicht über die Periode hinausgekommen, in der sich ihr organisches System herausbildet. Im Vordergrund stand dabei überwiegend der Prozeß, wie sich ihre genetischen Grundlagen in Strukturelemente verwandeln, d. h. die Herausbildung ihrer Struktur. Dieses Entwicklungsmoment wird zumeist als Genesis der kommunistischen Produktionsweise charakterisiert; doch diese These bedarf einer gewissen Präzisierung.

Der Prozeß des Übergangs vom Kapitalismus zum Sozialismus ist nämlich durchaus nicht mit dem Prozeß der Herausbildung der ökonomischen Struktur der kommunistischen Gesellschaft gleichzusetzen. Aufbau des Sozialismus bedeutet, daß sich die materiellen Voraussetzungen des Kommunismus in unmittelbare Elemente der ökonomischen Struktur verwandeln und mit ihrer eigenen Reproduktion beginnen. Aber im Rahmen der ökonomischen Struktur des Sozialismus wirken auch Elemente, die von seinem historischen Vorgänger überkommen sind und sich ebenfalls im Verlaufe ihrer Bewegung reproduzieren. Deshalb ist zwischen der Verwandlung der genetischen Grundlagen der kommunistischen Produktionsweise in Elemente der ökonomischen Struktur des Sozialismus als erster Phase des Kommunismus und dem Prozeß ihrer weiteren Umwandlung in die eigentlich kommunistische Struktur zu unterscheiden.

Der erste Prozeß fällt im Grunde genommen mit der Übergangsperiode zusammen und ist dadurch gekennzeichnet, daß das Nebeneinanderbestehen von Elementen mehrerer sozialökonomischer Formationen beseitigt wird. Er bildet den Hauptinhalt bei der Herausbildung des grundlegenden Produktionsverhältnisses. Hier wirken als genetische Faktoren diejenigen materiellen Voraussetzungen, die vor allem aus dem in Auflösung befindlichen überkommenen System von ökonomischen Verhältnissen herrühren und die in der Hauptsache durch politische Rechtsakte realisiert werden. Der zweite Prozeß umfaßt die gesamte Periode von der Entstehung der kommunistischen Produktionsweise bis zu dem Zeitpunkt, da sie reale Formen annimmt, d. h., er charakterisiert das Hinüberwachsen des Sozialismus in den Kommunismus. In dieser Etappe wirken diejenigen ökonomischen Formen als genetische Faktoren, die das Produkt aus der Entwicklung der sozialistischen Gesellschaft sind. So wurde z. B. im Rahmen der Übergangsperiode die unmittelbar gesellschaftliche Form der Beziehung vor allem durch Rechtsformen (Ablieferungspflicht, Naturalsteuer) realisiert. Unter den Bedingungen der entwickelten sozialistischen Gesellschaft nimmt diese Form der Beziehung bereits ökonomischen Charakter an.

Deshalb ist zwischen der Genesis der Produktionsverhältnisse der kommunistischen Gesellschaft im engeren Sinne, nämlich als einem Prozeß, bei dem sich die genetischen Faktoren in sich selbst reproduzierende verwandeln, und im weiteren Sinne zu unterscheiden, nämlich als einem Prozeß, der sich im Rahmen und auf der Grundlage der bereits in der ersten Phase der kommunistischen Gesellschaft entstandenen Struktur fortsetzt. Im ersten Fall geht es um die Herausbildung der ökonomischen Struktur der Gesellschaft und im zweiten um ihre Funktion bei der weiteren Entwicklung. In diesem Zusammenhang ist es von großer Bedeutung, den Charakter des allgemeinen Entwicklungsprozesses der kommunistischen Produktionsverhältnisse zu verstehen, der sich grundlegend vom vorhergehenden Verlauf der Geschichte unterscheidet.

Die vorsozialistischen Produktionsweisen durchliefen in ihrer Entwicklung drei grundlegende Etappen: Entstehung und Herausbildung, volle Entwicklung und schließlich die Periode des Nieder- und Untergangs. Diese Etappen lassen sich besonders deutlich in der historischen Entwicklung des Kapitalismus verfolgen. Dieser Umstand hat große Bedeutung für die Erkenntnis der vorsozialistischen Formen und insbesondere der kapitalistischen Form von Produktionsverhältnissen.

Die Analyse des Systems der Produktionsverhältnisse kann an dem Punkt einsetzen, an dem es seine klassische Form erreicht und sich seinem Reifestadium angenähert hat. Karl Marx untersucht im „Kapital" die Gesetzmäßigkeiten des ökonomischen Systems des Kapitalismus vor allem in der Periode seiner vollen Ausprägung, und zwar anhand von Daten aus dem Land, in dem es seine klassischen Formen erreicht hat. Dadurch konnte er Wesen und Ausdrucksformen der kapitalistischen Produktionsverhältnisse ganz allgemein aufdecken und untersuchen, und zwar unabhängig von deren historischen und regionalen Besonderheiten. So konnte er die Gesetze der Herausbildung, Entwicklung und des Niedergangs der gesamten kapitalistischen Gesellschaftsordnung aufdecken, wodurch es möglich wurde, alle Etappen der kapitalistischen Evolution verstehen zu lernen. Obwohl der Kapitalismus in seiner historischen Entwicklung zu Beginn des 20. Jahrhunderts in das Stadium des Monopolkapitalismus eintrat, ließen sich seine charakteristischen Merkmale vollständig auf Grund des theoretischen Fundaments des „Kapital" erklären. Im Grunde genommen charakterisierte der vormonopolistische Kapitalismus die gesamte kapitalistische Produktionsweise, und zwar als einen bestimmten historischen Typ von Produktionsverhältnissen. Der Imperialismus ist demgegenüber die Form des Kapitalismus wähend seines Niedergangs. Er enthält bereits ökonomische Formen, die für den Übergang zur kommunistischen Produktionsweise charakteristisch sind.

Lassen sich also die Besonderheiten des Imperialismus anhand der ökonomischen Struktur des Kapitalismus im allgemeinen erklären, so ist umgekehrt der Kapitalismus nicht zu begreifen, wenn man von seinem imperialistischen Stadium ausgeht.[12]

Einen völlig anderen Typ der historischen Entwicklung stellt die kommunistische Produktionsweise dar. Sie ist von einer fortschreitenden Evolution, d. h. einer ständigen Bewegung zum Höheren, gekennzeichnet. Die Phase, in der sie ihre volle Ausprägung erreicht, ist aber zugleich ein Stadium, in dem sie sich im Rahmen ihrer sozialen Spezifik weiterentwickelt. Diese bestimmt die kommunistische Produktionsweise als besonderen Typ der gesellschaftlichen Produktion. Die dieser höchsten Phase vorangegangenen Entwicklungsetappen bereiten diese vor und können deshalb nicht als selbständige ökonomische Strukturen angesehen werden, obwohl jede von ihnen zweifellos eigene Spezifik aufweist. Aber diese Spezifik charakterisiert weniger die allgemeinen Merkmale der Gesellschafts-

[12] Vgl. eingehender: N. A. Cagolov, Aktualnye voprosy razrabotki političeskoj ėkonomii. — O sisteme kategorij i zakonov političeskoj ėkonomii. Moskva 1973, S. 14.

formation, als vielmehr auch jene Besonderheiten, die jede Entwicklungsstufe aufweist. Erst die ökonomischen Verhältnisse des herausgebildeten Kommunismus verkörpern die Produktionsverhältnisse der gesamten kommunistischen Produktionsweise. Alle Etappen, die der höchsten Phase vorangehen, kennzeichnen den Prozeß der Herausbildung der kommunistischen Verhältnisse.

Aus diesem Umstand resultiert die Spezifik bei der wissenschaftlichen Widerspiegelung der ökonomischen Struktur des Sozialismus. Seine ökonomischen Verhältnisse haben keine allgemeingültige Bedeutung für alle Stufen der kommunistischen Gesellschaftsordnung. Vielmehr kann man diese Struktur, die eine historisch bestimmte Stufe beim fortschreitenden Prozeß der Herausbildung des Kommunismus darstellt, nur dann umfassend untersuchen und verstehen, wenn man von den ökonomischen Beziehungen der höchsten Phase der kommunistischen Gesellschaft, die nicht die Gegenwart, sondern erst die Zukunft verkörpert, ausgeht. Hier liegt aber eine wesentliche theoretische Schwierigkeit, um die ökonomischen Beziehungen des Sozialismus als erste Phase der kommunistischen Gesellschaft zu analysieren. Diese Schwierigkeit hat objektive Gründe. Einige Ökonomen wollen diese umgehen und weisen darauf hin, daß man in diesem Falle die Methode des „Vorauseilens" nutzen muß, auf die seinerzeit W. I. Lenin verwies und die er bei der Analyse der ökonomischen Verhältnisse Rußlands nach der Reform anwandte. „Wer", so schrieb Lenin, „eine lebendige Erscheinung in ihrer Entwicklung darstellen will, der gerät unweigerlich und unumgänglich in das Dilemma: entweder vorauseilen oder zurückbleiben. Einen Mittelweg gibt es hier nicht. Und wenn alle Daten zeigen, daß die gesellschaftliche Entwicklung diesen und keinen anderen Charakter hat, daß diese Entwicklung bereits sehr weit fortgeschritten ist . . . , wenn dabei die Umstände und Einrichtungen genau aufgezeigt sind, die diese Entwicklung hemmen . . . — dann ist ein solches Vorauseilen kein Fehler."[13]

Aber hierbei ist zu berücksichtigen, daß man das Vorauseilen als methodologisches Mittel zur Untersuchung sich herausbildender Strukturen nur anwenden kann, wenn unbedingt beachtet wird, daß der Endpunkt der Bewegung bekannt ist, und zwar nicht bekannt im Sinne der Voraussicht, sondern als vorhandener Zustand. Als Lenin die Grundgesetzmäßigkeiten der Entwicklung Rußlands in der Periode nach den bürgerlichen Reformen untersuchte, war die kapitalistische Produktionsweise bereits als herausgebildeter Typ von Produktionsverhältnissen vorhanden. Sie war darüber hinaus sogar als eine historisch determinierte gesellschaftliche Produktionsweise wissenschaftlich erforscht. W. I. Lenin stützte sich auf diese Forschungsergebnisse, denn sie bildeten die erforderliche theoretische Voraussetzung zur Analyse der Entwicklung des russischen Kapitalismus. So war die Kenntnis der Struktur des Kapitalismus die Voraussetzung, um die Genesis der künftigen Struktur zu analysieren. Zwar hatte diese ihre Besonderheiten,

[13] W. I. Lenin, Die Entwicklung des Kapitalismus in Rußland, in: Werke, Bd. 3, a. a. O., S. 328.

doch ging es um die allgemeinen, gemeinsamen Gesetzmäßigkeiten der kapitalistischen Produktionsweise.

Wenn wir den Prozeß der Herausbildung der ökonomischen Struktur der kommunistischen Gesellschaft untersuchen, können wir nicht vom Schlußpunkt der Bewegung als einem vorhandenen Festpunkt ausgehen. Natürlich müssen die Gesetze der Wirkungsweise des reifen Kommunismus auch hier den Ausgangspunkt bilden, doch treten sie in diesem Fall nicht in ihrem objektiven Zustand in Erscheinung, sondern als Gesetze, die sich aus den untersuchten Tendenzen der bisherigen und noch nicht abgeschlossenen Entwicklung, als Ergebnis der Voraussicht ergeben. Hier liegt auch ein großes theoretisches Problem, wenn man die Genesis des Systems der sozialistischen Produktionsverhältnisse erforscht. Diese Schwierigkeit ist rein historisch begründet, aber nicht unüberwindlich. Gelegentlich wird die Meinung geäußert, daß man ein wissenschaftliches System der politischen Ökonomie des Sozialismus nur dann schaffen darf, wenn man den Sozialismus als besondere ökonomische Gesellschaftsformation ansieht. Geht man aber davon aus, daß der Sozialismus die niedere Phase der kommunistischen Gesellschaftsformation ist, so ist diese Aufgabe nicht lösbar, da der eigentliche Forschungsgegenstand ungenügend entwickelt ist.[14] Für diese Alternative gibt es unserer Erachtens keine Begründung. Der Unterschied zwischen dem Sozialismus und dem voll entwickelten Kommunismus muß wesentliche Momente betreffen. Aber dabei handelt es sich um das spezifische Wesen, das für die verschiedenen Phasen nicht gleich sein kann. Daneben gibt es jedoch einen grundlegenden gemeinsamen Wesenszug, der die Einheit beider Phasen des Kommunismus bestimmt. Er vor allem muß Gegenstand der Untersuchung sein.

Untersucht man die Struktur der ökonomischen Verhältnisse des Sozialismus, so muß man diese als Struktur der kommunistischen Gesellschaft, als bestimmende Phase ihrer Herausbildung, aber nicht unabhängig und selbständig erforschen. Konnte man bei der Analyse der ökonomischen Struktur des Kapitalismus dessen vormonopolistisches Stadium allein untersuchen und damit zugleich auch das höchste Entwicklungsstadium der kapitalistischen Produktion erklären, so kann die sozialistische Phase der kommunistischen Gesellschaft nur in organischem Zusammenhang mit der gesamten Produktionsweise erforscht werden. In diesem Fall bilden die gesamte Produktionsweise, die Gesetzmäßigkeiten ihrer Herausbildung und Entwicklung, und nicht eine einzelne Phase ihrer Herausbildung den Forschungsgegenstand. Diese These hat unserer Auffassung nach grundsätzliche Bedeutung. Sowohl theoretisch als auch praktisch kann das Problem der ökonomischen Entwicklung der sozialistischen Produktion nämlich nur dann gestellt und gelöst werden, wenn es im Rahmen der gesamten Produktionsweise betrachtet wird.

Bei der Erörterung der Probleme des Sozialismus geht es im Grunde genommen nicht um dessen Besonderheiten, sondern um die allgemeingültigen kommunisti-

[14] Vgl. Vestnik Moskovskogo gosudarstvennogo universiteta, Serja ėkonomiceskaja, 3/1974, S. 76.

schen Gesetzmäßigkeiten, die in den besonderen Formen des Sozialismus hervortreten. Das Allgemeine existiert doch nur im Besonderen und kommt nur durch das Besondere zum Ausdruck. Das Besondere findet man stets in solchen objektiven Zusammenhängen, die zum Allgemeinen hinführen. Deshalb kann eine bestimmte Frage nur dann richtig entschieden werden, wenn uns das Allgemeine ständig vorschwebt. Andernfalls verselbständigt sich das Besondere und erscheint losgelöst vom Allgemeinen. Man kann die ökonomischen Formen des Sozialismus nicht begreifen und noch viel weniger mit praktischem Nutzeffekt anwenden, wenn man sie an sich, losgelöst von den Gesetzmäßigkeiten der gesamten kommunistischen Produktionsweise betrachtet. Doch es geht nicht nur darum.

Beim Wechselverhältnis von Allgemeinem und Besonderem ist in diesem Fall noch zu beachten, daß die ökonomischen Verhältnisse des Sozialismus auch als Prozeß der Genesis der Verhältnisse der kommunistischen Produktionsweise zu untersuchen sind. Deshalb kann man nicht nur vom Wechselverhältnis zwischen Allgemeinem und Besonderem in allgemein philosophischer Hinsicht sprechen. Man muß davon ausgehen, daß die ökonomischen Verhältnisse der sozialistischen Produktion als reale historische Form der in der Herausbildung begriffenen kommunistischen Verhältnisse in Erscheinung treten. Das bedeutet, daß das Allgemeine als solches real existiert. Das grundlegende Produktionsverhältnis und das ökonomische Grundgesetz der kommunistischen Gesellschaftsformation, die beiden Entwicklungsphasen der kommunistischen Gesellschaftsformation gemeinsam sind, stellen dieses Allgemeine dar. Einige Verfasser wollen die Methode zur Analyse der sozialistischen Produktionsverhältnisse jedoch anders begründen. Sie wollen die Untersuchung nur auf den eigentlichen Inhalt des Sozialismus beschränken. Das wird meistens damit begründet, daß der Sozialismus einen langen, beständigen und qualitativ bestimmten Zustand der Gesellschaft darstelle, er seine eigene ökonomische Grundlage besitze, die sich von der eigentlich kommunistischen unterscheide, daß er über ein besonderes System von ökonomischen Gesetzen verfüge, das sich vom System der Gesetze abhebe, die für die höchste Phase der kommunistischen Gesellschaftsformation gelten, und daß der Sozialismus seine Aufgaben erst in seiner abschließenden Entwicklungsphase löse, wenn er seine Möglichkeiten voll ausgeschöpft habe und der Sozialismus unmittelbar in den Kommunismus hinüberwachse.[15]

Vertritt man eine solche Auffassung vom Inhalt des Sozialismus, so kann die Vorstellung entstehen, daß es sich nicht um eine Phase einer einheitlichen kommunistischen Produktionsweise, sondern um eine selbständige Produktionsweise handelt. Die Phase einer historisch bestimmten Produktionsweise unterscheidet sich von der Produktionsweise als selbständiger sozialökonomischer Formation vor allem dadurch, daß sich ihre ökonomische Grundlage qualitativ nicht von derjenigen der gesamten Produktionsweise unterscheiden kann. Deshalb kann die Phase einer Produktionsweise nicht über ein eigenes, nur auf sie zugeschnittenes

[15] Vgl. Voprosy filosofii, 6/1976.

System von ökonomischen Gesetzen verfügen. Die charakteristische Besonderheit der Phase einer Produktionsweise besteht darin, daß die Dynamik ihres Systems von ökonomischen Verhältnissen zugleich die unmittelbaren Voraussetzungen für den Übergang zur folgenden Phase schafft. Ist die betreffende sozialökonomische Formation aber dadurch gekennzeichnet, daß sie über ihre eigene ökonomische Grundlage verfügt, die sie von anderen unterscheidet, daß sie ein eigenes System von ökonomischen Gesetzen besitzt, das ihren Entwicklungsprozeß bestimmt und sie schließlich erst dann in eine andere Formation hinüberwächst, nachdem sie ihre eigenen Entwicklungsmöglichkeiten erschöpft hat, dann haben wir es nicht mit der Phase einer Produktionsweise, sondern mit einer selbständigen Produktionsweise zu tun.

Den eigentlichen Inhalt des Sozialismus kann man nur dann erforschen und erfassen, wenn man ihn als ersten Reifegrad der kommunistischen Produktionsweise untersucht. Das methodologische Grundprinzip einer solchen Untersuchung muß deshalb darin bestehen, die Grundlage der Verhältnisse, wie sie für beide Phasen der kommunistischen Gesellschaftsformation gilt und sowohl für den Sozialismus als auch den reifen Kommunismus zutrifft, uneingeschränkt anzuerkennen. Negiert man diese Grundlage, so wird der Sozialismus letztlich von der kommunistischen Produktionsweise getrennt. Die Besonderheiten des Sozialismus als einer Phase der kommunistischen Gesellschaftsformation können nur dann Gegenstand der Diskussion sein, wenn das grundlegende Produktionsverhältnis und das ökonomische Grundgesetz des Kommunismus als allgemeine Grundlage der Produktionsverhältnisse für die gesamte kommunistische Produktionsweise anerkannt werden.

Dies sind die allgemeinsten methodologischen Erfordernisse bei der Erforschung der ökonomischen Struktur des Sozialismus. Sie lösen aber noch nicht das Problem, wie die Produktionsverhältnisse des Sozialismus bei ihrer tatsächlichen Erforschung aufzugliedern sind.

Auch wenn die sozialistischen Produktionsverhältnisse als bestimmter Reifegrad der kommunistischen Produktionsverhältnisse zweifellos ihre Besonderheiten aufweisen, so sind sie trotzdem als eine in der Herausbildung befindliche organische Formation, nicht aber als mechanische Gesamtheit bestimmter nebeneinander bestehender Elemente zu erforschen. Werden die ökonomischen Verhältnisse des Sozialismus, der ersten Phase des Kommunismus, analysiert, so fallen die spezifischen Aspekte der ökonomischen Verhältnisse ins Auge, die die herausragenden Besonderheiten des Sozialismus ausmachen. Aber alle diese Formen, sowohl diejenigen, die für beide Phasen der kommunistischen Gesellschaftsformation gelten, als auch die sozialistischen, die im Übergang befindlichen oder die überkommenen existieren nicht an sich; sie verschmelzen und bilden ein bestimmtes Ganzes, das eine Einheit von Widersprüchen verkörpert. Dieses Ganze existiert in der Wirklichkeit, und deshalb muß es auch als Ganzes Gegenstand wissenschaftlicher Analyse sein.

Ein Ganzes kann nur analysiert werden, wenn eine bestimmte Aufgliederung erfolgt. Wie muß diese Aufgliederung erfolgen, wenn es um die Produktionsverhältnisse des Sozialismus geht? Gelegentlich geschieht sie in der Weise, daß erst jene Verhältnisse ausgegliedert werden, die für beide Phasen der kommunistischen Gesellschaft gelten, dann die spezifisch sozialistischen und erst danach die aus der Vergangenheit überkommenen Elemente der ökonomischen Formen. Offensichtlich beruht diese Aufschlüsselung auf dem genetischen Zusammenhang. Aber in der Struktur des Ganzen beschränken sich die Beziehungen von dessen Komponenten nicht nur auf den genetischen Aspekt, sondern sind in gewissem Grade auch Ausdruck von dessen Gegensatz.

Deshalb kann man die Produktionsverhältnisse nicht nur nach dem genetischen Merkmal aufgliedern, denn sie erfüllen auch Strukturfunktionen. Damit erfüllen aber auch alle Elemente der Produktionsverhältnisse Strukturfunktionen. Das gesamte System der Produktionsverhältnisse umfaßt somit Genesis und Struktur und tritt deshalb sowohl als Form der Wirkungsweise als auch als Form der Entwicklung, der Herausbildung des künftigen Systems kommunistischer Produktionsverhältnisse in Erscheinung. Es geht also darum, in den Elementen dieses Systems diese unterschiedlichen Merkmale aufzudecken. In der Struktur des Sozialismus sind Elemente der Ware-Geld-Beziehungen vertreten, aber diese sind kein Ergebnis sozialistischer Verhältnisse, sondern ein Element der Form der überkommenen historischen Entwicklung, doch kann man sie nicht als besondere, strukturelle Ebene oder als eine besondere Sphäre von Verhältnissen ansehen. Sie sind ein Moment des Ganzen, das einen besonderen Typ von Wechselwirkung verkörpert, und müssen deshalb auch in dieser ihrer Qualität untersucht werden. Diese These setzte sich in jüngster Zeit unter den Ökonomen immer stärker durch. Das zeigt sich in der deutlich zu verfolgenden Evolution der Ansichten über Wesen und Stellung der Ware-Geld-Beziehungen in der Struktur der sich entwickelnden kommunistischen Produktionsweise.

In den ersten Jahren der Neuen Ökonomischen Politik und vor allem später beim Aufbau des Sozialismus, als die Rolle dieser Elemente bei der Leitung der sozialistischen Produktion zunahm (Entwicklung der wirtschaftlichen Rechnungsführung, der Warenbeziehungen zwischen den Betrieben, verstärkte Anwendung wertmäßiger Kennziffern usw.), gab es in der Theorie Versuche, den Sozialismus als eine Variante der Warenproduktion darzustellen, den Warencharakter der Arbeitskraft nachzuweisen usw. Doch in letzter Zeit wird die Meinung geäußert, daß die Wertkennziffern nicht die soziale Spezifik dieser Warenproduktion widerspiegeln.[16]

Das beweist, daß die genetischen Faktoren einen stärkeren Einfluß auf die Entwicklung der sozialistischen Produktion haben, die von dem beide Phasen der kommunistischen Gesellschaftsformation umfassenden Wesen der Produktionsverhältnisse bestimmt wird. Die sozialistische Ökonomie macht sich also die ihrem

[16] Vgl. Ėkonomika i ėkonomiko-matematičeskie metody, 3/1976, S. 448; E. Egiazarov, Cel' proizvodstva i pokazateli, in: Pravda vom 20. September 1977.

Wesen entsprechenden Formen zur Realisierung der ökonomischen Prozesse zu eigen, was sich auch in der Theorie widerspiegelt.

Die für beide Phasen der kommunistischen Gesellschaftsformation geltenden Merkmale, die das wesentliche strukturbildende Element der ökonomischen Verhältnisse des Sozialismus sind, treten zugleich als Komponenten des Ganzen in Erscheinung und können nicht gesondert, ohne inneren Zusammenhang zu den übrigen Elementen des Systems untersucht werden. Nur eine ganzheitlich determinierte Wirtschaftsstruktur des Sozialismus kann eine Phase der entstehenden kommunistischen Gesellschaft sein. Aber warum sind die Strukturelemente des ökonomischen Systems des Sozialismus nicht an sich, sondern als Elemente eines Ganzen zu erforschen? Die bei der Entwicklung eines Ganzen auftretenden Eigenschaften und Gesetzmäßigkeiten können nicht auf die Eigenschaften und Gesetzmäßigkeiten jeder Komponente zurückgeführt werden, selbst wenn es sich um ein strukturbildendes Element handelt. Das System der ökonomischen Verhältnisse des Sozialismus ist als Ganzes durch besondere innere Zusammenhänge sowie besondere Gesetzmäßigkeiten seiner Wirkungsweise und Entwicklung charakterisiert. Gerade seine Gesetzmäßigkeiten als Ganzes sind die innere Triebkraft für das Hinüberwachsen des Sozialismus in den Kommunismus.

Folglich ist die Struktur des Sozialismus ein Moment der Genesis der kommunistischen Produktionsweise und muß deshalb auch als ein in der Entwicklung befindliches Ganzes behandelt werden, denn ihre Gesetzmäßigkeiten bestimmen gerade als Ganzes die notwendige Bewegung in der angegebenen Richtung.

Das kommunistische System von Produktionsverhältnissen erwächst aus der realen Bewegung der Widersprüche, die den sozialistischen Produktionsverhältnissen als einer bestimmten Ganzheit innewohnen.

Die Verbindung von genetischen und strukturellen Funktionen bei der Wechselwirkung der Elemente bildet den Impuls für die Eigenbewegung des gesamten Systems von Verhältnissen. Wenn wir z. B. den Charakter der Arbeit im Sozialismus klären wollen, so stellen wir dieses Element ganz deutlich fest.

Die Arbeit aller Werktätigen der Gesellschaft ist in gleicher Weise sozial determiniert, denn alle haben die gleiche Stellung zu den Produktionsmitteln. Dieses Moment bildet die strukturelle Charakteristik des Systems der sozialistischen Produktionsverhältnisse. Aber die Gleichheit der Arbeit schließt die Ungleichheit innerhalb der Arbeit, ihre reale Differenziertheit ein. Daraus ergibt sich, daß die Arbeit im Sozialismus in sozialer Hinsicht nicht für alle gleichermaßen ein Bedürfnis, sondern Mittel zum Lebensunterhalt ist. Das zeigt den spezifisch historischen Charakter des ökonomischen Systems, denn früher war die Arbeit nicht so determiniert (wenn man natürlich von der Urgesellschaft absieht, wo dieser Charakter rein natürlich bedingt war). Aber diese historische Besonderheit zeigt auch die ungenügende Reife der Arbeit, denn sie verwandelt in gewissem Maße die tatsächliche Gleichheit in Ungleichheit, setzt sie doch Ungleichheit bei der Verteilung der Arbeitsprodukte voraus. In ihrer reifen Form verlangt die Gleichheit der Arbeit folglich eine Verteilung nach den Bedürfnissen. Dieser Prozeß verwandelt die Arbeit jedoch gleichzeitig aus einem allgemeinen Mittel zum Lebensunterhalt in ein allgemeines Lebensbedürfnis. Der Charakter der Arbeit ist im Sozialismus — wie auch die übrigen Komponenten des ökonomisches Systems — genetisch bestimmt. Geht man anders an die Frage heran, so wird der Übergang zum Kommunismus einseitig dargestellt.

Das bedeutet aber nicht, daß die Vorstellung von der ökonomischen Struktur des Sozialismus die Elemente umfaßt, die für beide Phasen der kommunistischen Gesellschaftsformation gelten, ferner spezifisch sozialistische sowie Elemente aus der Vergangenheit überkommener Formen, falsch ist. Das Problem besteht darin, wie man diese Struktur erforscht, ob als Ganzes oder jede Komponente nacheinander. Von der Beantwortung dieser Frage hängt die Struktur der logischen Widerspiegelung des Forschungsgegenstandes ab.

Faßt man die sozialistischen Produktionsverhältnisse als Phase einer in der Entstehung begriffenen kommunistischen Produktionsweise auf, so sind diese erstens als Gesamtsystem von Verhältnissen und zweitens als eine solche strukturelle Formation zu untersuchen, die als Prozeß der Genesis voll entwickelter kommunistischer Verhältnisse in Erscheinung tritt. Eine solche Untersuchung hat große theoretische und praktische Bedeutung.

Die Aufgabe der politischen Ökonomie des Sozialismus erschöpft sich nicht in den weltanschaulichen Funktionen. Die ökonomische Theorie des Sozialismus ist die wissenschaftliche Grundlage für die Leitung der gesellschaftlichen Produktion. Diese Aufgabe kann sie nur erfüllen, wenn sie von der Wirklichkeit ausgeht und diese nicht nach ihren zufälligen äußeren Erscheinungen untersucht, sondern nach ihren inneren Abhängigkeiten, die die langfristigen stabilen Entwicklungstendenzen des gesamten Systems bestimmen. Durch eine solche Untersuchung kann man die ökonomischen Gesetze des Sozialismus erkennen und für den praktischen wirtschaftlichen Aufbau effektiv nutzen, wobei die gegenwärtigen und zukünftigen Ziele der ökonomischen Entwicklung schöpferisch zu berücksichtigen sind. Nur so kann man die Aufgaben, die in jeder Entwicklungsetappe der Produktion entstehen und die Forderungen des Augenblicks widerspiegeln, von denjenigen Aufgaben abgrenzen, die von den Haupttendenzen bestimmt werden und die die allgemeine Gesetzmäßigkeit der Entwicklung des Systems sozialistischer Produktionsverhältnisse als Phase der kommunistischen Produktionsweise charakterisieren.

KAPITEL III

Die Struktur der Produktionsverhältnisse im Sozialismus

1. Ausgangsprinzipien der Analyse

Die Dialektik der genetischen und strukturellen Funktionen des Systems der sozialistischen Produktionsverhältnisse ergibt sich aus dem Charakter der kommunistischen Produktionsweise. Das erschwert in einem gewissen Grade dessen theoretische Widerspiegelung in struktureller Hinsicht. Deshalb hat die politische Ökonomie des Sozialismus im Zuge ihrer weiteren Entwicklung vor allem solche Probleme zu lösen.

Bei der Untersuchung des Systems der Produktionsverhältnisse sind nicht nur die Beziehungen darzustellen, die dessen Reproduktion in seiner Gesamtheit sichern, sondern in erster Linie jene Beziehungen, die den Übergang zur kommunistischen Struktur bestimmen, also eine vorwiegend genetische Rolle spielen. Die Theorie muß dabei die ökonomische Struktur des Sozialismus zum Ausdruck bringen.

In der ökonomischen Literatur wird dieses Problem dadurch gelöst, daß man die Stellung und Rolle der Willensverhältnisse in der ökonomischen Struktur des Sozialismus bestimmt. Daß das Problem des Wechselverhältnisses von genetischen und strukturellen Grundlagen der sozialistischen Produktionsverhältnisse in dieser Weise erforscht wird, ergibt sich daraus, daß die politisch-rechtlichen Akte bei der Herausbildung der ökonomischen Verhältnisse des Sozialismus besondere Bedeutung haben. Sie beruhen nicht auf den vorhandenen ökonomischen Formen der neuen Produktionsweise, sondern nur auf deren materiellen Voraussetzungen, die in der Realität bei weitem nicht in reifen Formen bestehen. Deshalb kommt den Willensakten eine große Bedeutung zu, denn sie zielen darauf ab, die Formen der Realisierung der kapitalistischen Produktionsverhältnisse zu beseitigen und die neuen, in der Herausbildung begriffenen Verhältnisse durchzusetzen. Die Eroberung der politischen Macht und die Verwirklichung revolutionärer Maßnahmen im Lande erweist sich als notwendig, um jene materiellen Voraussetzungen zu realisieren, die der Sozialismus vom Kapitalismus übernimmt.

Die aktive Rolle der politisch-rechtlichen Maßnahmen des Sowjetstaates beschränkt sich nicht auf die Übergangsperiode vom Kapitalismus zum Sozialismus, denn der Sozialismus ist die erste Phase der kommunistischen Produktionsweise. Während der gesamten Zeitspanne, in der sich die kommunistische Produktionsweise herausbildet, bleiben sie reale Formen für das weitere Funktionieren der ökonomischen Verhältnisse.

Daraus ergibt sich die Notwendigkeit für den Rechtsschutz des sozialistischen Eigentums, die normative Regelung der Bedingungen und des Charakters der Arbeit, die Anwendung von administrativen Sanktionen, wenn Planaufgaben nicht erfüllt werden usw. Man darf diese Momente also nicht formal betrachten, denn sie bringen den objektiven Charakter zum Ausdruck, der der Realisierung der ökonomischen Entwicklungsprozesse der kommunistischen Produktionsweise zugrunde liegt, wenn sich die unmittelbar gesellschaftliche Form der Beziehungen in der Herausbildung befindet. Diese Momente fanden ihre Widerspiegelung in der neuen Verfassung der UdSSR. Hier heißt es: ,,Der Staat schützt das sozialistische Eigentum und schafft die Bedingungen für seine Mehrung."[1]

Die Beziehungen zwischen den politisch-rechtlichen Formen und ihrem ökonomischen Inhalt beschränken sich nicht auf das Verhältnis Ursache-Wirkung. Die neuen Elemente des ökonomischen Systems können sich nicht endgültig durchsetzen, wenn sie nicht ihre endgültige Bestätigung in entsprechenden Rechtsnormen finden. Solange aber Normativakte weiterbestehen, die das Wirken bestimmter Elemente des ökonomischen Systems des Sozialismus zum Ausdruck bringen, werden diese in der Volkswirtschaftsplanung berücksichtigt, wodurch ihre ständige Reproduktion in ökonomischer Hinsicht erfolgt. Ignoriert man dagegen die realen ökonomischen Prozesse bei der Planung, so verlangsamt sich das wirtschaftliche Wachstum.

Die besondere Rolle der Willensakte bei der Entwicklung des Sozialismus zeigte sich in der These von der bestimmenden Rolle des Eigentums an den Produktionsmitteln im System der sozialistischen Produktionsverhältnisse. Diese These ist richtig, sofern es sich nicht um die ökonomische Struktur der kommunistischen Produktionsweise, sondern um deren Herausbildung und Entwicklung handelt.

Die These von der bestimmenden Rolle des allgemeinen Volkseigentums an den Produktionsmitteln als Grundlage der sozialistischen Produktionsverhältnisse hatte bis Ende der fünfziger und Anfang der sechziger Jahre ihre Bedeutung. Alle Veröffentlichungen zu diesem Problem erkannten diese These voll an. Aber in den programmatischen Dokumenten der Partei wurde zugleich der objektive Charakter der sozialistischen Produktionsverhältnisse und der diesen eigenen ökonomischen Gesetze hervorgehoben. Mit dieser These wird die Aufmerksamkeit darauf gerichtet, die Entstehung der Willensakte des Staates nicht in diesen selbst, sondern im Charakter der Produktionsverhältnisse zu suchen, also im Wesen, in den Formen und Methoden, in denen ihre ökonomischen Gesetze wirksam werden. Die politische Ökonomie des Sozialismus hatte ihren eigentlichen Gegenstand zu bestimmen. Doch dabei stellte sich heraus, daß diese Aufgabe nicht erfolgreich zu lösen ist, wenn man von der These ausgeht, daß der Charakter der Produktionsverhältnisse davon bestimmt wird, wer die Macht und die Verfügungsgewalt über die Produktionsmittel besitzt.

[1] Verfassung (Grundgesetz) der Union der Sozialistischen Sowjetrepubliken, Berlin 1978, S. 12.

Die Form der Macht und der Verfügung über die Produktionsmittel braucht nur das Ergebnis von Willensakten zu sein, doch der objektive Charakter der Produktionsverhältnisse verlangt, diese unabhängig von solchen Willensakten zu untersuchen. Die Notwendigkeit, praktische Maßnahmen der Wirtschaftspolitik zu begründen, wie z. B. die Reorganisation der MTS und andere Maßnahmen zur Hebung der landwirtschaftlichen Produktion, die Ausarbeitung grundsätzlicher Prinzipien, um den Wirtschaftsmechanismus des Sozialismus zu vervollkommnen, die Ausnutzung von Elementen der Ware-Geld-Beziehungen usw. führten zu der Erkenntnis, daß man auf Grund von Vorstellungen über die sozialistischen Produktionsverhältnisse als Macht- und Verfügungsverhältnisse über Produktionsmittel nicht deren inneres Wesen als materielle Verhältnisse erkennen kann, die unabhängig vom Willen und Wollen der Menschen auf der Grundlage der ihnen innewohnenden Gesetze wirken und sich entwickeln.

In jüngster Zeit erkennen die meisten Ökonomen an, daß es nicht möglich ist, dieses Verhältnis als selbständiges Verhältnis zu untersuchen, das unabhängig von anderen Komponenten der Produktionsverhältnisse ist.[2]

Mit der Herausbildung des ökonomischen Systems der kommunistischen Gesellschaft werden dessen historische Voraussetzungen zum Ergebnis seiner eigenen Reproduktion, d. h. zum Produkt der sich reproduzierenden ökonomischen Verhältnisse, und damit finden die Eigentumsverhältnisse auch die entsprechenden Formen für ihre theoretische Widerspiegelung. Bevor man die sozialistischen Eigentumsverhältnisse untersucht, sind die objektiv bestehenden sozialistischen Produktionsverhältnisse zu erforschen. Solange sich die ökonomische Struktur des Kommunismus herausbildet, sind auch die Rechtsakte der sozialistischen Gesellschaft und ihrer Leitungsorgane von Bedeutung, denn sie sind weiterhin eine Voraussetzung für die Entstehung kommunistischer Produktionsverhältnisse. Die theoretischen Auffassungen, die die Genesis des ökonomischen Systems des Kommunismus widerspiegeln, stellen als objektiven Fakt fest, daß das Eigentum an den Produktionsmitteln nicht nur die wichtigste Komponente der Produktionsverhältnisse, sondern deren Grundlage bildet. Hier liegt unseres Erachtens die objektive Begründung, die nicht nur erklärt, sondern auch bekräftigt, daß es berechtigt ist, verschiedene Auffassungen über die Methoden zur Untersuchung des sozialistischen Eigentums zu haben. Hier spiegelt sich auch, wie in vielen anderen Fällen, in der Dialektik der Ideen erst die objektive Dialektik der Dinge wider.

Wenn wir die Ursachen feststellen, warum unterschiedliche theoretische Auf-

[2] Vgl. N. Kolesov, Sistema socialističeskich proizvodstvennych otnošenij i forma sobstvennosti na sredstva proizvodstva, in: Ėkonomičeskie nauki, 4/1969, S. 26; S. Sdobnov, Obščestvennaja sobstvennost' kak važnejšaja ėkonomičeskaja kategorija socializma, in: Voprosy ėkonomiki, 2/1969, S. 5 (gekürzte deutsche Fassung des Artikels in: Sowjetwissenschaft/Gesellschaftswissenschaftliche Beiträge, 9/1969, S. 884–893).

fassungen über die Stellung des Eigentums an den Produktionsmitteln im System der sozialistischen Produktionsverhältnisse bestehen, so bedeutet das keineswegs, daß wir sie als gleichrangig ansehen, wenn es darum geht, die Struktur der ökonomischen Verhältnisse zu untersuchen. Obwohl die ökonomische Struktur des Sozialismus zugleich eine Etappe bei der Herausbildung kommunistischer Verhältnisse ist, so verkörpert sie doch gerade für diese Etappe die Struktur. Deshalb muß sie in erster Linie ausgehend von den strukturellen Funktionen der Produktionsverhältnisse analysiert werden.

Vom Gesichtspunkt der ökonomischen Struktur bildet der Sozialismus die erste, spezifisch historische Stufe in der ökonomischen Organisation der kommunistischen Gesellschaftsformation. Darum muß die politökonomische Analyse des Systems seiner ökonomischen Verhältnisse vorwiegend mit Hilfe der logischen Methode vorgenommen werden. In diesem Falle werden die Verhältnisse des Eigentums an den Produktionsmitteln nicht in den Formen ihrer Willensäußerungen, sondern über das System ökonomischer Verhältnisse untersucht.

In jüngster Zeit fand die These Verbreitung, die sozialistischen Produktionsverhältnisse seien ausgehend von ihren Subjekten zu analysieren. Diese Behauptung entspricht im Grunde der These, daß das Eigentum ein selbständiges Verhältnis darstelle, denn hier wird bei der Untersuchung der Akzent darauf gelegt, die personifizierte Existenz des Eigentumsverhältnisses zu analysieren.

Andere Ökonomen meinen, die Untersuchung des Wesens der ökonomischen Beziehungen müsse auf das gerichtet sein, zwischen dem sie sich herausbilden. So nimmt man z. B. an, daß sie im Sozialismus zwischen der Gesellschaft und den Betrieben, zwischen den Betrieben untereinander, zwischen der Gesellschaft und den einzelnen Werktätigen, zwischen dem Werktätigen und dem Betrieb, zwischen den einzelnen Werktätigen innerhalb der Betriebe usw. entstehen.

Untersucht man die ökonomische Struktur des Sozialismus aber auf diese Weise, so beschränkt man sich darauf, allgemeine Momente festzustellen, die mehreren Systemen von Produktionsverhältnissen eigen sind, denn meistens existieren immer Gesellschaft und einzelne Betriebe oder Gesellschaft und einzelne Werktätige, ganz abgesehen davon, daß diese Subjekte auch in nichtproduzierenden Bereichen vorhanden sein können. Aber es geht nicht nur darum.

Spricht man von Subjekten der Wirtschaftstätigkeit, so muß man erstens die spezifische Form dieser Tätigkeit feststellen und zweitens die charakteristischen ökonomischen Formen bestimmen, in denen diese Subjekte wirksam werden. Diese Aufgabe ist aber nur zu lösen, wenn man das System der Produktionsverhältnisse untersucht. Um die Subjekte der Produktionsverhältnisse zu bestimmen, muß man diese Verhältnisse kennen, denn eine bestimmte Form dieser Verhältnisse entsteht nicht deshalb, weil ihr entsprechende Subjekte vorhanden sind. Letztere existieren vielmehr deshalb, weil ein bestimmter Typ von Produktionsverhältnissen vorhanden ist. So bedingt das Kapital z. B. den Lohnarbeiter und den Kapitalisten. Aber beide sind in Wirklichkeit keine unabhängigen Subjekte des ökonomischen Prozesses, die dessen spezifisch kapitalistischen Charakter bestimmen.

Die Sache verhält sich vielmehr umgekehrt: Der kapitalistische Produktionsprozeß bestimmt die charakteristischen ökonomischen Formen, in denen seine Agenten, nämlich der Kapitalist und der Lohnarbeiter, in Erscheinung treten. Das Kapital ist also das wirkliche Subjekt des ökonomischen Prozesses, das unabhängig vom Bewußtsein der Menschen existiert und agiert.

Der Kapitalist und der Lohnarbeiter sind die personifizierten Träger des kapitalistischen Produktionsverhältnisses. Handelt es sich also um ein Subjekt des ökonomischen Prozesses, so ist dieses selbst objektiviert, d. h., es tritt als bestimmtes Produktionsverhältnis in Erscheinung.

Erkennt man den objektiven Charakter der sozialistischen Produktionsverhältnisse an, so bedeutet dies, daß das Subjekt des ökonomischen Prozesses auch unter den Bedingungen des Sozialismus objektiviert ist: Es tritt als ein bestimmtes Produktionsverhältnis in Erscheinung, das das Wesen des sozialökonomischen Charakters des Produktionsprozesses darstellt. Dieses Verhältnis bedingt gerade jene ökonomischen Formen, in denen die Produzenten als personifizierte Träger dieses Verhältnisses auftreten.

Diese Besonderheit des Subjekts des ökonomischen Prozesses ergibt sich unmittelbar aus dem Wesen der Produktion als gesellschaftlichem Prozeß. Bereits oben wurde darauf hingewiesen, daß sich der gesellschaftliche Produktionsprozeß vom einfachen Arbeitsprozeß dadurch unterscheidet, daß sein Produkt nicht materielle Güter sind, die für die Existenz der Mitglieder der Gesellschaft bestimmt sind, sondern die Gesellschaft selbst als ein bestimmtes System von Verhältnissen, als höchstentwickelte Bewegungsform der Materie. Die Gesellschaft ist keineswegs gleich der Summe aller ihr angehörenden Individuen; sie ist ein qualitativ anderes Gebilde als diese Summe, nämlich das Ergebnis der Wechselwirkung der Individuen, von denen jedes einzelne und alle zusammen nach den Gesetzen dieses Ganzen handeln, d. h. eine Gesellschaft, die nicht von jedem einzelnen von ihnen abhängt. Die innere Struktur der Gesellschaft wird vom System der ökonomischen Verhältnisse gebildet. Deren Charakter bestimmt auch die Form der Gesellschaft, und deren Gesetze bestimmen den Charakter der Wirtschaftstätigkeit der Individuen. Subjekt des ökonomischen Prozesses, der die Grundlage aller anderen gesellschaftlichen Prozesse bildet, kann nur ein seinem Wesen nach gesellschaftliches Phänomen sein, nicht aber einzelne Persönlichkeiten oder deren Gruppen. Wie in allen anderen Fällen bestimmen die Gesetze des Ganzen auch das Verhältnis zu dessen einzelnen Teilen. Um das Subjekt des ökonomischen Prozesses in der kommunistischen Gesellschaftsordnung und insbesondere im Sozialismus festzustellen, sind die Gesetze der Wirtschaftstätigkeit zu bestimmen, die das Wesen des ökonomischen Prozesses ausmachen, das die kommunistische Organisation der Produktion bestimmt. Diese Aufgabe ist nur zu lösen, wenn man die ökonomische Struktur der Gesellschaft analysiert. Natürlich kann man dem entgegenhalten, daß doch in der Wirklichkeit sowohl die einzelnen Betriebe als auch die Werktätigen und selbst der Staat als Subjekte der Wirtschaftstätigkeit auftreten. Weiter oben wurde auf den objektiven Charakter der rechtlichen Regelung der

Arbeit und der Arbeitsbedingungen hingewiesen. Das alles charakterisiert die reale Form der Subjekte der Produktionsverhältnisse.

In diesem Zusammenhang richten wir die Aufmerksamkeit erneut darauf, daß die hier genannten Momente als Formen untersucht wurden, in denen sich das System der Produktionsverhältnisse realisiert, da gerade dieses System die Realität verkörpert und als Subjekt auftritt. Im Sozialismus sind die Formen der ökonomischen Erscheinungen längst noch nicht ihrem Wesen adäquat.

Will man die ökonomische Struktur analysieren, sind deren Realisierungsformen zu untersuchen, diese aber können eben nur über die Struktur erkannt werden. Trotz der besonderen Bedeutung, die den Willensakten im System der sozialistischen Produktionsverhältnisse zukommt, sind sie nur die objektive Form, um diese Verhältnisse zu realisieren. Davon ausgehend, sind die Momente, die das Wesen der ökonomischen Verhältnisse widerspiegeln, sorgfältig von denjenigen abzugrenzen, die durch die gewisse Eigenständigkeit dieser Verhältnisse hervorgebracht werden, d. h., man muß zwischen den Willensakten des sozialistischen Staates als einem notwendigen Moment bei der Herausbildung und Entwicklung neuer Verhältnisse und dem unmittelbaren Inhalt dieser Willensakte unterscheiden. Sonst kommt man leicht zu der Schlußfolgerung, daß es „keine anderen Gesetze der sozialistischen Wirtschaft gibt, als diejenigen Gesetze, die sich aus der Wirtschaftspolitik des sozialistischen Staates ergeben und unmittelbar mit dessen Tätigkeit zusammenhängen“[3]. Damit würde man die Diktatur des Proletariats, die Planung usw. zu den ökonomischen Gesetzen des Sozialismus rechnen.

Unseres Erachtens sollte man von Anbeginn der Untersuchung bei der praktischen Tätigkeit der Menschen sorgfältig zwischen dem ökonomischen System der Gesellschaft als deren konstituierender Grundlage und der Wirtschaftspolitik des Staates, die eine Form ihrer Realisierung darstellt, unterscheiden. Letztere spiegelt das System wider, aber bereits in verwandelter, durch das Bewußtsein der Menschen verarbeiteter Form, und deshalb zwar in konkreterer, zugleich aber auch in einer mehr subjektivierten Form. Die inneren Gesetzmäßigkeiten der Entwicklung des Sozialismus werden über die konkreten gesetzgeberischen Maßnahmen des Staates im politisch-rechtlichen und wirtschaftlich-organisatorischen Bereich realisiert, aber diese Maßnahmen unterscheiden sich im Grad der Objektivität, im Charakter ihrer Wirkung und außerdem in zeitlicher Hinsicht.

Unter dem System der ökonomischen Verhältnisse der Gesellschaft verstehen wir das System ihrer Produktionsverhältnisse, die vom Bewußtsein der Menschen unabhängig sind. Sie formen deren Bewußtsein und nicht umgekehrt. Die Wirtschaftspolitik des Staates verkörpert bereits jene Formen, in denen die inneren Gesetzmäßigkeiten der Entwicklung des Sozialismus realisiert werden. Sie gehören zu den Beziehungen des Überbaus, und deshalb können und müssen sie vom Willen der Individuen bestimmt werden.

[3] Problemy ėkonomiki, 1/1936, S. 22.

Im ersten Fall handelt es sich um das Verhältnis der Planmäßigkeit, um den Charakter der Arbeit, deren Reifegrad usw., im zweiten Fall um die Planung, den Anreiz zur Arbeit und dessen Formen usw., und damit auch um die entsprechenden staatlichen Institutionen.

Ferner ist die zeitliche Subordination der Beziehungen zu berücksichtigen. Die ökonomischen Verhältnisse der Gesellschaft sind während der gesamten Periode des Bestehens der kommunistischen Gesellschaftsformation einheitlich (in diesem Fall handelt es sich um die Einheit der inneren Gesetzmäßigkeiten). Gerade die Wirtschaftspolitik des Staates realisiert die Form ihrer konkrethistorischen Verwirklichung und unterliegt darum einer ständigen Veränderung. Anders kann es auch nicht sein, denn sie reflektiert vor allem jene Formen der Realisierung der ökonomischen Verhältnisse, die sehr rasch auf Veränderungen in den inneren und äußeren Produktionsbedingungen reagieren. Wenn wir von den historischen Erfahrungen der Sowjetunion ausgehen, so stellen wir fest, daß sich mit den Veränderungen dieser Bedingungen auch die Formen verändern, in denen sich die funktionalen Gesetze des sozialistischen Staates realisieren. Ein Beispiel dafür ist der Übergang von der Politik des Kriegskommunismus zur Neuen Ökonomischen Politik. Die Subordination von ökonomischen Verhältnissen der Gesellschaft und staatlicher Wirtschaftspolitik zeigt sich am deutlichsten in der Bewegung der Formen des Wirtschaftsmechanismus.

Die sich neu herausbildende Form der Arbeit bedarf als ihrer Bewegungsform der Planmäßigkeit und macht dementsprechend das Vorhandensein eines einheitlichen Zentrums zur Leitung der Wirtschaft erforderlich. Im Sozialismus stellt der Staat objektiv ein solches Zentrum dar, das zugleich auch die politische Funktion wahrnimmt. Somit werden die ökonomischen Verhältnisse durch die Wirtschaftstätigkeit des Staates realisiert, obwohl sich beide voneinander unterscheiden. Die staatlichen Maßnahmen können dem Wesen der ökonomischen Beziehungen mehr oder weniger stark entsprechen.

L. I. Breshnew wies auf dem XXV. Parteitag der KPdSU darauf hin, daß es notwendig ist, die Leitung und Planung zu vervollkommnen, und sagte: „Wenn wir erkannt haben, daß der Rahmen des vorhandenen Wirtschaftsmechanismus für die sich ständig entwickelnde Volkswirtschaft zu eng geworden ist, so muß man ihn entschieden erweitern.“[4] Kann die Unterschätzung der ökonomischen Rolle des Staates dazu führen, die Ware-Geld-Beziehungen wiederzubeleben, so kann ihre Überschätzung umgekehrt dazu führen, die ökonomischen Probleme streng administrativ zu entscheiden. In beiden Fällen werden die objektiv notwendige Struktur der Produktion verletzt und das Entwicklungstempo verlangsamt.

[4] XXV. Parteitag der KPdSU, Rechenschaftsbericht des Zentralkomitees der Kommunistischen Partei der Sowjetunion und die nächsten Aufgaben der Partei in der Innen- und Außenpolitik, Berichterstatter: L. I. Breshnew, Berlin 1976, S. 75.

Das System der sozialistischen Produktionsverhältnisse muß also von den objektiven Gesetzmäßigkeiten seiner Entwicklung aus erforscht werden. Diese Analyse muß damit beginnen, jene reale Form zu untersuchen, in der sich ihr ökonomisches Ausgangsverhältnis realisiert. Bei der Untersuchung der ökonomischen Struktur des Kapitalismus erwies sich die Warenform des Arbeitsprodukts als eine solche Form.

Allgemein bekannt ist die von Karl Marx in seinem Werk „Das Elend der Philosophie" aufgestellte These: „Im Prinzip gibt es keinen Austausch von Produkten, sondern einen Austausch von Arbeiten, die zur Produktion zusammenwirken. Die Art, wie die Produktivkräfte ausgetauscht werden, ist für die Art des Austausches der Produkte maßgebend. Im allgemeinen entspricht die Art des Austausches der Produkte der Produktionsweise. Man ändere die letztere, und die Folge wird die Veränderung der ersteren sein."[5] Die Identität zwischen der Art des Austausches und der Produktion beruht vor allem darauf, daß der Austausch ein Moment der gesellschaftlichen Produktion darstellt. Das ist jedoch ein wesentliches Moment, denn es charakterisiert unmittelbar die historische Besonderheit der gesellschaftlichen Produktion. Natürlich beruht diese Besonderheit nicht auf dem Austausch, aber er verleiht dem Produkt der materiellen Produktion die diesem adäquate Form. Deshalb ist die Analyse des Austauschs von Produkten oder der Bewegung der Produkte in gewissem Sinne ein wesentliches Moment für die Erkenntnis der ökonomischen Struktur der Gesellschaft, denn es vermittelt eine allgemeine Vorstellung von der Besonderheit dieser sozialen Form. Auf diesen Umstand wies Marx in bezug auf den Kapitalismus hin, als er betonte, „daß gleich in der einfachsten Form, der der *Ware*, der *spezifisch* gesellschaftliche, keineswegs *absolute* Charakter der bürgerlichen Produktion analysiert ist"[6].

Die Ware ist bekanntlich vor allem eine Sache, ein äußerer Gegenstand, ein Produkt menschlicher Arbeit. Folglich gibt es ohne Produkt der Arbeit keine Waren. Sie ist eine Form des Produkts. Letzteres ist der gegenständliche Träger dieser Form. Aber die Ware ist nicht nur eine Sache, sie ist die Form der gesellschaftlichen Qualität des Produkts der Arbeit, deren ökonomische Form. Diese ist weder durch ihre gegenständliche Form noch durch die Struktur des Arbeitsaufwands bedingt, obwohl das Produkt der Arbeit als Ware beides einschließen muß.

Die Ware als Produkt der Arbeit ist Träger eines bestimmten gesellschaftlichen Verhältnisses zwischen den Agenten der Produktion. Es stellt eine besondere Art und Weise der Beziehung zwischen dem Arbeitsaufwand und den gesellschaftlichen Bedürfnissen, zwischen der Herstellung der Produkte und deren Konsumtion dar. Die Besonderheit dieser Beziehung besteht darin, daß die nützlichen Eigenschaften des Arbeitsprodukts nicht durch die Konsumtion desjenigen realisiert werden, der sie erzeugt hat, sondern durch die Konsumtion

[5] K. Marx, Das Elend der Philosophie, in: MEW, Bd. 4, Berlin 1959, S. 104/105.

[6] K. Marx, Brief an F. Engels vom 22. Juli 1859, in: MEW, Bd. 29, Berlin 1967, S. 463.

der Mitglieder der Gesellschaft. Um eine Ware zu sein, muß das Arbeitsprodukt nicht nur einen einfachen Gebrauchswert, sondern einen gesellschaftlichen Gebrauchswert aufweisen. Bevor die Ware aber in die Konsumtion der Gesellschaft eingeht, d. h., bevor sie ihren Gebrauchswert realisiert, muß sich erweisen, daß sie Teil jenes gesellschaftlichen Arbeitsaufwandes ist, der wiederum einen Bestandteil jener Arbeitsmenge darstellt, die die Gesellschaft zur Befriedigung eines bestimmten gesellschaftlichen Bedarfs aufwenden muß. Das Arbeitsprodukt nimmt Warenform an, wenn es neben seiner gegenständlichen Form noch über die Wertform verfügt, durch welche sich die in der Ware verkörperte Arbeit als Teil der Arbeit der gesamten Gesellschaft erweist.

Aber die Wertform einer bestimmten Ware ist ihr Wertausdruck gegenüber einer anderen Ware (x Ware $A = y$ Ware B), wobei sich die Existenz der Ware A als Träger eines bestimmten Teiles gesellschaftlicher Arbeit in Naturalform, d. h. durch den Gebrauchswert der Ware B zeigt. Die stoffliche Form der letzteren wird somit zur Wertform der ersteren. Folglich werden die Beziehungen zwischen den Agenten der Produktion unter den Bedingungen der Warenproduktion durch die Beziehungen zwischen den Dingen ausgedrückt, in denen sie sich zeigen, und tragen somit stofflichen Charakter. Das ist nicht auf die Eigenschaften der Arbeitsprodukte, sondern auf den Charakter der gesellschaftlichen Verhältnisse zurückzuführen. Werden die Beziehungen der Menschen durch Beziehungen zwischen Dingen ausgedrückt, sind alle Kategorien, die die ökonomische Struktur der bürgerlichen Gesellschaft charakterisieren, im Produkt und dessen Natural- und Wertform materialisiert. Es geht nicht um das Produkt im allgemeinen, sondern um die gesellschaftliche Form, durch die es determiniert ist. Bei der Warenproduktion besteht die Besonderheit dieser gesellschaftlichen Form darin, daß die gesellschaftliche Determiniertheit, in der sich die Arbeitsprodukte darstellen, sich mit deren Naturalform vereinigt.

Die Kapitalbewegung beginnt mit dem Geld, dieser vergegenständlichten Existenz der Verhältnisse der Warenproduktion. Damit sich Geld in Kapital verwandelt, müssen die Verhältnisse der Warenproduktion die Arbeitskraft einschließen, was allgemein den Charakter der Warenform der Arbeitsprodukte bedeutet. Gerade die Tatsache, daß sich die Fähigkeit zur Arbeit in eine Ware verwandelt, bestimmt die gesellschaftliche Qualität der Produktionsbedingungen, deren Ergebnisse und die konkreten Formen, in denen sie sich gegenständlich verkörpern. Der historische Faktor, der die entscheidende Voraussetzung der kapitalistischen Produktionsweise darstellte, war die zwangsweise Expropriation der werktätigen Massen, ihre Trennung von den Produktionsbedingungen und deren Monopolisierung durch die Bourgeoisie. Aber diese Voraussetzung liegt jenseits des Rahmens der ökonomischen Verhältnisse der kapitalistischen Produktionsweise. Das ist vielmehr deren ökonomische Voraussetzung.

Um also zu einem realen Element der ökonomischen Struktur der bürgerlichen Gesellschaft zu werden, muß sich diese Voraussetzung im Produktionsprozeß ökonomisch realisieren, d. h., sich ständig als dessen eigenes Ergebnis realisieren.

Aber das kann nur dann der Fall sein, wenn eine entsprechende Wertstruktur des erzeugten Produkts und die entsprechende Bewegungsform ihrer Elemente vorhanden ist. Wie Karl Marx nachwies, werden die Voraussetzungen der kapitalistischen Produktionsweise in der Weise realisiert und reproduziert, daß die wertmäßige Struktur des erzeugten Produkts neben dem Wert der verbrauchten gegenständlichen Produktionsbedingungen und dem Äquivalent der Arbeitskraft auch noch einen darüber hinausgehenden Überschuß enthält, nämlich den Mehrwert, der eine spezifisch historische Form des Mehrprodukts darstellt. Gerade durch die Aneignung des Mehrwerts reproduziert sich der Eigentümer der Produktionsbedingungen als Kapitalist.

Die Bewegungsform des Mehrwerts ist ein Faktor, der nicht nur den Kapitalisten, sondern auch den Lohnarbeiter reproduziert, denn letzterer kann das Äquivalent des Wertes seiner Arbeitskraft nur dann erhalten, wenn seine Arbeit ständig einen darüber hinausgehenden Überschuß schafft. Die kapitalistische Produktionsweise ist durch die besondere Form der Produktion und der Aneignung des Mehrprodukts determiniert, die die Wertstruktur des Produkts des Kapitals bedingt und dessen quantitative Grenzen bestimmt. Das Mehrprodukt, das in der spezifischen Form des Mehrwerts auftritt, bestimmt auch die ökonomische Qualität der Produktionsbedingungen, die die Form von fixem und variablem Kapital annehmen.

Die Untersuchungen von Marx über das eigentliche Wesen der ökonomischen Verhältnisse des Kapitals beruhen darauf, daß die Produktionsbedingungen und -ergebnisse des Kapitals, und zwar des individuellen Kapitals, analysiert wurden. Diese Analysemethode ermöglichte es, das grundlegende Produktionsverhältnis des Kapitalismus aufzudecken, nämlich das Verhältnis der Ausbeutung des Lohnarbeiters durch das Kapital.

Man kann aber die Analyse des kapitalistischen Systems nicht auf die oben gegebene Definition beschränken, die die gegenseitigen Beziehungen von Arbeit und Kapital charakterisiert.

Außerdem bestehen bestimmte Beziehungen innerhalb der Kapitalistenklasse, die Marx ebenfalls im Zusammenhang mit der Bewegung der Elemente der Wertstruktur des Produkts der kapitalistischen Produktion untersuchte. Wird im ersten Falle die Bewegungsform des Ergebnisses der kapitalistischen Produktion als Produkt des individuellen Kapitals untersucht, so wird im zweiten Fall die Bewegung des Warenprodukts einzelner Zweige untersucht. Bereits damals reichte es schon nicht mehr aus, nur zu untersuchen, wie sich die Struktur des Produkts in der Form $c + (v + m)$ gliedert. Das reicht aus, um die Produktionsverhältnisse im eigentlichen Sinne zu charakterisieren. Die Bewegung des Produkts zwischen den einzelnen Zweigen setzt aber auch die Zirkulation voraus. Schließlich bilden die Beziehungen zwischen den einzelnen Zweigen eine Einheit von Produktions- und Zirkulationsprozeß. Deshalb sind die Elemente der wertmäßigen Struktur des Produkts anders zu gruppieren, nämlich in der Form $(c + v) + m$.

Diese Gliederung entspricht den objektiven Bedingungen der kapitalistischen Produktion, wobei jedes individuelle Kapital nur einen Teil des gesellschaftlichen Gesamtkapitals darstellt. Um sich als Teil des gesellschaftlichen Gesamtkapitals zu reproduzieren, muß jedes Kapital vor allem über gleiche Bedingungen in bezug auf den Ersatz seiner Aufwendungen verfügen, denn letztere bilden die reale Grenze für die Investition von Mitteln. Aber Gleichheit bei der Erstattung der Aufwendungen bedingt auch gleiche Anteile am Gesamtmehrwert. Das eine bedingt das andere. Unterschiedliche individuelle Kapitale produzieren ungleiche Anteile am Gesamtmehrwert. Dieser Widerspruch wird durch die Bildung des Durchschnittsprofits auf das Kapital gelöst, der sich durch die Konkurrenz zwischen den Zweigen bildet.

Die Analyse von Karl Marx über die Bewegung des Produkts der kapitalistischen Produktion zwischen den einzelnen Zweigen ermöglichte es, die konkreten Formen festzustellen, in denen sich das Mehrwertgesetz realisiert, und damit den Widerspruch zwischen dem Gesamtarbeiter und dem Gesamtkapitalisten zu begründen. An bestimmten Stellen seiner Untersuchung wird der Gebrauchswert des Produkts sogar zum Wesen, das die Besonderheiten der Beziehungen in der bürgerlichen Gesellschaft bestimmt. Das ist z. B. bei der Analyse der Ware Arbeitskraft, bei der Reproduktion des gesellschaftlichen Kapitals usw. der Fall.

Durch die Analyse der Bewegungsform der Wert- und Naturalelemente des gesellschaftlichen Produkts konnte Karl Marx die Grundgesetzmäßigkeiten und -mechanismen für die Bildung der gesellschaftlichen Fonds feststellen, die für die Erstattung der verbrauchten Produktionsmittel, die persönlichen Bedürfnisse der Gesellschaft und die erforderliche Akkumulation notwendig sind.

Die Erforschung der Kategorien und Gesetze der kapitalistischen Produktionsweise muß also davon ausgehen, die spezifischen Bewegungsformen sowohl des Gesamtprodukts wie auch dessen einzelner Elemente wert- und naturalmäßig zu untersuchen. Will man die Bewegung des Produkts analysieren und daraus auf den Charakter der ökonomischen Struktur einer Gesellschaftsordnung schließen, ist zuvor jene gesellschaftliche Form des Produkts zu ermitteln, die die genetische Grundlage dieser Struktur bildet. Das sind die Hauptelemente, die die Analyse der spezifischen ökonomischen Formen der Warenproduktion und der kapitalistischen Produktion charakterisieren.

Die hier genannten Momente haben nach unserer Auffassung wichtige allgemeine methodologische und theoretische Bedeutung für die Analyse des Systems der Produktionsverhältnisse in der sozialistischen Gesellschaft.

2. Die Bewegung des Produkts und seiner Elemente

Da der Sozialismus jene Entwicklungsstufe in der kommunistischen Gesellschaft darstellt, in der die Arbeit weiterhin das wichtigste Existenzmittel zum Lebensunterhalt bleibt, ist der Entwicklungsprozeß noch in erheblichem Maße durch die Produktion stofflichen Reichtums charakterisiert. Marx schreibt in diesem Zusammenhang: „Es herrscht hier offenbar dasselbe Prinzip, das den Warenaustausch regelt, soweit er Austausch Gleichwertiger ist. Inhalt und Form sind verändert, weil unter den veränderten Umständen niemand etwas geben kann außer seiner Arbeit und weil andererseits nichts in das Eigentum der einzelnen übergehen kann außer individuellen Konsumtionsmitteln. Was aber die Verteilung der letzteren unter die einzelnen Produzenten betrifft, herrscht dasselbe Prinzip wie beim Austausch von Warenäquivalenten, es wird gleich viel Arbeit in einer Form gegen gleich viel Arbeit in einer andern ausgetauscht."[7]

Dieser Umstand bestimmt sowohl die Spezifik der gesellschaftlichen Form des sozialistischen Produkts als auch die Art und Weise der Bewegung seiner Elemente. Gegenwärtig setzt sich immer mehr die Auffassung durch, daß das sozialistische Produkt keinen Warencharakter hat. Diese Auffassung wird damit begründet, daß mit der Beseitigung des Monopols am Privateigentum der Widerspruch zwischen dem privaten und dem gesellschaftlichen Charakter der Arbeit aufgehoben wird. Indem die Entlohnung der Arbeiter nicht unmittelbar davon abhängig gemacht wird, wie die Betriebskollektive den Absatzplan erfüllen, werden die Aufwendungen an individueller Arbeitskraft von Anfang an als gesellschaftlich notwendig anerkannt.

Damit wird aber keineswegs jeder beliebige Arbeitsaufwand an sich anerkannt, denn es ist für die Gesellschaft nicht gleichgültig, welcher Teil der Gesamtarbeitszeit für die Produktion eines bestimmten Erzeugnisses aufgewendet wird. Solange die unteren Betriebseinheiten ökonomisch noch relativ selbständig und die sozialökonomischen Unterschiede in der Arbeit nicht restlos überwunden sind, werden Elemente der Ware-Geld-Beziehungen genutzt, um die Höhe des gesellschaftlich notwendigen Aufwands festzustellen. Dementsprechend weist auch die Bewegung des Produkts einige Attribute des Warenaustauschs auf. Analysiert man die Elemente des Produkts nach der Struktur der im Produkt vergegenständlichten Arbeit, so besteht letztere auch im Sozialismus aus dem materiellen Aufwand und dem Nettoprodukt, das seinerseits in das notwendige und das Mehrprodukt zerfällt.

Diese Elemente charakterisieren natürlich nicht die Besonderheiten des ökonomischen Systems des Sozialismus. Es geht keineswegs darum, das notwendige und das Mehrprodukt als besondere Elemente des Nettoprodukts der sozialistischen Produktion auszuweisen. Daraus läßt sich kaum etwas ableiten, um die Besonderheiten der sozialistischen Produktionsverhältnisse zu verstehen. Das Wesen des Problems besteht vielmehr darin, deren sozialökonomische Form zu ermitteln, die das eigentliche Wesen der ökonomischen Verhältnisse in der so-

[7] K. Marx, Kritik des Gothaer Programms, in: MEW, Bd. 19, Berlin 1962, S. 20.

zialistischen Gesellschaft ausmacht.[8] Der in der ökonomischen Literatur oft anzutreffende Meinungsstreit, ob ein bestimmtes Element des Konsumtionsfonds zum notwendigen oder zum Mehrprodukt zu rechnen ist, kann unseres Erachtens nicht richtig geklärt werden, solange der konkrete sozialökonomische Inhalt des notwendigen und des Mehrprodukts klar ist, die eine Besonderheit der Wirtschaftsstruktur des Sozialismus darstellen.

Um sich in einigen grundlegenden Problemen der politischen Ökonomie des Sozialismus richtig zu orientieren, ist vor allem die grundlegende, den Sozialismus kennzeichnende Form zu bestimmen. Wir gehen in der Untersuchung vom spezifischen sozialökonomischen Inhalt des Mehrprodukts aus. Das ergibt sich aus der besonderen Funktion, die dieses auch im Sozialismus ausübt. Eine entscheidende gesellschaftliche Funktion ist bekanntlich die Akkumulation. Das Mehrprodukt ist aber nun die Hauptquelle zur Realisierung dieser Funktion.

Gelegentlich wird behauptet, daß die Bewegungsform des Mehrprodukts die Distributionsverhältnisse charakterisiert und von deren Gesetzmäßigkeiten bestimmt wird. Diese Behauptung kann nur dann als richtig gelten, wenn es um die Verteilung der Produktionsbedingungen, d. h. im wesentlichen um die Produktion selbst geht. Sie ist aber falsch, wenn es sich um die Distribution im eigentlichen Sinne handelt. „Wenn man die gewöhnlichen Ökonomien betrachtet", schrieb Karl Marx, „muß zunächst auffallen, daß alles in ihnen doppelt gesetzt wird. Z.B. in der Distribution figurieren Grundrente, Arbeitslohn, Zins und Profit, während in der Produktion Erde, Arbeit, Kapital figurieren als Agenten der Produktion. Mit dem Kapital nun ist von vornherein einleuchtend, daß es doppelt gesetzt ist, 1. als Produktionsagent; 2. als Einnahmequelle; als bestimmend bestimmte Distributionsform. Zins und Profit figurieren daher auch als solche in der Produktion, insofern sie Formen sind, in denen das Kapital sich vermehrt, anwächst, also Momente seiner Produktion selbst."[9]

Aus dieser Feststellung von Marx geht hervor, daß die Formen des Mehrprodukts überwiegend unmittelbare Produktionsverhältnisse charakterisieren. Darüber hinaus ist dessen Bewegungsform ein entscheidender ökonomischer Faktor für die Reproduktion des betreffenden Typs von Produktionsverhältnissen. Bekanntlich war die Enteignung der Bourgeoisie durch die Arbeiterklasse und die Schaffung von gesellschaftlichem Eigentum an den entscheidenden Produktionsbedingungen eine wesentliche Voraussetzung der sozialistischen Produktionsverhältnisse. Diese grundlegende Veränderung in der Verteilung der Produktionsmittel erfolgte durch Willensakte des Proletariats, das die politische Macht erobert hatte. Aber Willensakte sind in der Regel einmalig. Ihre Ergebnisse

[8] Das notwendige und das Mehrprodukt sind unter zwei grundlegenden Aspekten zu sehen. Erstens können sie die Beziehungen zwischen Gesellschaft und Natur charakterisieren, zweitens aber auch die Besonderheit des jeweiligen ökonomischen Systems der Gesellschaft, wie es sich historisch herausgebildet hat.

[9] K. Marx, Einleitung zur Kritik der Politischen Ökonomie, in: MEW, Bd. 13, Berlin 1972, S. 626.

müssen durch einen bestimmten Charakter der Produktion der Lebensbedingungen gefestigt werden. Das entscheidende Mittel, um diese Aufgabe zu verwirklichen, besteht darin, ein ganzes System neuer organisatorischer Beziehungen zu schaffen, mit deren Hilfe die Produkte erzeugt und verteilt werden können, die für Millionen Menschen erforderlich sind. Diese Aufgabe ist sehr kompliziert und langwierig, sie umfaßt Jahrzehnte. Die materiellen Voraussetzungen für ihre Lösung bestehen nicht in den gesetzgeberischen Akten, sondern darin, welchen Stand die Produktivkräfte aufweisen und in welchem Ausmaß die Formen ihrer gesellschaftlichen Organisation entwickelt sind.

Die Bewegungsform des Mehrprodukts, wie sie anfangs im Sozialismus auftritt, ist in materieller Hinsicht von dem Entwicklungsstand der Produktivkräfte vorbestimmt, der im Rahmen der kapitalistischen Produktionsweise erreicht wird. Das zeigt schon ein Blick auf die Zeitspanne, in der die Monopole herrschen und insbesondere der staatsmonopolistische Kapitalismus besteht. Die Gegenwart beweist, daß die bürgerliche Gesellschaft unter dem Einfluß der wissenschaftlich-technischen Revolution in zunehmendem Maße nach Methoden sucht, um den Akkumulationsprozeß der gesellschaftlichen Produktion zu regulieren und die dazu notwendigen Mittel aus dem Fonds der erweiterten Reproduktion in bestimmtem Umfange in den Händen des Staates zu akkumulieren. Das ist eine Besonderheit des Monopolkapitalismus der Gegenwart, die im Rechenschaftsbericht des ZK der KPdSU an den XXIV. Parteitag als Anpassung des Kapitalismus an die neuen Bedingungen charakterisiert wurde.

Der gegenwärtige Stand der Produktivkräfte macht es erforderlich, den überwiegenden Teil des Mehrprodukts in den Händen der Gesellschaft zu konzentrieren. Nur so ist es möglich, die gesellschaftliche Produktion bewußt zu leiten. Aber der gegenwärtige Kapitalismus kann diesem Erfordernis nicht genügen, denn sein Grundgesetz besteht in der Sicherung des Maximalprofits, worin sich das bürgerliche Eigentumsrecht ökonomisch realisiert. Deshalb ist es notwendig, jene rechtlichen und ökonomischen Bedingungen zu beseitigen, deren Existenz und Reproduktion nur mit Hilfe der Form des Profits möglich ist.

Der Sozialismus weist eine grundsätzlich neue Bewegungsform des Mehrprodukts auf. Dieses wird zum überwiegenden Teil planmäßig in den Händen des Staates konzentriert, der das ökonomische Organ der Gesellschaft darstellt. Deshalb ist diese Bewegungsform des Mehrprodukts die materielle Grundlage, durch die gewährleistet ist, daß die Gesellschaft die Produktion ihrer Existenzbedingungen kontrolliert, d. h. diesen Prozeß bewußt leitet.

Das Mehrprodukt wird durch die produktive Arbeit der Werktätigen der sozialistischen Gesellschaft geschaffen. Da es in seinem überwiegenden Teil von der gesamten Gesellschaft angeeignet und im Interesse der gesamten Gesellschaft genutzt wird, sind alle Mitglieder der Gesellschaft als Glieder einer einheitlichen und sozial gleichartigen Assoziation von Werktätigen sozialökonomisch gleichgestellt.

Infolge der Aneignung der Mehrprodukts durch die gesamte Gesellschaft verändern sich der Charakter und die Quellen für die Bildung der Ressourcen bei den einzelnen Produktionseinheiten grundlegend. Eine Besonderheit der sozialistischen Produktionsverhältnisse besteht vor allem darin, daß die Mittel der Betriebe anfangs von der gesamten Gesellschaft bereitgestellt werden. Diese Methode der Fondsbildung bedeutet nicht nur, daß die Grenzen der individuellen oder assoziierten Kapitale, die zugleich die Grenzen der kapitalistischen Reproduktion darstellen, gesprengt werden, sondern daß die gesellschaftlichen Bedürfnisse von vornherein berücksichtigt werden und ihre Befriedigung dadurch gesichert ist, daß die Produktion im Rahmen der gesamten Gesellschaft organisiert wird.

Auf den ersten Blick kann es den Anschein haben, daß die Organisation der Produktion durch die gesamte Gesellschaft, wobei die Mittel der einzelnen Betriebe von vornherein aus den Ressourcen der Gesellschaft gebildet werden, eine charakteristische Besonderheit der Produktionsverhältnisse im Rahmen der staatlichen Form des sozialistischen Eigentums darstellt. Bei der kollektivwirtschaftlichen Produktionsform werden die wichtigsten ökonomischen Prozesse aus Mitteln der einzelnen Kollektivwirtschaften realisiert. Das zeigt aber nur die äußeren Erscheinungsformen für die inneren Beziehungen der sozialistischen Produktion.

Die kollektivwirtschaftliche Produktionsform hebt nicht die grundlegenden Gesetzmäßigkeiten der ökonomischen Verhältnisse der sozialistischen Gesellschaft auf, vor allem wenn es sich um solche grundlegenden Merkmale des sozialistischen Typs von Produktionsverhältnissen handelt, die deren eigentliches Wesen bestimmen. Die Tatsache, daß die Mittel der einzelnen Betriebe aus den Ressourcen der gesamten Gesellschaft aufgebracht werden, gehört gerade zu diesen Merkmalen.[10] Die kollektivwirtschaftliche Form unterscheidet sich von der staatlichen Form des sozialistischen Eigentums nicht von ihrem Wesen her, denn dieses charakterisiert die genossenschaftliche Form auch als sozialistischen Typ von Eigentumsverhältnissen, sondern nur von der Erscheinungsform her. Deshalb kann es sich auch nicht um grundlegende Unterschiede, sondern nur um Besonderheiten im Rahmen der Gesamtheit der wesentlichen Beziehungen handeln. Daher steht die These, wonach der Reproduktionsprozeß in den Kollektivwirtschaften ausschließlich aus Mitteln der einzelnen Kollektivwirtschaften erfolgt, in Widerspruch zu den realen Verhältnissen der sozialistischen Produktion. Vom Beginn der Umgestaltungen in der Landwirtschaft der UdSSR bis in die Gegenwart übt der Sowjetstaat als Organ der gesamten Gesellschaft konsequent

[10] Die konkreten Besonderheiten, die sich ergeben, wenn die Produktion durch die gesamte Gesellschaft organisiert wird, und die daraus resultieren, die Verwendung dieser Mittel durch die einzelnen Wirtschaftseinheiten in ökonomischer Hinsicht möglichst effektiv zu stimulieren, wie z. B. die Durchführung von Investitionen auf Kreditbasis, bestätigen nur die Feststellung, daß die Ressourcen der gesamten Gesellschaft von vornherein die Quelle für die Bildung der Mittel der einzelnen Betriebe sind.

die Funktion der Produktionsorganisation aus, die ein Hauptmerkmal des sozialistischen Typs von Produktionsverhältnissen darstellt.

Es kann sich erstens um besondere Formen handeln, um diese Funktion in Anpassung an den genossenschaftlichen Sektor der Wirtschaft zu realisieren, und zweitens um die realen Möglichkeiten, über die der Staat in den verschiedenen Etappen des sozialistischen Aufbaus verfügte. Aber beides darf nicht von der Hauptsache ablenken, wonach die Beziehungen im Rahmen der gesamten Volkswirtschaft eine Einheit bilden und es grundsätzliche Prinzipien für die sozialistische Organisation der Produktion gibt, in welchen konkreten Formen sie auch verwirklicht werden mögen. Deshalb ist unseres Erachtens die Auffassung falsch, daß die gesamtgesellschaftlichen Eigentumsverhältnisse auf das staatliche sozialistische Eigentum begrenzt sind. Hier wird der juristische Eigentumsbegriff mit dessen ökonomischem Inhalt verwechselt. Geht man nur von letzterem aus, so sind die Wirtschaftsbeziehungen innerhalb des staatlichen Sektors der Volkswirtschaft ihrem Wesen nach mit den Wirtschaftsbeziehungen im genossenschaftlichen Sektor gleichartig. Dieses grundlegende Merkmal der sozialistischen Beziehungen kann vor allem durch die Bewegung des Mehrprodukts bestimmt werden. Nicht von ungefähr sah W. I. Lenin in der Aneignung des Mehrprodukts durch alle Werktätigen ein außerordentlich wichtiges Merkmal, das die sozialistischen Produktionsverhältnisse von den antagonistischen ökonomischen Gesellschaftsformationen unterscheidet.[11]

Es bedarf keines Nachweises, daß sowohl das von den Werktätigen in den staatlichen Betrieben als auch das von den Kolchosbauern geschaffene Mehrprodukt in seinem überwiegenden Teil vom Sowjetstaat akkumuliert und entsprechend den Bedürfnissen der gesamten Gesellschaft verwendet wird. Außerdem wendet der Sowjetstaat gegenwärtig beträchtliche Mittel zur Entwicklung der Landwirtschaft, insbesondere der Kollektivwirtschaften, auf.

Nachstehend einige Zahlen hierzu. Beliefen sich die Investitionen in der Landwirtschaft 1961—1965 auf 19,6% aller Investitionen in der gesamten Volkswirtschaft, so lagen sie 1966—1970 bei 23,2 und 1971—1975 bei 26,2%. Auch im zehnten Planjahrfünft wachsen die Investitionen in die Landwirtschaft rascher als die der gesamten Volkswirtschaft. Die gesamten Investitionen in die Volkswirtschaft steigen von 1976—1980 um 24—26%, während sie in der Landwirtschaft um 31% zunehmen.[12] Außerdem erhält die Landwirtschaft beträchtliche Zuweisungen, um die technische Ausstattung zu vervollkommnen und die Agrokultur zu verbessern. Sowohl die gesellschaftlichen Einnahmen der Kollektivwirtschaften als auch die persönlichen Einkommen der Kolchosbauern wachsen rasch. In beiden Fällen lag das Wachstumstempo in den letzten 15 Jahren bedeutend über dem der landwirtschaftlichen Produktion und der Arbeitspro-

[11] Vgl. Leninskij sbornik, Bd. XI, Moskva 1930, S. 381/382.

[12] Vgl. G. Loza/I. Kurcev, Rost proizvoditel'nych sil sel'skogo chozjajstva v desjatoj pjatiletke, in: Voprosy ėkonomiki, 7/1976, S. 68.

duktivität in diesem Zweig. Man darf aber die staatliche und die kollektivwirtschaftliche Form der sozialistischen Produktionsverhältnisse nicht gleichsetzen. Sie unterscheiden sich in ihrem Reifegrad, auch wenn sie ihrem Wesen nach gleichartig sind, und diese Unterschiede sind in der Wirtschaftspolitik zu beachten. Doch diese Unterschiede beziehen sich auf die Formen, in denen sich die wesentlichen Beziehungen der sozialistischen Produktion realisieren, nicht dagegen auf deren eigentliches Wesen.

Die Aneignung des überwiegenden Teils des Mehrprodukts durch die gesamte Gesellschaft macht es nicht nur möglich und erforderlich, daß die gegenständlichen Produktionsfaktoren ursprünglich aus Mitteln der Gesellschaft gebildet werden. Einen wesentlichen Bestandteil bildet dabei auch die Reproduktion des persönlichen Faktors aus Mitteln der Gesellschaft.[13] Im Sozialismus zeigt sich das vor allem darin, daß die Gesellschaft Aufgaben übernimmt, denen gesamtstaatliche Bedeutung zukommt. Dazu rechnen die allgemeinen Voraussetzungen, die die Reproduktion des persönlichen Faktors sichern, wie Volksbildung, Gesundheitswesen, Sozialfürsorge, vor allem der Schutz von Mutter und Kind. Diese Bedürfnisse werden unmittelbar aus Mitteln der Gesellschaft befriedigt. Auch bei einer weiteren Gruppe von Bedürfnissen, die eine notwendige Voraussetzung für die Reproduktion der Arbeitskraft bilden, wie der Sicherung entsprechender Arbeitsbedingungen im gesamtstaatlichen Rahmen, der Art und Weise der Entlohnung, dem extensiven und intensiven Faktor des Arbeitszeitaufwandes usw., hat die Gesellschaft entscheidenden Anteil, obwohl die Mittel der Gesellschaft nicht die unmittelbare Quelle zur Befriedigung dieser Bedürfnisse sind.

Die grundlegende Veränderung in der Bewegungsform des Mehrprodukts veränderte damit auch wesentlich die Bewegung der anderen Strukturelemente des Produkts, in denen sich die inneren Zusammenhänge der sozialistischen Produktion materiell widerspiegeln. Die hier untersuchte Bewegungsform der Strukturelemente des Produkts bringt in der sozialistischen Gesellschaft jene Seite der Produktionsverhältnisse zum Ausdruck, die bereits Züge aufweist, wie sie für beide Phasen der kommunistischen Gesellschaftsformation gelten. Diese Form kennzeichnet die Herausbildung einer das gesamte Volk einschließenden Kooperation der Arbeit[14], die dadurch charakterisiert ist, daß alle Mitglieder der Gesellschaft unmittelbar zusammenarbeiten, die sozialökonomischen Unterschiede in der Arbeit überwunden werden und eine völlige sozialökonomische Gleichheit hergestellt wird.

Aber die für den Sozialismus eigentümlichen Produktionsbeziehungen beschränken sich nicht auf die hier dargestellten Formen. Die sozialistische Phase

[13] Die unmittelbare Quelle dieser Art der Reproduktion ist allerdings nicht das Mehrprodukt, sondern das notwendige Produkt.

[14] Hier wird die gesamtgesellschaftliche Kooperation der Arbeit unter dem Gesichtspunkt ihres spezifisch ökonomischen Inhalts als charakteristisches Merkmal des ökonomischen Systems der kommunistischen Produktionsweise untersucht.

des Kommunismus weist bestimmte Besonderheiten auf, die sie vom reifen Kommunismus unterscheiden. Diese Seite der ökonomischen Struktur des Sozialismus zeigt sich auch in den Bewegungsformen der Strukturelemente des von den sozialistischen Betrieben erzeugten Produkts, und zwar hinsichtlich der darin vergegenständlichten Arbeit. Welche Bewegungsform des Mehrprodukts kennzeichnet nun die Besonderheiten des Sozialismus?

Die charakteristische Besonderheit des Mehrprodukts besteht vor allem darin, daß ein bestimmter Teil davon nicht unmittelbar dem sozialistischen Staat zufließt, sondern einzelnen Produktionseinheiten zur Verfügung steht und im Interesse ihrer Kollektive genutzt wird. Diese Form zeigt ein sehr wesentliches Merkmal der ökonomischen Beziehungen des Sozialismus, nämlich das Vorhandensein einer Kooperation der Arbeit, deren Rahmen vom kollektiven ökonomischen Interesse der einzelnen Produktionseinheiten bestimmt wird und die nicht mit dem Interesse des gesamten Volkes identisch ist. Dieser Aspekt der Beziehungen zeigt sich natürlich nicht nur in der jeweiligen Bewegungsform des Mehrprodukts. Er kommt außerdem in der spezifischen Bewegungsform zum Ausdruck, die den überwiegenden Teil des notwendigen Produkts auszeichnet und die die spezifische Form des Lohnes und der Arbeitsvergütung in den Kollektivwirtschaften aufweist. Außerdem (und das ist sehr wesentlich) weist derjenige Teil der Struktur des Produkts eines Betriebes eine gewisse Besonderheit in seiner Bewegung auf, der sich aus den verbrauchten Elementen der vergangenen Arbeit zusammensetzt. Dieser Teil wird ebenso wie der dem Lohn entsprechende Teil ersetzt, sobald die einzelnen Betriebe ihre Produkte gegen Geld realisieren, und stellt deshalb einen Teil ihres Erlöses dar. Dieser Teil ersetzt die Aufwendungen des Betriebes, die die untere Grenze für die Fortsetzung der Wirtschaftstätigkeit des Betriebes bilden.

Da die Beziehungen der Betriebe in der sozialistischen Produktion relativ selbständig sind, was in den spezifischen Bewegungsformen der Elemente des Produkts zum Ausdruck kommt, nimmt das Mehrprodukt in seiner Bewegung verschiedene Formen an, nämlich die Form des Gewinnes der Industriebetriebe, der Handelsspanne, der Kreditzinsen und der Differentialrente, die Teile des Nettoprodukts sind. Hier zeigt sich nicht nur eine bestimmte Selbständigkeit der Produktionsbetriebe in den verschiedenen produzierenden Bereichen, sondern darüber hinaus auch eine relative Selbständigkeit der verschiedenen Bereiche des Reproduktionsprozesses. Somit sind die verschiedenen Formen, in denen das Mehrprodukt in seiner Bewegung auftritt, Formen seiner ökonomischen Modifizierung.

Diese Besonderheit in der Bewegung der Strukturelemente des Produkts zeigt, daß im Rahmen der einzelnen Betriebe eine Kooperation der Arbeit mit dem entsprechenden ökonomischen Interesse besteht, woraus sich die Besonderheiten in den sozialistischen Produktionsverhältnissen im Rahmen der gesamten Gesellschaft, nicht aber im Rahmen einer bestimmten Form der sozialistischen Produktionsverhältnisse ergeben. Diese ist also sowohl für die Beziehungen im Rahmen der staatlichen (volkseigenen) Form des sozialistischen Eigentums als auch der genossenschaftlichen Form charakteristisch. Deshalb können natürlich solche Besonderheiten in den sozialistischen Produktionsverhältnissen in verschiedenen Bereichen auftreten. Diese Besonderheiten ändern aber nichts am allgemeinen Wesen. Das besteht eben darin, daß sowohl die staatliche als auch die genossenschaftliche Form des sozialistischen Eigentums ihrem Inhalt nach, der den sozialökonomischen Wirtschaftstyp kennzeichnet, gleichartige Formen sind, die sowohl Elemente der gesamtgesellschaftlichen Kooperation der Arbeit als auch Elemente der kollektiven Kooperation der Arbeit vereinigen und ihren ökonomischen Interessen entsprechen. Eine solche Gleichartigkeit kann nur festgestellt werden, wenn man die Bewegungsformen der Strukturelemente des Produkts der sozialistischen Betriebe analysiert. Durch eine solche Analyse kann man den inneren Aufbau der ökonomischen Beziehungen der sozialistischen Gesellschaft erkennen. Andernfalls muß sich deren Erforschung zwangsläufig vorwiegend auf die politischen und juristischen Ausdrucksformen und auf die Untersuchung konkreter Wirtschaftsakte beschränken.

Untersucht man die Bewegung der Strukturelemente des Produkts bzw. die politischen und rechtlichen sowie wirtschaftsorganisatorischen Formen der Produktionsverhältnisse, so sind die Ergebnisse keinesfalls identisch. Im ersteren Fall sind sowohl die gesamtgesellschaftliche als auch die kollektivwirtschaftliche Form der sozialistischen Produktionsverhältnisse ihrem konkreten Wesen nach als gleichartiger Typ von Produktionsverhältnissen determiniert. Dieser ist dadurch charakterisiert, daß die gesamtgesellschaftliche Kooperation der Arbeit und die Elemente der kollektiven Kooperation miteinander verbunden und verflochten sind und in ihrer Entwicklung den gleichen ökonomischen Gesetzen unterliegen, die die bestimmende Rolle derjenigen Produktionsverhältnisse begründen, die für beide Phasen der kommunistischen Gesellschaftsformation gelten. Untersuchen wir das Wesen der ökonomischen Struktur des Sozialismus und abstrahieren von den Eigentumsobjekten, so kommt man zu einem anderen Ergebnis. Es stellt sich heraus, daß die gesamtgesellschaftliche und die genossenschaftliche Form des sozialistischen Eigentums ihrem konkreten Wesen nach, das vom Charakter dieser Objekte bestimmt wird, unterschiedlich sind. Ihre Einheit erscheint nicht als konkret-historisches Wesen, sondern ist allgemein-abstrakt. In diesem Fall wird meistens darauf hingewiesen, daß beide Formen zugleich Formen des gesellschaftlichen Eigentums darstellen, das eine Ausbeutung ausschließt. Betrachtet man deren Einheit aber unter diesem Aspekt, so erscheint sie allgemein-abstrakt, denn ihr Inhalt bestimmt nicht den Zustand der ökonomischen Formen in der sozialistischen Entwicklungsphase des Kommunismus, sondern weist auf etwas Allgemeines hin, das allen unmittelbar assoziierten Produktionsformen gemeinsam ist.

Im ersten Fall erkennen wir tatsächlich die innere Basis für die Einheit der verschiedenen Formen der sozialistischen Produktion und können deshalb auch deren Unterschied definieren. Im zweiten Fall stehen demgegenüber notwendigerweise die Unterschiede in den beiden Formen der sozialistischen Produktionsverhältnisse im Vordergrund, und zwar so, daß nicht zu erkennen ist, warum trotz dieser Unterschiede die gleichen ökonomischen Gesetze im Rahmen der gesamten Gesellschaft wirken. Deshalb kann man kaum den Ökonomen zustimmen, die davon ausgehen, daß die ökonomischen Formen der sozialistischen Produktion von ihrem eigentlichen Inhalt her den ökonomischen Verhältnissen adäquat sind, die in den Kategorien des Eigentums an den Produktionsmitteln ausgedrückt werden. Im Grunde genommen geht es darum, daß wir im ersten Fall den Inhalt der inneren, eigentlichen Zusammenhänge der sozialistischen Produktion bestimmen können, während diese Zusammenhänge im zweiten Fall so in Erscheinung treten, wie sie sich in ihren politisch-rechtlichen und konkret-wirtschaftlichen Ausdrucksformen zeigen.

Dabei handelt es sich jedoch um verschiedene Zusammenhänge. Geht man allerdings davon aus, daß die Form des Eigentums an den Produktionsmitteln einen Faktor darstellt, der alle anderen Beziehungen bestimmt, so müßte in diesem Fall die staatliche (gesamtgesellschaftliche) Form des sozialistischen Eigentums eine solche Bewegungsform des Mehrprodukts auslösen, daß dieses völlig in den Händen des Sowjetstaates akkumuliert würde. Andererseits müßte die genossenschaftliche Form eine solche Bewegungsform des Mehrprodukts auslösen, daß dieses völlig den einzelnen Kollektivwirtschaften zur Verfügung stünde. Demgegenüber ist aber die Bewegung des Mehrprodukts in Wirklichkeit eine grundsätzlich andere. Und das bedeutet, daß wir aufgrund des Eigentums an den Produktionsmitteln, wie es sich in den politisch-rechtlichen und wirtschaftlich-organisatorischen Formen widerspiegelt, nicht die eigentlichen Zusammenhänge der sozialistischen Produktion begreifen können. Nur wenn wir diese Zusammenhänge erkennen, indem wir die Bewegung der Strukturelemente des Produkts analysieren, können wir den ökonomischen Inhalt des sozialistischen Eigentums definieren und erklären, wieso dieser Inhalt in Wirklichkeit in verschiedenen Formen auftritt.

Untersucht man die Produktionsverhältnisse und geht dabei von den Bewegungsformen der Strukturelemente des Produkts aus, so lassen sich nicht nur die im System der ökonomischen Struktur des Sozialismus vorhandenen Beziehungen feststellen, die sowohl die gesamtgesellschaftliche Kooperation der Arbeit als auch jene Kooperation umfassen, die nur einzelne Bereiche des gesellschaftlichen Produktionsprozesses betrifft, sondern man kann auch die wechselseitigen Beziehungen dieser unterschiedlichen Seiten klären. Diese Momente sind keineswegs irgendwelche völlig selbständige und voneinander unabhängige Formen, sondern nur verschiedene Seiten eines einheitlichen Systems von Beziehungen.

Das bedeutet, daß die Elemente einer gewissen wirtschaftlichen Selbständigkeit, die in ökonomischer Hinsicht die Kooperation der Arbeit im Rahmen der einzelnen Betriebe charakterisieren, relativen Charakter tragen. Das zeigt sich darin, daß die Produktionskosten, die den Produktionsaufwand widerspiegeln, zwar getrennt und selbständig erfaßt werden, aber trotzdem einen Teil des Aufwands der gesamten Gesellschaft darstellen. Das trifft besonders auf jenes Element der Produktionskosten zu, das den Aufwand an vergegenständlichter Arbeit zum Ausdruck bringt.

Das zuletzt angesprochene Element ist zwar auch ein Teil der Kosten der von den einzelnen Betrieben hergestellten Produktionsmittel, doch erstens wurden diese Aufwendungen ursprünglich nicht mit den Mitteln des einzelnen Betriebes, sondern aus denen der gesamten Gesellschaft bestritten, und zweitens ist der Preis für das Produkt des Betriebes, aus dem diese Kosten zu decken sind, im voraus bekannt, da er von der gesamten Gesellschaft festgelegt wird. Drittens erwirbt der Betrieb die gegenständlichen Elemente, die die verbrauchten Produktionsmittel ersetzen, ebenfalls zu Preisen, die von der Gesellschaft festgelegt wurden und den Betrieben im voraus bekannt sind. Viertens wird der Ersatz dieser Aufwendungen von der Gesellschaft kontrolliert. Und fünftens gewährt die Gesellschaft erforderlichenfalls dem einzelnen Betrieb Unterstützung aus Mitteln der Gesellschaft, um den Aufwand für die vergegenständlichte Arbeit zu ersetzen, insbesondere wenn es darum geht, diese auf der Basis neuer Technik zu ersetzen.

Das hier Gesagte betrifft in vollem Maße auch ein solches Kostenelement des Betriebes wie den Lohn. Bei voller wirtschaftlicher Selbständigkeit tritt ein solches Strukturelement des Produkts, wie es der Lohn ist, als Aufwand des einzelnen Betriebes in Erscheinung. In der sozialistischen Produktion zeigt sich die Begrenztheit und Relativität der wirtschaftlichen Selbständigkeit darin, daß dieses Element nicht nur als Aufwand, sondern zugleich auch als Einkommen auftritt. Es hat also — um es anders auszudrücken — ökonomisch einen Doppelcharakter.

Beim Mehrprodukt zeigt sich besonders deutlich, daß die Selbständigkeit der einzelnen Betriebe begrenzt ist. Bei völliger Selbständigkeit würde dieses Element voll beim Betrieb verbleiben. Würde es umverteilt werden, wie dies bei einer Konkurrenz zwischen den Produktionszweigen der Fall ist, so bildet sich in diesem Fall ein gesellschaftliches Normativ des Mehrprodukts in Form des Durchschnittsprofits für jede Aufwandseinheit heraus. Die einzelnen Betriebe eignen sich einen Teil des gesamten Mehrprodukts aufgrund dieses Normativs an. Die sozialistische Gesellschaft kennt kein solches Normativ, das die Amortisationsrate der Ivestitionen reguliert und für alle Zweige einheitlich ist und somit die Produktionstätigkeit der einzelnen Wirtschaftseinheiten regelt. Die Tatsache, daß es keine solche Norm als Regulator gibt, die die Richtung der Investitionen bestimmt, zeigt, daß hier völlig andere Gesetze wirken. Damit ist auch die Selbständigkeit begrenzt, unvollständig, relativ und den Beziehungen der gesamtgesellschaftlichen Kooperation untergeordnet, doch darf man sie in der Wirtschaftspolitik nicht ignorieren oder unterschätzen.

Wenn die auf die einzelnen Betriebe beschränkten Beziehungen der Kooperation der Arbeit untergeordneten Charakter tragen und die Interessen der einzelnen Kollektive nicht die Hauptentwicklungstendenzen des Sozialismus widerspiegeln, so zeigt doch das Vorhandensein dieser Beziehungen und der diesen entsprechenden Interessen, daß auch die gesamtgesellschaftlichen Interessen, die die Beziehungen der gesamtgesellschaftlichen Kooperation zum Ausdruck bringen, zwar die herrschenden und bestimmenden sind, aber doch noch nicht als restlos entwickelt bezeichnet werden können. Sie sind noch nicht voll herausgebildet, sie sind in der Herausbildung begriffen und können deshalb auch noch nicht die allein existierenden sein. Das muß sich auch auf die ökonomischen Kategorien und ökonomischen Gesetze der sozialistischen Entwicklungsphase auswirken, die die erste Stufe der ökonomischen Reife des Kommunismus charakterisieren.

Das hat grundsätzliche methodologische Bedeutung für die Erforschung der ökonomischen Formen des Sozialismus. Dabei müssen wir uns streng an bestimmte Grenzen der Abstraktion halten, worüber weiter unten noch gesprochen wird.

Das sind die — sehr allgemeinen — Ergebnisse, wenn man die Bewegung der Elemente der Produktionsstruktur des Produkts in der sozialistischen Produktion untersucht, um die wesentlichen Merkmale der Produktionsverhältnisse der sozialistischen Gesellschaft zu erforschen.

3. Der sozialistische Produktionsprozeß

Die Untersuchung der Bewegung des Produkts und seiner Elemente vermittelt eine sehr allgemeine Vorstellung von der vorhandenen ökonomischen Struktur der Produktion. Aber sie widerspiegelt deren eigene Entwicklung, denn die Bestimmung der Struktur setzt — genau genommen — nicht voraus, daß die Triebkräfte dieser Entwicklung bestimmt werden, da sie selbst diese inneren Gesetzmäßigkeiten ihrer eigenen Entwicklung reproduziert. Deshalb kann man sich bei der Untersuchung der voll herausgebildeten Strukturen darauf beschränken, jene Momente zu untersuchen, die durch die Bewegung des Produkts und seiner Elemente realisiert werden. Da der Sozialismus aber die erste Phase der kommunistischen Produktionsweise darstellt, ist die Bewegung seiner ökonomischen Struktur zugleich die Genesis der Struktur des reifen Kommunismus. Die Darstellung der strukturellen Zusammenhänge des Sozialismus darf sich deshalb nicht nur darauf beschränken, die Bewegung des Produkts zu untersuchen, sondern muß direkt mit der Dialektik des sozialistischen Produktionsprozesses verknüpft sein, d. h., es ist die Dialektik von gegenständlichen und persönlichen Faktoren, das Wesen des Produktionsprozesses usw. zu analysieren.

Zu diesem Problem liegt eine Vielzahl von Veröffentlichungen vor. Hier wollen wir uns nur mit denjenigen Aspekten befassen, die sich unmittelbar aus der allgemeinen Logik dieser Arbeit ergeben und zu ihrer Problematik gehören. Deshalb werden wir den sozialistischen Produktionsprozeß vor allem in bezug auf seine strukturell-genetischen Beziehungen analysieren. Das ist vor allem deshalb notwendig, um in jedem seiner Momente sowohl diejenigen Beziehungen aufzudecken, die darauf gerichtet sind, den betreffenden Zustand in seiner Ganzheit zu festigen, als auch jene Beziehungen, die unmittelbar darauf abzielen, daß sie zu wirklich kommunistischen Beziehungen zusammenfließen.

In erster Linie geht es darum, das ökonomische Wesen der gegenständlichen Faktoren des sozialistischen Produktionsprozesses zu bestimmen. Untersucht man die gegenständlichen Bedingungen des Produktionsprozesses beim einfachen Arbeitsprozeß, so sind diese in keiner Weise sozial determiniert. Sie sind nichts weiter als Produktionsmittel. Im wirklich gesellschaftlichen Produktionsprozeß, der stets in konkret-historischer Form auftritt, sind die Produktionsmittel dagegen sozial determiniert. Sie sind die Träger bestimmter sozialer Funktionen und zugleich der materielle Faktor ihrer Realisierung. Das gilt in vollem Umfang auch für die Produktionsmittel der kommunistischen Gesellschaft. Es geht hierbei nicht nur darum, daß sie im statischen Zustand, sondern auch — was besonders wichtig ist — in ihrer historischen Dynamik sozial determiniert sind.

Dieser Umstand hat grundsätzliche Bedeutung, wenn man die Gesetzmäßigkeiten bei der Herausbildung der materiell-technischen Basis des Kommunismus untersucht. In der Literatur erhält die Untersuchung dieses Problems gelegentlich einen technischen Akzent. So wird z. B. behauptet, daß die materiell-technische Basis des Kommunismus bedeutet, die Produktionsprozesse völlig zu automatisieren, was nicht nur automatisierte Anlagen, sondern auch eine grundsätzliche Veränderung der Technologie, der Kontroll- und Steuerungsmethoden für die Produktion usw. voraussetzt. Das ist allgemein gesehen natürlich richtig. Doch ist auch das soziale Moment zu berücksichtigen. Die Schaffung der materiell-technischen Basis des Kommunismus setzt voraus, daß sowohl technische als auch sozialökonomische Probleme gelöst werden. In bezug auf die gegenständlichen Produktionsfaktoren der kommunistischen Gesellschaft besteht die Aufgabe vor allem darin, deren soziale Form zu klären, denn gerade sie zeichnet sie als Produktionsmittel einer historisch bestimmten Gesellschaft aus.

Ein sehr charakteristisches Merkmal im ökonomischen Wesen der gegenständlichen Produktionsfaktoren der kommunistischen Gesellschaft besteht darin, daß sie nicht mehr dem Arbeiter gegenüberstehen und dieser ausgenutzt wird, um die in ihnen vergegenständlichte Arbeit zu vermehren, sondern daß sie ein Mittel sind, die lebendige Arbeit wirksam werden zu lassen. Beim sozialistischen Produktionsprozeß verändert sich also grundsätzlich das gegenseitige Verhältnis von lebendiger und vergegenständlichter Arbeit, denn er zielt nicht darauf ab, letztere zu vermehren, sondern vielmehr die lebendige Arbeit, die Tätigkeit des Menschen, umfassend zu entwickeln. Damit verändert sich auch die sozialökonomische Qualität der gegenständlichen Produktionsfaktoren grundlegend. Im Kapitalismus hatten sie nur insoweit eine soziale Form, als sie dazu dienten, ökonomischen Zwang zur Arbeit auszuüben, d. h. in dem Umfang, wie sie sich als fixes Kapital realisierten.

Demgegenüber ist die kommunistische Produktion kein Produktionssystem im ökonomischen Sinne dieses Begriffs; es handelt sich vielmehr um ein sozialökonomisches System. Je umfassender die kommunistischen Produktionsverhältnisse entwickelt sein werden, desto umfassender wird sich das soziale Element entwickeln, das aus der Notwendigkeit resultiert, die persönlichen Fähigkeiten des Menschen zu entwickeln. Dieser Grundsatz bildet die bestimmende Komponente für das von den Klassikern des Marxismus ausgearbeitete theoretische Modell des Kommunismus. Als Marx die Stellung und Rolle des Menschen im Produktionsprozeß der kommunistischen Gesellschaft charakterisierte, stellte er fest, daß der Arbeiter neben den Produktionsprozeß tritt, statt sein Hauptagent zu sein. In dieser Umwandlung ist es weder die unmittelbare Arbeit, die der Mensch selbst verrichtet, noch die Zeit, die er arbeitet, sondern die Aneignung seiner eigenen allgemeinen Produktivkraft, sein Verständnis der Natur und die Beherrschung derselben durch sein Dasein als Gesellschaftskörper — kurzum die Entwicklung des gesellschaftlichen Individuums, die als der große Grundpfeiler der Produktion und des Reichtums erscheint.[15] Unter Hinweis auf diese Feststellung betonte W. I. Lenin die Notwendigkeit, die Produktion „auf Rechnung der *gesamten* Gesellschaft" zu organisieren, und zwar, „um die allseitige Entwicklung der Persönlichkeit zu sichern"[16]. Das Hauptkriteritum, das das Wesen der gegenständlichen Produktionsbedingungen im Rahmen der gesamten kommunistischen Gesellschaftsordnung charakterisiert, besteht darin, daß diese die Beziehungen einer freien und allseitigen Persönlichkeitsentwicklung verkörpern.

Ein wichtiges Problem, das gesondert zu untersuchen ist, besteht darin, die konkreten Parameter zu bestimmen, die die sozialökonomische Funktion der gegenständlichen Produktionsbedingungen im Sozialismus charakterisieren. In diesem Zusammenhang sollen nur einige, aber sehr wesentliche Formen hervorgehoben werden, in denen diese soziale Funktion zum Ausdruck kommt. Erstens werden, wenn neue Produktionsbedingungen im Sozialismus geschaffen werden, die gesellschaftlichen Bedürfnisse planmäßig berücksichtigt; zweitens ist es notwendig, mit der Herausbildung der neuen Struktur der gegenständlichen Faktoren die Produktivität der gesamten gesellschaftlichen Arbeit zu erhöhen, was die Einsparung sowohl von vergangener als auch von lebendiger Arbeit einschließt; drittens müssen neue Produktionsmittel gewährleisten, daß sich die Arbeitsbedingungen wesentlich verändern und die Arbeit aus einem Mittel des Existenzerwerbs zum ersten Lebensbedürfnis wird, was im Prinzip eine Erhöhung der Schöpferkraft des arbeitenden Menschen bedeutet. Und viertens schließlich macht es der gesellschaftliche Fortschritt erforderlich, daß sich im Sozialismus im Bereich der gegenständlichen Produktionsbedingungen ein System herausbildet, das die Stellung des Menschen in der gesellschaftlichen Produktion grundsätzlich verändert und dieser aus einem unmittelbaren Agenten des technologischen Prozesses zu dessen Kontrolleur und Beherrscher wird.

Diese Momente charakterisieren die wesentlichen Aspekte des vom XXIV. Parteitag der KPdSU ausgearbeiteten sozialökonomischen Programms, das auf dem XXV. Parteitag weiterentwickelt wurde und den Inhalt der ökonomischen Strategie der Kommunistischen Partei der Sowjetunion in der gegenwärtigen Etappe

[15] Vgl. K. Marx, Grundrisse der Kritik der Politischen Ökonomie (Rohentwurf), Berlin 1953, S. 593.

[16] W. I. Lenin, Bemerkungen zum zweiten Programmentwurf Plechanows, in: Werke, Bd. 6, Berlin 1956, S. 40.

des kommunistischen Aufbaus in der Sowjetunion bestimmt. Das kann auch nicht anders sein, „da die Hauptlosung der Partei und des Sowjetstaates bei der Aufstellung aller unserer Pläne die Losung ‚Alles für den Menschen, alles für das Wohl des Menschen' war und bleiben wird"[17].

Diese Richtung der gesellschaftlichen Entwicklung bestimmt nicht nur die ökonomische Qualität der gegenständlichen Produktionsbedingungen, sondern bewirkt auch eine neue Form der Arbeitskraft.

Die Ökonomen, die die ökonomischen Beziehungen nach ihren juristischen Ausdrucksformen beurteilen, sehen das Problem der ökonomischen Form der Arbeitskraft im Sozialismus darin, daß der Charakter des Eigentums an ihr zu bestimmen ist, d. h. zu untersuchen, wer der Eigentümer der Arbeitskraft ist, nämlich die Gesellschaft oder deren einzelnes Mitglied. Wir sind der Auffassung, daß — ganz gleich, wie diese Frage beantwortet wird — wir von ihrer Beantwortung keine ausreichend exakte Definition der realen ökonomischen Beziehungen der sozialistischen Produktion erwarten können. Nehmen wir an, diese Frage werde dahingehend beantwortet, daß im Sozialismus die Gesellschaft Eigentümer der Arbeitskraft ist. Aber die Arbeitskraft ist stets die dem Individuum innewohnende Fähigkeit zur Arbeit. In diesem Falle wäre also die kommunistische Gesellschaft nicht eine Gemeinschaft freier Individuen, sondern ein Organ, das darüber steht und über die individuellen Fähigkeiten der Mitglieder der Gesellschaft unabhängig von deren persönlichen Vorstellungen verfügt. Eine solche Annahme hat aber nichts mit der kommunistischen Produktionsorganisation gemein, in der die freie und umfassende Entwicklung jedes einzelnen einen Hauptgrundsatz der Gesellschaft, die Hauptform ihres Reichtums darstellt.

Wenn wir davon ausgehen, daß in der kommunistischen Gesellschaft jedes einzelne Mitglied der Gesellschaft Eigentümer seiner Arbeitskraft ist, so schließt das aus, daß die Gesellschaft als Ganzes der Hauptagent des Produktionsprozesses ist. Die These, daß die Arbeitskraft im Sozialismus persönliches Eigentum darstellt, führt zwangsläufig zu der Schlußfolgerung, daß jedes einzelne Mitglied der Gesellschaft nur dadurch in Beziehungen zu den gesellschaftlichen Produktionsmitteln treten kann, indem es seine Arbeitskraft gegen die materiellen Mittel zu dessen Reproduktion eintauscht. Aber eine solche Annahme widerspricht zutiefst dem Wesen der kommunistischen Produktion.

Die Kategorie des Eigentums an der Arbeitskraft kann am allerwenigsten zu den ewigen Kategorien gerechnet werden. Sie ist ebenso historisch determiniert wie die Arbeitskraft. Das bedarf natürlich der Erläuterung.

Produktionsmittel, Arbeitskraft, Arbeit u. a. m. gehören zu den Begriffen, die den einfachen Arbeitsprozeß charakterisieren. Aber in dieser ihrer Qualität sind sie keine ökonomischen Kategorien. Bekanntlich ist nicht die Arbeit, sondern nur die gesellschaftliche Form der Arbeit, die gesellschaftliche Struktur der Arbeit oder das Verhältnis zwischen den an der gesellschaftlichen Arbeit teilnehmenden

[17] L. I. Breshnew, Auf dem Wege Lenins. Reden und Aufsätze, Bd. 4, Berlin 1975, S. 102.

Menschen eine politökonomische Kategorie. Das trifft auch auf die Arbeitskraft zu. Spricht man von der Arbeitskraft und vom Eigentum an ihr als von ökonomischen Kategorien, so geht es um den Inhalt, der sich wesentlich von dem unterscheidet, was in diesen Kategorien als Definitionen des einfachen Arbeitsprozesses ausgedrückt ist. Der Inhalt von politökonomischen Kategorien bringt das historische Moment zum Ausdruck. Als ökonomische Kategorie gehört die Arbeitskraft nur einer bestimmten historischen Epoche der gesellschaftlichen Produktion an, die eine genau determinierte Struktur der ökonomischen Beziehungen aufweist. Folglich ist die Arbeitskraft nicht an sich eine ökonomische Kategorie, nicht deshalb, weil das lebendige Individuum die Fähigkeit zur Arbeit aufweist, sondern es sind die Verhältnisse, die im Zusammenhang mit ihr entstehen, d. h. die gesellschaftliche Form der Arbeitskraft.[18]

Die Herausbildung der Arbeitskraft als ökonomische Kategorie ist das Ergebnis einer langen historischen Entwicklung. Sie ging einher mit der Zerstörung der ursprünglichen und der von diesen abgeleiteten Strukturen (Urgesellschaft, Sklavenhaltergesellschaft und Feudalismus).

Damit die Arbeitskraft zum Objekt eines ökonomischen Verhältnisses werden konnte, muß sich ihr Träger, nämlich das lebendige Individuum, zu den objektiven Bedingungen seiner Tätigkeit ebenso wie zu den Ergebnissen seiner Arbeit verhalten, und nicht wie zu Voraussetzungen, die von der Natur geschaffen wurden. Aber in dem Maße, wie dieses Verhältnis entsteht, wird es nicht durch den natürlich entstandenen Zusammenhang der Individuen vermittelt, wie durch das Geschlecht, den Stamm, die Gens, sondern durch einen vermittelten Zusammenhang, nämlich die Bewegung des Arbeitsprodukts, denn letzteres tritt als objektivierte Form der Arbeit in Erscheinung und ist deren gegenständliche Voraussetzung, eine objektive Vorbedingung, eine durch die Arbeit selbst geschaffene Voraussetzung.

Doch in den vorbürgerlichen Gesellschaftsstrukturen, besonders in der gentilen Gesellschaftsstruktur, erscheint „die Hauptobjektive Bedingung der Arbeit ... nicht selbst als *Produkt* der Arbeit, sondern findet sich vor als *Natur*“[19]. Unter diesen Bedingungen verhält sich der Werktätige „zu den objektiven Bedingungen der Arbeit als den seinen; zu ihnen, als der unorganischen Natur seiner Subjektivität, worin diese sich selbst realisiert“.[20]

Dieses Verhältnis setzt voraus, daß das Individuum von Anfang an in den natürlich entstandenen gesellschaftlichen Zusammenhang im Rahmen des Geschlechts, des Stammes und der Gens eingeschlossen ist, der die Hauptproduktivkraft darstellt und mit dessen Hilfe die Reproduktion als Individuum erfolgt. Es reproduziert sich als Individuum nur insoweit, wie sich dieses natürliche Gemeinwesen reproduziert. Hier kann die Arbeitskraft des Individuums nicht zum Objekt eines ökonomischen Verhältnisses werden, weil sie sich nicht im Produkt

[18] Vgl. Voprosy ėkonomiki, 5/1965.

[19] K. Marx, Grundrisse der Kritik der Politischen Ökonomie (Rohentwurf), a. a. O., S. 384.

[20] Ebenda.

realisiert, da nicht das Produkt, nicht das Resultat der Arbeit, sondern das Individuum selbst als Mitglied des Gemeinwesens das Ergebnis der Produktion darstellt. Damit die Arbeitskraft des Menschen zum Träger eines ökonomischen Verhältnisses wurde, muß nicht er selbst das Ergebnis seiner Tätigkeit sein, sondern irgend etwas von ihm Verschiedenes, also ein Produkt bzw. eine Sache, und zwar eine solche Sache, die ihrerseits wieder als Voraussetzung der Arbeit in Erscheinung treten konnte.

Die Tatsache, daß es nicht möglich ist, daß sich die Arbeitskraft in das Objekt eines ökonomischen Verhältnisses verwandelt, beschränkt sich jedoch nicht auf die gentile Gesellschaftsstruktur. Das findet auch in der Sklaverei und im Feudalismus statt. Wie Karl Marx bemerkt, wird „ein Teil der Gesellschaft . . . von dem andren selbst als bloß *unorganische und natürliche* Bedingung seiner eignen Reproduktion behandelt. Der Sklave steht in gar keinem Verhältnis zu den objektiven Bedingungen seiner Arbeit; sondern die *Arbeit* selbst, sowohl in der Form des Sklaven, wie der des Leibeigenen, wird als *unorganische Bedingung* der Produktion in die Reihe der andren Naturwesen gestellt, neben das Vieh oder als Anhängsel der Erde“.[21] Unter solchen Bedingungen konnte weder die Arbeitskraft der Sklaven noch die Arbeitskraft des Leibeigenen zum Träger eines ökonomischen Verhältnisses werden, und deshalb konnten sie sich im Rahmen dieser Strukturen nicht in eine ökonomische Kategorie verwandeln.

Erst in der bürgerlichen Gesellschaft, wo eine Trennung zwischen den natürlichen Bedingungen der menschlichen Existenz und der Tätigkeit der Menschen erfolgte, wo die Produktion des stofflichen Reichtums zum unmittelbaren Ziel des Produktionsprozesses der Gesellschaft und deshalb zum Kriterium für die gesellschaftliche Bedeutung jeder Art von Tätigkeit wird, wo deshalb der durch die Bewegung der Arbeitsprodukte vermittelte Zusammenhang zur notwendigen Form der gesellschaftlichen Beziehungen wird, wird die Arbeitskraft des Individuums zum Objekt eines ökonomischen Verhältnisses und deshalb auch zur ökonomischen Kategorie. Sie verwandelt sich deshalb in eine ökonomische Kategorie, weil die vergegenständlichte menschliche Arbeit und nicht die Natur als objektiver Produktionsfaktor in Erscheinung tritt und dieser Faktor dem Werktätigen als Träger der Arbeitskraft gegenübersteht, die eine Potenz der lebendigen Arbeit darstellt und zum Hauptfaktor des Reichtums der bürgerlichen Gesellschaft wird. „Die objektiven Bedingungen der lebendigen Arbeit“, schreibt Marx, „erscheinen als *getrennte, verselbständigte* Werte gegen das lebendige Arbeitsvermögen als subjektives Dasein, das ihnen gegenüber daher auch nur als Wert von einer *andren Art* (nicht als Wert, sondern als Gebrauchswert von ihnen verschieden) erscheint“.[22] Folglich wird die Arbeitskraft deshalb zu einer ökonomischen Kategorie, weil sie sich von den Arbeitsbedingungen trennt und diesen gegenübersteht, während ihre Vereini-

[21] Ebenda, S. 389.
[22] Ebenda, S. 365.

gung mit diesen und ihre Verausgabung zu ökonomischen Verhältnissen der Produktion werden.

In der kommunistischen Gesellschaft steht die Arbeit nicht dem Reichtum gegenüber, denn die Hauptform des letzteren ist die allseitige Entwicklung der Persönlichkeit. Die Tätigkeit als solche ist aber die Hauptvoraussetzung der Entwicklung der Persönlichkeit und Hauptinhalt des Lebens. Deshalb kann sich die Arbeitskraft als potentielle Möglichkeit der Selbstverwirklichung im Grunde genommen nicht verselbständigen und unabhängig von ihr existieren. Dadurch ist nicht die Möglichkeit der Tätigkeit das Objekt eines ökonomischen Verhältnisses, sondern die unmittelbare Tätigkeit entsprechend den Fähigkeiten und Fertigkeiten des einzelnen. Das Ergebnis dieser Tätigkeit nimmt nicht die Form eines Produkts an, das sich vom Produzenten unterscheidet und unabhängig von ihm als Motiv seiner Tätigkeit existiert. Das Ergebnis ist jetzt das Individuum selbst, das sich ständig entwickelt und seine Fähigkeiten vervollkommnet. Damit hört die Arbeitskraft auf, Objekt eines ökonomischen Verhältnisses und damit auch eine ökonomische Kategorie zu sein.

Für die sozialistische Phase der kommunistischen Gesellschaft sind die Merkmale der Produktionsverhältnisse charakteristisch, wie sie für beide Phasen der kommunistischen Gesellschaftsformation gelten, obwohl sie auch hier in besonderen Formen in Erscheinung treten. Im Sozialismus entsteht eine das gesamte Volk umfassende Kooperation der Arbeit, und deshalb wird die Gesellschaft auch zum Hauptagenten des Produktionsprozesses. Deshalb beruht das Zusammenwirken der persönlichen und gegenständlichen Faktoren bereits nicht mehr auf dem Wirken jener Kraft, die außerhalb des Produzenten steht, denn die Assoziation der Werktätigen stellt eine solche Kraft dar. Dieses Zusammenwirken tritt als eine unmittelbar gesellschaftliche Form in Erscheinung. Aber eine solche Vereinigung zwischen Werktätigen und Produktionsbedingungen bedeutet, daß die Arbeitskraft keinen Gebrauchswert mehr besitzt, der unabhängig von ihrer Funktion als lebendige Tätigkeit existiert, d. h. vom Arbeitsprozeß als solchem gelöst ist, und es daher eines besonderen Vorganges bedarf, um ihre Verwandlung in Arbeit zu bewirken. Deshalb ist sie nicht mehr Träger eines spezifischen ökonomischen Verhältnisses und damit auch keine ökonomische Kategorie.

Man könnte einwenden, daß die hier aufgezeigten Momente nur für die reife kommunistische Gesellschaft Bedeutung haben, aber nicht für die sozialistische Phase charakteristisch sind. Darauf ist zu antworten: Die Voraussetzungen für die kommunistische Produktion entstehen und bilden sich bereits in der sozialistischen Phase; sie beruhen auf den Entwicklungstendenzen der sozialistischen Produktion. In diesem Zusammenhang ist es angebracht, sich mit den Ergebnissen soziologischer Untersuchungen zu befassen, bei denen man die Motive untersuchte, warum junge Arbeiter ihren Bildungsstand erhöhen.

Eine Befragung von 1000 Arbeitern der Ersten Moskauer Uhrenfabrik zeigte folgende Ergebnisse: 45% der Befragten antworteten, daß sie ihre Arbeit lieben, darin den Sinn ihres Lebens sehen und lernen, um besser zu arbeiten; 25% lernen, um sich für die Tätigkeit eines Ingenieurs zu qualifizieren, die sinnvoller und schöpferischer ist; 25% der Befragten erklärten, daß sie lernen, um gebildeter und kulturvoller zu werden und die Entwicklungsgesetze von Gesellschaft und Natur zu verstehen. Nur 5% antworteten, daß höherer Lohn und Aufstieg bei der Arbeit das Hauptmotiv ihres Lernens ist.[23]

Die Motive für die Hebung des Bildungsniveaus haben sich zugunsten des Inhalts und der Art der Arbeit verschoben. Das beweist, daß reale Tendenzen vorhanden sind, die die Gesetzmäßgigkeiten für die Herausbildung kommunistischer Produktionsverhältnisse bestimmen. Mit der Erhöhung des materiellen Wohlstandes werden diese Tendenzen zweifellos die Oberhand gewinnen. Man braucht kaum nachzuweisen, daß dieser Umstand wichtige praktische Bedeutung besitzt, um die Leitungsmethoden der sozialistischen Produktion bei der Schaffung der materiell-technischen Basis des Kommunismus weiter zu vervollkommnen. Diese Momente haben grundsätzliche Bedeutung, um das System des materiellen Anreizes weiterzuentwickeln. In der Literatur wird immer wieder darauf hingewiesen, über den Lohn und die betrieblichen Fonds die Arbeit zu stimulieren. Die Bedeutung dieser Formen soll nicht geschmälert werden, doch sind auch ihre objektiven Grenzen zu beachten, denn sie sind lediglich Faktoren, um die Arbeit als Mittel zum Lebensunterhalt zu stimulieren. Im Zuge der Entwicklung der sozialistischen Produktion gewinnt die Arbeit indes Bedeutung für die Sebstverwirklichung der Persönlichkeit und ist eine unmittelbare Komponente der Lebenstätigkeit der Mitglieder der sozialistischen Gesellschaft.

Die hier behandelten Besonderheiten der sozialistischen Produktionsfaktoren und die Art und Weise ihrer Verbindung bilden das Wesentliche der sozialistischen Verhältnisse, das für beide Phasen der kommunistischen Gesellschaftsformation gilt und den Charakter der Produktionstätigkeit und deren Ergebnisse bestimmt. Der materielle Prozeß, der von der gesamten Gesellschaft als einheitliches Ganzes vollzogen wird, ist dadurch charakterisiert, daß die gesellschaftliche Tätigkeit als Form der Reproduktion mit der Assoziation allseitig entwickelter Individuen verbunden ist. Für diese ist jede einzelne Arbeit eine mögliche, organische Form der Lebenstätigkeit, die den Bedürfnissen ihrer umfassenden Entwicklung und Vervollkommnung entspricht.

In diesem Sinne kann man den Produktionsprozeß als Bestätigung der eigenen Schöpferkraft charakterisieren, denn sie bildet dessen Hauptmotiv. Auch hier wird Reichtum produziert, aber er hat einen grundsätzlich anderen Inhalt. Der Reichtum tritt hier nicht als materielles Gut, als geronnenes Ergebnis der Tätigkeit, sondern als der Mensch selbst, als Möglichkeit seiner umfassenden harmonischen Entwicklung in Erscheinung. Der Reichtum nimmt hier nicht eine Form an, die sich von der Arbeit als solcher unterscheidet und stellt keinesfalls dessen bestimmende soziale Form dar, d. h. ein Produkt, das dessen soziales Ziel bestimmt. Aber da nicht das gegenständliche Produkt den Hauptinhalt des Reichtums bil-

[23] Vgl. I. I. Čangli, Trud, Moskva 1973, S. 332.

det, verliert auch dessen Aufspaltung in Elemente, die der Struktur des durch die Produktion bedingten Arbeitsaufwandes entsprechen, seine unmittelbare soziale Bedeutung. Das Produkt, sein Umfang und seine Zusammensetzung sind nicht mehr das letztendliche Charakteristikum des materiellen Prozesses und deshalb auch nicht mehr die Wertgröße, die dessen Nutzeffekt bestimmt. Damit verliert die Arbeitszeit die Bedeutung eines Maßes des Reichtums, denn letzterer wird durch das Entwicklungsniveau des Menschen und durch die Möglichkeiten seiner schöpferischen Tätigkeit bestimmt, deren Hauptbedingung die Freizeit ist.

Die Gesellschaft verhält sich zu den gegenständlichen Bedingungen ihrer Tätigkeit wie zu anorganischen Voraussetzungen. Die zu ihrer Herstellung erforderliche Arbeit ist nicht mehr jener Gradmesser, der den materiellen Prozeß der Existenz der Gesellschaft und die Möglichkeiten ihrer Weiterentwicklung begrenzt. Das bedeutet nicht, daß es für die Gesellschaft ohne Belang ist, was sie produziert. Aber der Gradmesser sind nicht mehr die Produktionskosten, sondern die Gesamtheit der Entwicklungsbedingungen der Menschen. Sie bestimmt auch die Entwicklungsrichtung des materiellen Prozesses und die Dynamik seiner Struktur. „In einer künftigen Gesellschaft", schrieb Karl Marx, „wo der Klassengegensatz verschwunden ist, wo es keine Klassen mehr gibt, würde der Gebrauch nicht mehr von dem *Minimum* der Produktionszeit abhängen, sondern die Produktionszeit, die man den verschiedenen Gegenständen widmet, würde bestimmt werden durch ihre gesellschaftliche Nützlichkeit."[24]

Die materiellen Verhältnisse der kommunistischen Gesellschaftsordnung werden ein solches Reifestadium erst in der kommunistischen Gesellschaft erreichen, wenn diese in jene Entwicklungsphase tritt, die Marx als Reich der Freiheit bezeichnete. Gegenwärtig kann man die materiellen Verhältnisse dieser Entwicklungsstufe der kommunistischen Gesellschaft nicht vollständig und erschöpfend charakterisieren. Wir beschränken uns deshalb darauf, nur die Tendenzen für die Herausbildung der kommunistischen Produktionsverhältnisse darzulegen, wie sie sich im Sozialismus darstellen.

Die materiellen Voraussetzungen für den Produktionsprozeß der Gesellschaft entstehen im Sozialismus im wesentlichen durch die gesamte Gesellschaft, denn hier verändern sich das Verhältnis von vergegenständlichter und lebendiger Arbeit, der Charakter und der soziale Inhalt der Arbeitszeit grundlegend. In der kapitalistischen Produktion steht die tote Arbeit der lebendigen gegenüber, denn beide sind auf die sich gegensätzlich gegenüberstehenden Klassen verteilt. Hier steht die vergegenständlichte Arbeit nicht nur der lebendigen gegenüber, sondern beherrscht diese zugleich. Infolge der Warenproduktion bedingt die Gegensätzlichkeit von vergangener und lebendiger Arbeit die Spaltung des Arbeitsprozesses in einen Prozeß, der Neuwert überträgt und schafft und sich auf Grund des Doppelcharakters der Arbeit vollzieht. Dadurch ist im Wert des Erzeugnisses der Wert der verausgabten vergangenen Arbeit erhalten geblieben und außerdem der

[24] K. Marx, Das Elend der Philosophie, in: MEW, Bd. 4, Berlin 1959, S. 93.

neugeschaffene Wert enthalten. Würde der kapitalistische Produktionsprozeß nicht einen Prozeß der Wertbildung und des Wertzuwachses darstellen, so würde sein Doppelcharakter keinen realen sozialökonomischen Inhalt zum Ausdruck bringen. Der Doppelcharakter des kapitalistischen Produktionsprozesses stellt somit nichts anderes dar als die Reproduktion des antagonistischen Verhältnisses von Kapital und Arbeit.

Einen völlig anderen Inhalt besitzt der sozialistische Produktionsprozeß. An ihm nehmen ebenfalls gegenständliche und persönliche Faktoren teil, und in diesem Sinne kann man auch von toter und lebendiger Arbeit sprechen. Aber der Unterschied zwischen beiden verliert seinen sozialen Charakter, denn die gegenständlichen Bedingungen stehen nicht mehr im Gegensatz zur lebendigen Arbeit und beherrschen diese deshalb auch nicht als eine ihr fremde und feindliche Kraft. Der Unterschied zwischen gegenständlichen und persönlichen Faktoren existiert hier nur als funktioneller Unterschied und ist nicht mehr Träger eines bestimmten Produktionsverhältnisses. Deshalb verliert dieser Unterschied seine Qualität als ökonomische Form. Damit gibt es auch nicht mehr den in sozialer Hinsicht wichtigen Unterschied zwischen Wertübertragung und Wertbildung. Auch er verliert die Qualität einer ökonomischen Form. Deshalb sind die verschiedenen in der Struktur des Produkts verkörperten Elemente in bezug auf die in ihnen enthaltene Arbeit nur funktionell besondere Teile, die die gleiche Zweckbestimmung haben, nämlich die sozial gleichrangigen gesellschaftlichen Bedürfnisse zu befriedigen, und keines dieser Elemente hat die Priorität gegenüber den anderen. Somit werden im sozialistischen Produktionsprozeß die sozialen Unterschiede zwischen der toten und der lebendigen Arbeit und damit auch der Doppelcharakter des Arbeitsprozesses als Prozeß der Wertübertragung und Wertbildung überwunden. Und damit wird auch der soziale Unterschied zwischen den Strukturelementen im Produkt aufgehoben.

In dem Maße, in dem der soziale Unterschied zwischen den vergegenständlichten und persönlichen Faktoren bei der Wertübertragung und der Wertbildung verschwindet, werden die sozialen Unterschiede zwischen den Strukturelementen der neu angewandten Arbeit, nämlich der notwendigen und der Mehrarbeit, überwunden. Obwohl der erstgenannte Unterschied das Ergebnis einer historisch besonderen Qualität der Arbeit ist, nämlich ihres Doppelcharakters, und der an zweiter Stelle genannte Unterschied nur zwischen den Strukturelementen der abstrakten Arbeit besteht, existiert zwischen ihnen doch ein innerer Zusammenhang: Die endgültige Verselbständigung der Elemente des neugeschaffenen Wertes ergibt sich aus der höchstentwickelten Form der Warenproduktion, nämlich dem Kapitalismus. Deshalb beseitigt die Überwindung der Warenform der Produktion und vor allem der Warenform ihrer Hauptfaktoren den Gegensatz von notwendiger und Mehrarbeit als sozial besonders bedeutsame Elemente der neuangewandten Arbeit. Nichtsdestoweniger weisen sie ihre funktionalen Unterschiede auf, denn es wird immer so sein, daß über die jeweiligen Bedürfnisse hinaus gearbeitet werden muß. Wenn jedoch über den Rahmen der jeweiligen Bedürfnisse hinaus gearbeitet wird, besteht ein wesentlicher Unterschied darin, ob es sich um die Bedürfnisse einer einzelnen Klasse der Gesellschaft oder aber der gesamten Gesellschaft handelt.

Betrachtet man den sozialistischen Produktionsprozeß nach seinem sozialen Inhalt (und nur dies interessiert in diesem Falle), so beginnt er jene objektive Qualität zu verlieren, die ihm als Produktionsprozeß des stofflichen Reichtums innewohnt, wenn man diesen Reichtum in seiner höchstentwickelten Form nimmt, wie er sie im Kapitalismus erlangt.

Die Überwindung des Gegensatzes von vergegenständlichter und lebendiger Arbeit bedeutet die Beseitigung der antagonistischen Klassenstruktur der gesellschaftlichen Produktion, die eine sehr entwickelte Form der gesellschaftlichen Arbeitsteilung darstellt. Die Überwindung des Gegensatzes zwischen den verschiedenen Strukturelementen der neu zugesetzten Arbeit bedeutet ihrem Inhalt nach, daß die gesellschaftliche Arbeitsteilung, nach der die verschiedenen Gruppen von Mitgliedern der Gesellschaft in sozialer Hinsicht an bestimmte Tätigkeitsarten gebunden sind, untergraben und allmählich beseitigt wird und letztere sich damit in sozial gleichberechtigte Individuen verwandeln. Das führt wiederum dazu, daß die traditionellen Unterschiede zwischen Produktion, Verteilung, Austausch und Konsumtion allmählich aufgehoben werden, die zwar eine Einheit bilden, aber dennoch im Rahmen dieser Einheit auch bestimmte Unterschiede aufweisen, solange die Sphäre der Arbeit entfremdet ist und dadurch die Unterschiede zwischen produktiver und nichtproduktiver Arbeit weiterbestehen. Erstens besteht nämlich ein unmittelbarer Zusammenhang zwischen Produktion und Konsumtion, denn Verteilung und Austausch sind keine Prozesse mehr, die selbständige Bedeutung haben; zweitens verschmelzen Produktion und Konsumtion ihrem Wesen nach, da die Produktion nicht mehr nur ein Mittel zur Schaffung eines vom Konsumenten getrennten Produkts ist. Da die Produktion zu einem Bereich schöpferischer Tätigkeit wird, ist — wie bei der Konsumtion — das Individuum ihr Produkt. Dadurch werden die unterschiedlichen Naturalformen des Produkts, nämlich Produktions- und Konsumtionsmittel, zu einem beträchtlichen Teil ihrer sozialökonomischen Rolle entkleidet. Produktions- und Konsumtionsmittel werden zu einer direkten Voraussetzung für die Entwicklung der Persönlichkeit jedes Mitglieds der Gesellschaft.

Die Herbeiführung des gesellschaftlichen Eigentums an den Produktionsmitteln war die ursprüngliche Form, mit der der Prozeß zur Überwindung des Gegensatzes von toter und lebendiger Arbeit begann. Er entwickelte und festigte sich durch die sozialistische Vergesellschaftung der Produktion, die dazu führte, daß ein System gesellschaftlicher Aneignung, d. h. ein System sozialistischer Produktionsverhältnisse geschaffen wurde, wobei der Begriff „Produktion“ im weiteren Sinne aufzufassen ist. Mit der Festigung dieses Systems wurde auch der Gegensatz zwischen notwendiger und Mehrarbeit als unterschiedliche Strukturelemente der Arbeitszeit, die sich in sozialer Hinsicht gegenüberstehen, aufgehoben. Diese reale Gesetzmäßigkeit, nach der sich der sozialistische Produktionsprozeß entwickelt und die für beide Phasen der kommunistischen Gesellschaft gilt, zeigt sich darin, daß die Unterschiede zwischen jenen materiellen Formen überwunden werden, in denen sich die Arbeitszeit verkörpert, nämlich dem notwendigen und dem Mehrprodukt. Diese Tendenz sah Karl Marx voraus: „Die Beseitigung der kapitalistischen Produktionsform erlaubt, den Arbeitstag auf die notwendige Arbeit zu beschränken. Jedoch würde die letztre, unter sonst gleich bleibenden Umständen, ihren Raum ausdehnen. Einerseits weil die Lebensbedingungen des Arbeiters reicher und seine Lebensansprüche größer. Andrerseits würde ein Teil der jetzigen Mehrarbeit zur notwendigen Arbeit zählen, nämlich die zur Erzielung eines gesellschaftlichen Reserve- und Akkumulationsfonds nötige Arbeit."[25]

Die genannte Tendenz hat sich in den ökonomischen Prozessen bestätigt, die in der sozialistischen Gesellschaft vor sich gehen. Sie zeigt sich, wenn man die Rate des Mehrprodukts bestimmt.

Die darüber vorliegenden Berechnungen gehen stark auseinander. Von verschiedenen Autoren für 1959 vorgenommene Berechnungen ergeben folgende Werte: 27,6; 55 bis 60; 64,7; 78,9; 88,4%.[26] Die Differenz zwischen der unteren und oberen Grenze schwankt also beträchtlich und ist durch ein Verhältnis 1:3 charakterisiert. Das erklärt sich aus den verschiedenen Berechnungsmethoden. Aber allein schon diese Methoden resultieren aus unterschiedlichen Auffassungen vom sozialen Inhalt des notwendigen und des Mehrprodukts in der sozialistischen Gesellschaft. Die eigentliche Ursache liegt unseres Erachtens in dem objektiven Prozeß der Überwindung der sozialen Unterschiede zwischen notwendigem und Mehrprodukt und ihrer Verschmelzung zu einem organischen Ganzen, das die sozialökonomischen Verhältnisse in der sozialistischen Produktion charakterisiert.[27] Aber gerade weil es sich hier um einen kontinuierlichen Prozeß handelt, werden seine Reifestadien unterschiedlich interpretiert und existieren unterschiedliche Berechnungsmethoden für die Rate des Mehrprodukts. Die Tendenz zur Verschmelzung der Strukturelemente des Nettoprodukts ist ein Zeichen dafür, daß die sozialökonomischen Unterschiede zwischen dem produzierenden und dem nichtproduzierenden Bereich in der Überwindung begriffen sind und zu einer einheitlichen Tätigkeitsform verschmelzen, die der gesamtgesellschaftlichen Kooperation der Arbeit adäquat ist und eine organische Einheit der verschiedenen Tätigkeitsarten darstellt.

Im Zusammenhang mit den von uns untersuchten Tendenzen zur Verschmelzung der notwendigen und der Mehrarbeit noch bemerkenswerter sind die Ver-

[25] K. Marx, Das Kapital, Erster Band, in: MEW, Bd. 23, Berlin 1962, S. 552.

[26] Vgl. Socialističeskoe nakoplenie. Voprosy teorii i planirovanija, Moskva 1973, S. 70.

[27] Wir meinen hier nicht den allgemeinökonomischen, sondern den spezifischen Inhalt dieser Kategorien, die die Besonderheiten der Produktionsverhältnisse im Sozialismus widerspiegeln. Betrachtet man das notwendige und das Mehrprodukt als Begriffe, die die Beziehungen zwischen Gesellschaft und Natur charakterisieren, so bleibt der Unterschied zwischen ihnen auch im Kommunismus bestehen.

änderungen im Inhalt jener konkreten volkswirtschaftlichen Formen, in denen das notwendige und das Mehrprodukt zum Ausdruck kommen, wie im Lohn, im Gewinn und in der Produktionsabgabe.

Beim Lohn kann es den Anschein haben, daß er als besonders reine Form auftritt und das notwendige Produkt zum Ausdruck bringt. Das ist aber nur der Fall, wenn man vom einzelnen, nach der wirtschaftlichen Rechnungsführung arbeitenden Betrieb ausgeht, denn in dessen unmittelbarer Wirtschaftstätigkeit ist der Lohn ein Teil des Erlöses, der beim Absatz der Produkte erzielt und durch die Arbeit dieses Betriebskollektivs geschaffen wird. In diesem Falle ist der Lohn ein Teil der Kosten des Produkts, das durch die lebendige Arbeit der Werktätigen produziert wurde und jenen Ausgaben des Betriebes äquivalent ist, die durch die lebendige Arbeit hervorgerufen wurden.

Betrachtet man den Lohn unter dem Gesichtspunkt nicht des einzelnen Betriebes, sondern der gesamten Gesellschaft, so taucht die Frage auf, wo diese Mittel ursprünglich herkommen. Diese Frage läßt sich nicht unter dem Gesichtspunkt des einzelnen Betriebes beantworten. Die ursprüngliche Quelle für die Mittel des einzelnen Betriebes sind die Ressourcen der gesamten Gesellschaft. Die Form des Lohns bringt also die Tatsache zum Ausdruck, daß diese Mittel ursprünglich von der Gesellschaft vorgeschossen wurden. Die Bevorschussung ist also ein Faktor, der die Form des Lohns bestimmt, obwohl diese Form an sich ein Moment der Reproduktion darstellt. Das ist beim Grundlohn der Fall. Untersucht man den Inhalt des Zusatzlohns, so ist noch deutlicher zu sehen, wie relativ die soziale Qualität von notwendigem und Mehrprodukt, ihre Veränderungen und die Verwandlung des letzteren in das erstere sind. Aber dazu macht es sich erforderlich, zuvor den Inhalt des Gewinnes zu untersuchen.

In der Wirtschaftsliteratur und in der Statistik wird der Gewinn als eine Form des Mehrprodukts angesehen. Es läßt sich kaum ausreichend begründen, warum der Gewinn so einseitig charakterisiert wird. Aus dem Gewinn werden doch die Fonds der sozialistischen Betriebe gebildet, die dazu dienen, die Produktion zu stimulieren, wie der Fonds für den materiellen Anreiz, der Kultur- und Sozialfonds und der Fonds für den Wohnungsbau. Diese Fonds stehen bekanntlich den einzelnen Kollektiven zur Verfügung und werden in ihrem Interesse verwendet. Sie bilden eine Quelle für das zusätzliche Einkommen der Mitglieder des Produktionskollektivs, und zwar unabhängig davon, ob sie individuell oder kollektiv verwendet werden. Obwohl dieser Teil des Gewinns anfänglich eine Bewegungsform aufweist, die dem Mehrprodukt ähnelt, so zeigt seine endgültige Verwendung jedoch, daß er sich in Elemente des notwendigen Produkts verwandelt und vor allem eine Quelle für den Zusatzlohn darstellt. Gerade deshalb kann man den Gewinn als Ganzes nicht als eine Form des Mehrprodukts charakterisieren.

Ähnlich verhält es sich mit der Produktionsabgabe. Alle Mittel, die im Staatshaushalt aus der Umsatzsteuer akkumuliert werden, stellen eine Quelle zur Bildung der gesellschaftlichen Konsumtionsfonds dar. Insoweit diese den Bedürfnissen der Werktätigen im produzierenden Bereich dienen, bilden sie für diese das notwendige Produkt, und zwar jenen Teil davon, der im Verhältnis zum Lohn eine steigende Tendenz aufweist.

Der sozialistische Produktionsprozeß ist also in wesentlichen Punkten nicht mehr eine rein historisch bestimmte Form der Erzeugung materiellen Reichtums. Er verwandelt sich immer mehr in ein Mittel der allseitigen Entwicklung der persönlichen Fähigkeiten aller Mitglieder der Gesellschaft. Dieses Mittel bestimmt die soziale Form der Produktion der kommunistischen Gesellschaft.

Diese Charakteristik stellt aber keine erschöpfende Definition der sozialistischen Produktion dar, denn es handelt sich hier um den Sozialismus als eine Phase des Kommunismus. Diese Entwicklungsstufe hebt nicht die Gesetzmäßigkeiten auf, die für beide Phasen der kommunistischen Gesellschaftsformation gelten, aber die Gesetzmäßigkeiten weisen auch ihre Besonderheiten auf.

Im Sozialismus bestehen Überreste der gesellschaftlichen Arbeitsteilung weiter, bei der einzelne Gruppen von Werktätigen entsprechend ihrer beruflichen Profilierung an verschiedene Arten der Arbeitstätigkeit gebunden sind, was sich in der Höhe ihrer Entlohnung niederschlägt. Aber die gesellschaftliche Bewertung der konkreten Arten von Arbeit bedeutet im Prinzip, daß der Gebrauchswert der Arbeitskraft Berücksichtigung findet. In diesem Sinne und insoweit ist die Arbeitskraft weiterhin Gegenstand eines spezifischen ökonomischen Verhältnisses.

Die Überreste der gesellschaftlichen Arbeitsteilung sind auch Ursache einer anderen Besonderheit der Produktionsverhältnisse: Die gesellschaftliche Erfassung der Arbeit erfolgt nicht in Arbeitszeiteinheiten, d. h., es wird nicht die Arbeit als solche gemessen, was möglich ist, sondern ihr Ergebnis, das eine gegenständliche Form angenommen hat. Alle diese Momente bestimmen die besondere ökonomische Form der Arbeitskraft, die in bestimmtem Maße Gegenstand eines ökonomischen Verhältnisses ist und deshalb weiterhin Merkmale einer ökonomischen Kategorie aufweist. Die spezifische ökonomische Form der Arbeitskraft kommt im Sozialismus darin zum Ausdruck, daß sie über den Betrieb als unterste volkswirtschaftlicher Struktureinheit[28] in die gesellschaftliche Gesamtarbeit einbezogen wird. Ihrem sozialökonomichen Wesen nach kann man eine solche Einbeziehung nicht als vermittelt ansehen.

Der einzelne Betrieb oder das Kombinat tritt vor allem als Glied der gesamtgesellschaftlichen Kooperation der Arbeit in Erscheinung (hierin zeigt sich das bestimmende Hauptmoment seiner ökonomischen Aufgabenstellung), d. h. als ein sozial gleichberechtigtes Element des einheitlichen Volkswirtschaftskomplexes, das sich von anderen Gliedern der Produktion lediglich durch die Art der konkreten Produktionstätigkeit unterscheidet. Das ist das wesentliche ökonomische Charakteristikum, das den Betrieb als sozialökonomischen Typ von Beziehungen kennzeichnet. Indem jedes Mitglied der Gesellschaft in Beziehungen zu einem Betrieb tritt, ist es unmittelbar in die gesamte Arbeit der Gesellschaft einbezogen und ein Element der gesamtgesellschaftlichen Kooperation.

[28] Eine solche Einheit kann neben dem Betrieb auch die Vereinigung darstellen.

Andererseits agiert der Betrieb oder das Kombinat als relativ selbständige wirtschaftende Einheit. In diesem Sinne kann die Einbeziehung der Arbeit jedes Werktätigen in die gesamtgesellschaftliche Arbeit durch den Betrieb als vermittelt angesehen werden. Wenngleich Vermittlung vorhanden ist, so spielt dieses Moment doch eine untergeordnete Rolle, da es nicht den sozialökonomischen Typ der Beziehungen bestimmt. Es charakterisiert nur den Reifegrad dieses Typs, aber nicht dessen bestimmendes Merkmal.

Die spezifische Form der Einbeziehung jedes einzelnen Werktätigen in die gesamtgesellschaftliche Arbeit durch den Betrieb bestimmt auch die Besonderheiten der gegenständlichen Produktionsfaktoren. Da die Produktionsmittel Faktoren des Produktionsprozesses sind, der von der gesamten Gesellschaft und in deren Interesse vollzogen wird, stellen sie einen einheitlichen, gesamtgesellschaftlichen Fonds für die Reproduktion der Gesellschaft als Assoziation der Werktätigen dar. Das ist ihr bestimmendes ökonomisches Merkmal. In dieser ihrer Qualität stehen sie mit dem Werktätigen in einer unmittelbar gesellschaftlichen Beziehung. Aber in dem Maße, wie jeder Werktätige weiterhin vermittelt in die gesamte Arbeitstätigkeit der Gesellschaft einbezogen ist, bilden die gegenständlichen Produktionselemente die Produktionsfonds der einzelnen Betriebe und vollziehen ihre Bewegungen im Rahmen der betrieblichen Wirtschaftstätigkeit. Abstrahiert man von diesem ihrem zusätzlichen ökonomischen Merkmal, so können wir solche ökonomischen Kategorien wie wirtschaftliche Rechnungsführung, Betriebskosten, Gewinn, Reineinkommen des Betriebes und viele andere, nicht als Formen begreifen, die die sozialistischen Produktionsverhältnisse widerspiegeln.

Die dargelegten Besonderheiten der persönlichen und gegenständlichen Faktoren sind auch die Ursache für die Besonderheiten des sozialistischen Produktionsprozesses. Im Sozialismus behält der Prozeß der Wertübertragung der verbrauchten Produktionsmittel seine Bedeutung als besonderer sozialökonomischer Aspekt, den man nicht mit der Schaffung des Nettoprodukts identifizieren darf. Die Ursache ist erstens darin zu sehen, daß die Schaffung des gegenständlichen Reichtums auch im Sozialismus weiterhin ein bestimmendes Moment der Produktionstätigkeit der Gesellschaft darstellt, bei dessen Produktion die Produktionsmittel und die lebendige Arbeit eine unterschiedliche Rolle spielen. Zweitens werden die gegenständlichen Produktionsbedingungen der einzelnen Produktionseinheiten durch die Ergebnisse ihrer Wirtschaftstätigkeit ersetzt. Drittens ergeben sich aus der Funktion der Produktionsmittel besondere ökonomische Probleme hinsichtlich ihrer effektiven Ausnutzung (Förderung des technischen Fortschritts, Erhöhung der Grundfondsquote und Senkung der Materialintensität, Bildung und Verwendung des Ersatzfonds usw.).

Eine wesentliche Besonderheit des sozialistischen Produktionsprozesses besteht darin, daß die Arbeit für jeden Werktätigen nach wie vor in erster Linie als Mittel des Lebensunterhalts Bedeutung hat. Unter diesen Bedingungen ist die Arbeitszeit, die jeder Werktätige für die Produktion aufwenden muß, um die notwendigen Mittel für den Lebensunterhalt zu bekommen, Träger eines bestimmten Produktionsverhältnisses. Das zeigt sich beim Arbeitstag, der im Sozialismus noch die Bedeutung einer ökonomischen Kategorie hat, die einen bestimmten Intressenunterschied zwischen der Gesellschaft als Ganzem und jedem einzelnen Mitglied zum Ausdruck bringt. Aber da dieser Unterschied weiterbesteht, muß er seine Widerspiegelung in der Struktur des Arbeitstages finden: Ein Teil befriedigt die gesellschaftlichen Interessen und ein anderer Teil die Interessen der einzelnen Mitglieder der Gesellschaft. Dadurch bestehen weiterhin bestimmte soziale Unterschiede zwischen der notwendigen und der Mehrarbeitszeit und dementsprechend zwischen notwendiger und Mehrarbeit als besonderen Strukturelementen des Arbeitstages. Wenn auch die Form ihres antagonistischen Verhältnisses bereits überwunden ist, bleiben doch bestimmte Widersprüche zwischen ihnen bestehen. Vom Aufwand an lebendiger Arbeit her ist der sozialistische Produktionsprozeß ein Prozeß zur Erzeugung sowohl des notwendigen als auch des Mehrprodukts. Das notwendige Produkt ist die Quelle für die Befriedigung der unmittelbaren Bedürfnisse jedes Individuums als Werktätigen, der eine bestimmte Art konkreter Arbeit leistet, für die er die beruflichen Voraussetzungen aufgrund der bisherigen gesellschaftlichen Arbeitsteilung besitzt; das Mehrprodukt wird von der Gesellschaft angeeignet und stellt die Quelle für die Befriedigung der Bedürfnisse derselben Werktätigen dar, jetzt aber als Mitglieder der Gesellschaft. Bestimmte Unterschiede zwischen notwendigem und Mehrprodukt zeigen sich im System der Bedürfnisse, nämlich der unmittelbar persönlichen und der unmittelbar gesellschaftlichen Bedürfnisse. Der zwischen diesen vorhandene Unterschied zeigt, daß es noch gewisse soziale Unterschiede zwischen den produzierenden und den nichtproduzierenden Bereichen gibt. Deshalb behält die Teilung der Arbeit in notwendige und Mehrarbeit weiterhin ihre sozialökonomische Bedeutung; sie ist ein Merkmal der Produktionsverhältnisse unter dem Gesichtspunkt ihres historisch besonderen Inhalts.

Die Überreste der alten Arbeitsteilung und die auf ihrer Grundlage weiterbestehenden sozialen Unterschiede in der Arbeit sind auch die Ursache für eine weitere Besonderheit im ökonomischen Wesen des sozialistischen Produktionsprozesses, nämlich für das Vorhandensein von Restelementen des Doppelcharakters des Arbeitsprozesses, der ein Prozeß sowohl zur Übertragung vergangener Arbeit als auch zur Schaffung des Nettoprodukts ist. Es geht hier wieder um die soziale Bedeutung dieses Doppelcharakters.

Im Sozialismus besteht kein Antagonismus zwischen toter und lebendiger Arbeit, da es hier kein Verhältnis von Lohnarbeit und Kapital und kein Monopol einer Klasse an den gegenständlichen Produktionsbedingungen gibt. Mit der Beseitigung dieses Monopols verschwindet natürlich nicht sofort jegliches Monopol. Im Sozialismus besteht ein Monopol an den verschiedenen Arten von Tätigkeiten weiter; das ist eine Folge der herkömmlichen Arbeitsteilung und schränkt den freien Zugang jedes Mitglieds der Gesellschaft zu den gegenständlichen Produktionsfaktoren ein, da die einzelnen Gruppen der Mitglieder der Gesellschaft ihr Recht am gesellschaftlichen Eigentum an den Produktionsmitteln nur im

Rahmen ihres Berufes realisieren können. Somit sind die gegenständlichen Bedingungen, die von jedem Mitglied der Gesellschaft in Bewegung gesetzt werden, durch die Arbeitsteilung begrenzt. Dadurch bleibt ein gewisser Unterschied zwischen den gegenständlichen Elementen der Produktion, die der gesamten Gesellschaft und deshalb allen ihren Mitgliedern gehören, und denjenigen, die von dem jeweiligen Mitglied der Gesellschaft oder von dem jeweiligen Kollektiv in Bewegung gesetzt werden. Ferner gibt es weiterhin bestimmte Unterschiede zwischen toter und lebendiger Arbeit. Deshalb muß die vergangene Arbeit im unmittelbaren Produktionsprozeß als ein besonderer Faktor bei der Schaffung des Produkts in Erscheinung treten, und deshalb enthält dieses je nach Erfordernis weiterhin ein solches Element, das der vergangenen Arbeit äquivalent ist. Der Prozeß zur Herstellung des Produkts ist somit ein Prozeß der Wertübertragung und gleichzeitig ein Prozeß zur Bildung des Nettoprodukts. Aber da beide verschiedene Ergebnisse des Arbeitsprozesses sind, können sie nur aufgrund des Doppelcharakters der Arbeit realisiert werden. Der sozialistische Produktionsprozeß zeichnet sich also dadurch aus, daß er erstens ein Prozeß zur Erhaltung der vergangenen Arbeit und zur Schaffung des Nettoprodukts ist und zweitens nicht nur einen Prozeß zur Schaffung des notwendigen, sondern auch des Mehrprodukts darstellt.[29]

Diese Besonderheit schafft keinen besonderen Typ materieller Produktionsverhältnisse. Sie charakterisiert lediglich den historischen Reifegrad der kommunistischen Produktionsweise. Hinsichtlich seiner sozialen Qualität ist das sozialistische Produkt unmittelbar gesellschaftlich nützlich, und darin liegt das Motiv für die Produktionstätigkeit der Gesellschaft. Aufgrund des Weiterbestehens von Elementen der gesellschaftlichen Arbeitsteilung sowie der dadurch bedingten Beziehungen einer relativen wirtschaftlichen Selbständigkeit ist die unmittelbare gesellschaftliche Nützlichkeit mit Elementen der Warenbeziehungen behaftet, die zwar nicht den Inhalt des sozialistischen Produkts bestimmen, aber immerhin den Reifegrad der sozialistischen Vergesellschaftung der Produktion charakterisieren. Die Tatsache, daß die sozialistische Produktion als Phase der kommunistischen Produktionsweise den unmittelbaren Bereich und den Hauptfaktor für die Entwicklung der persönlichen Fähigkeiten des Individuums darstellt und zugleich als Produktionsprozeß unmittelbar gesellschaftlich nützlich ist, d. h. weiterhin die Eigenschaft aufweist, stofflichen Reichtum zu schaffen, stellt zweifellos einen Widerspruch dar. Aber gerade er charakterisiert die Genesis der entwikkelten Formen der kommunistischen Produktion. Die Bewegung dieses Widerspruchs bestimmt auch die spezifische soziale Form des Gesetzes von der Steigerung der Produktivität der gesellschaftlichen Arbeit, wie sie der kommunistischen Produktionsweise eigen ist. Ihre historische Besonderheit besteht darin, daß hier jene sozialen Grenzen völlig beseitigt sind, die dem Wirken des Gesetzes der

[29] Es sei nochmals betont, daß es hier nicht um die funktionelle, sondern um die soziale Bedeutung der Strukturelemente des Produkts geht.

Steigerung der Arbeitsproduktivität in den vorkommunistischen Gesellschaftsstrukturen entgegenstanden. Mit der Entwicklung der Produktionsverhältnisse der kommunistischen Gesellschaft nimmt der Wirkungsbereich dieses Gesetzes ständig zu, es gewinnt absolute Bedeutung und wird seinem Wesen nach zu einem spezifischen Gesetz der kommunistischen Gesellschaftsformation.

Die Wirtschaftspolitik der KPdSU und des Sowjetstaates ist allgemein darauf gerichtet, dieses Gesetz in der entwickelten sozialistischen Gesellschaft in umfassender Weise praktisch zu nutzen, denn gerade in diesem Zeitraum festigt sich der intensive Typ der erweiterten sozialistischen Reproduktion. Daraus erklärt sich das theoretische und praktische Interesse an den verschiedenen Aspekten der produktiven gesellschaftlichen Arbeit, wie wir es in der ökonomischen Literatur antreffen. Dabei geht es vor allem um den Inhalt und um Methoden zur Messung der Arbeitsproduktivität, die in der Wirtschaftspraxis angewendet werden können.

Viele Verfasser gehen davon aus, daß die geplante Nettoproduktion die beste Kennziffer zur Messung der Arbeitsproduktivität ist. In diesem Falle bleiben aber die Elemente der vergangenen Arbeit im Prinzip außer Betracht. Bei den gegenwärtig angewandten Methoden, mit denen der materielle Aufwand im Rahmen der Produktionskosten des einzelnen Betriebes erfaßt wird, sind die Kennziffern, die den Aufwand an vergegenständlichter Arbeit charakterisieren, infolge zahlreicher Doppelerfassungen weitgehend als fiktiv anzusehen. Dadurch ist es sehr schwierig, den wirklichen Anteil zu bestimmen, den das jeweilige Kollektiv von Werktätigen an der Schaffung des gesellschaftlichen Produkts hat. Deshalb ist es völlig logisch, daß man nach einer solchen Kennziffer für den Wertumfang der Produktion sucht, bei der keine Doppelerfassungen auftreten. Viele Ökonomen versuchen sogar, die vergegenständlichte Arbeit bei der Erfassung völlig außer acht zu lassen. Solche Bemühungen werden kaum Erfolg haben.

Man kann die Frage stellen, ob es überhaupt eine Kennziffer für den Wertumfang der Produktion gibt, die alle Strukturelemente des Arbeitsaufwands enthält und zugleich Doppelerfassungen, die ein falsches Bild geben, ausschließt. Ist es nicht völlig hoffnungslos, nach einer solchen Kennziffer zu suchen? Unseres Erachtens entspricht diese Aufgabenstellung nicht nur den herangereiften Erfordernissen bei der ökonomischen Entwicklung der sozialistischen Produktion, sondern ist sie auch durchaus real.

In allgemeiner theoretischer Form wurde diese Aufgabe von Karl Marx in bezug auf die Reproduktion des gesellschaftlichen Gesamtprodukts gelöst. Diese Lösung kann die prinzipielle Grundlage bilden, um den Inhalt des Wertumfangs für das Produkt des einzelnen Betriebes zu bestimmen, da man dieses als organischen Bestandteil des gesellschaftlichen Gesamtprodukts ansehen muß.

Für die Gesellschaft als Ganzes stellt die vergangene Arbeit eine Arbeit dar, die in den Produktionsmitteln verkörpert ist, die hergestellt wurden, bevor der laufende Produktionsprozeß des betreffenden Jahres einsetzte. Obwohl der reale Umfang des in das Jahresprodukt eingegangenen Wertes sich nicht auf den Wert der zu Jahresbeginn vorhandenen Produktionsmittel beschränken kann, so ist doch gerade diese Größe die Kennziffer für die Bestimmung des Umfanges des in das Jahresprodukt eingegangenen Wertes. Von diesem Prinzip ist bei der Ermittlung der Höhe des Anteils des materiellen Aufwandes am gesellschaftlichen Gesamtprodukt auszugehen. Es muß auch dann Anwendung finden, wenn der Umfang der verbrauchten Energie an vergangener Arbeit von jedem einzelnen Betrieb bestimmt wird. Aber die zu Jahresbeginn vorhandenen Bestände an Arbeitsgegenständen reichen offensichtlich nicht aus, den Produktionsprozeß während des gesamten Jahres zu sichern. Deshalb ist der überwiegende Teil der während des Jahres verbrauchten Produktionsmittel ein Ergebnis des laufenden Produktionsprozesses. Im Wert dieser Produktionsmittel sind alle Elemente der Wertstruktur verkörpert, d. h. sowohl der übertragene als auch der neugeschaffene Wert.

Untersucht man die Produktion der Abteilung I, so entstehen reale Produktionsbeziehungen zwischen den Betrieben dieser Abteilung nur, wenn im Rahmen der vorhandenen Produktionsmittel Wert übertragen wird. Die Ursache liegt darin, daß im Rahmen der Abteilung I nur ein Element aus der Wertstruktur des Produktes dieser Abteilung, nämlich der übertragene Wert, durch die Produktionstätigkeit dieser Abteilung in natura ersetzt wird. Der neugeschaffene Wert, der in den Produktionsmitteln verkörpert ist, die in dieser Abteilung hergestellt wurden, geht unter der Voraussetzung der einfachen Reproduktion völlig in die Abteilung II ein. Folglich sind die Produktionsmittel, in denen der neugeschaffene Wert verkörpert ist, nicht ein Objekt der realen Produktionsbeziehungen innerhalb der Abteilung I, sondern der Beziehungen zwischen den Abteilungen I und II.

Dies ist die innere Gesetzmäßigkeit des Reproduktionsprozesses bei der Bewegung der Elemente der Wertstruktur des Produkts im Hinblick auf die beiden Abteilungen der gesellschaftlichen Produktion. In der sozialistischen Wirtschaft, in der das Gesetz der planmäßigen Entwicklung wirkt, muß diese Gesetzmäßigkeit in einem entsprechenden Kennziffernsystem ihren Ausdruck finden. Sonst kann die planmäßige Form der gesellschaftlichen Produktion nicht vollständig realisiert werden. Die Ausarbeitung eines Systems von Kennziffern, die den realen Produktionsbeziehungen entsprechen, wie sie im Reproduktionsprozeß realisiert werden, ist eine außerordentlich aktuelle Aufgabe, um die Volkswirtschaftsplanung weiter zu vervollkommnen. Bei den augenblicklichen Methoden zur Erfassung der Produktion, die auf den Kennziffern der Bruttoproduktion nach der Betriebsmethode beruhen (auch die Kennziffern der Warenproduktion oder des Warenabsatzes verändern das Bild nicht wesentlich), spiegelt das Kennziffernsystem die Form der Produktionsbeziehungen, die zwischen den nach der wirtschaftlichen Rechnungsführung arbeitenden Einheiten der Volkswirtschaft bestehen, nur sehr oberflächlich wider. Gerade auf dieser Ebene der Beziehungen entstehen die Doppelerfassungen, die das wertmäßige Volumen der Produktion verfälschen und deshalb den Mechanismus der planmäßigen Leitung der Produktion komplizieren.

Das Wesen der Doppelerfassung besteht gerade darin, daß bei dem materiellen Aufwand für die Produktion von Produktionsmitteln der Wert des Nettoprodukts, das durch die Arbeit der Betriebskollektive dieser Abteilung geschaffen wird, mehrfach erfaßt wird. Der neugeschaffene Wert der Abteilung I wird also sowohl als Neuwert wie auch als Element des materiellen Aufwands erfaßt. Wie müßte man die Produktion der Betriebe und der Zweige der Abteilung I erfassen, um eine reale Kennziffer für den Wertumfang zu erhalten? Dazu ist es erforderlich, in den materiellen Aufwand jedes Betriebes den Preis der gekauften Erzeugnisse einzubeziehen und den Wert des Nettoprodukts in Abzug zu bringen. Würde man eine solche Erfassungsmethode in der gesamten vertikalen Ebene der Produktion einführen, und zwar angefangen bei der Förderung der Grundstoffe bis zur Herstellung des Endprodukts, so läßt sich daraus der reale Wertumfang der Produktion der Abteilung I ersehen, der keine Doppelerfassung enthält. Diese Kennziffer könnte auch eine zuverlässige Grundlage abgeben, um viele wichtige volkswirtschaftliche Daten zu erfassen, darunter auch Stand und Entwicklung der Arbeitsproduktivität. Trotzdem ist es natürlich notwendig, die vorhandenen Kennziffern der nach der wirtschaftlichen Rechnungsführung arbeitenden Betriebe zu vervollkommnen. Wie R. I. Kosolapov sehr richtig bemerkt, „darf man die wirtschaftliche Rechnungsführung, die in jeder Planwirtschaft notwendig ist, nicht allein mit den Kategorien der Warenproduktion verbinden“[30].

Spricht man vom übertragenen Wert und von der Tatsache, daß die Arbeit der Individuen in sozialer Hinsicht weiterhin an bestimmte Tätigkeitsarten gebunden ist, sowie von anderen ähnlichen Erscheinungen, so darf man nicht vergessen, daß diese nicht das soziale Wesen der kommunistischen Produktion bestimmen. Wir haben uns hier nur deshalb damit befaßt, um Genesis und Struktur der sozialistischen Produktion exakter abzugrenzen und ihre innere Bewegung zu zeigen, denn sonst könnte man die Darstellung der strukturellen Zusammenhänge in der ersten Phase der kommunistischen Gesellschaft nicht abschließen. Berücksichtigt man dieses Moment nicht, so kann der Anschein entstehen, daß das System der theoretischen Formen des Sozialismus nicht seinem objektiven Inhalt adäquat ist.

4. Die Reifestadien der kommunistischen Produktionsweise

Allgemein bekannt ist die These von Karl Marx, daß es „in allen Gesellschaftsformen . . . eine bestimmte Produktion (ist), die allen übrigen, und deren Verhältnisse daher auch allen übrigen, Rang und Einfluß anweist“[31]. Das bedeutet, daß einerseits jede neue soziale Form die ihr adäquate Art und Weise der Organisation des gesellschaftlichen Arbeitsprozesses voraussetzt und sie anderseits von dieser bestimmt wird. Wenn in der Anfangszeit der Existenz der menschlichen Gesellschaft die Produktionsbedingungen als Naturbedingungen in Erscheinung tra-

[30] R. I. Kosolapov, Socializm. K voprosam teorii, Moskva 1973, S. 239.
[31] K. Marx, Grundrisse der Kritik der Politischen Ökonomie (Rohentwurf), a. a. O., S. 27.

ten, die durch Arbeit nicht frei reproduzierbar waren, so bedingt das auch eine spezifische Form der Produktion, nämlich die gemeinschaftliche Produktion.

Die soziale Form der Organisation des Arbeitsprozesses tritt hier ganz und gar als Naturvoraussetzung für die Existenz der Individuen in Erscheinung. In den Produktionsweisen der Sklavenhaltergesellschaft und des Feudalismus wiederholt sich dies nicht. Das Verhältnis zum Boden als der grundlegenden Produktionsbedingung determiniert das Verhältnis des Produzenten zu diesem und dessen Existenz als einfaches anorganisches Naturanhängsel.

Der Übergang zur Industrieproduktion führte zu einer neuen Organisationsform des Arbeitsprozesses, nämlich der kapitalistischen Kooperation der Arbeit, die anfangs in Form der einfachen Kooperation existierte. Obwohl die Kooperation als Organisationsform des Arbeitsprozesses auch schon vor dem Kapitalismus existierte, wurde sie erst hier zu einer der Produktionsweise selbst immanenten Form. Sie ist nur ein Mittel zur Erhöhung der Arbeitsproduktivität, aber das Kapital basiert eben gerade darauf, daß eine Erhöhung der Produktivkraft die notwendige Arbeitszeit verringert und folglich den Mehrwert erhöht. Deshalb stellt sich „die Cooperation, diese Productivkraft der gesellschaftlichen Arbeit ... dar als eine Productivkraft des Capitals, nicht der Arbeit“[32].

Dadurch verhält sich die Organisationsform des Arbeitsprozesses gegenüber dem Arbeitsprozeß als solchem entfremdet. Dieser Umstand bestimmt auch den tiefen Widerspruch der kapitalistischen Warenproduktion, nämlich den Widerspruch zwischen dem gesellschaftlichen und dem privaten Charakter ihrer Arbeit, der sich in der Bewegung aller ihrer Elemente zeigt, nämlich der Ware, des Geldes, der Arbeitskraft usw. Die Entwicklung dieses Widerspruches und sein Hinüberwachsen in den Grundwiderspruch des Kapitalismus führt letztlich dazu, daß die kapitalistische Produktionsweise untergraben und beseitigt wird. Aber: „Wie man bei der Reihenfolge der verschiednen geologischen Formationen nicht an plötzliche, scharf getrennte Perioden glauben muß, so nicht bei der Bildung der verschiedenen ökonomischen Gesellschaftsformationen. Im Schoß des Handwerks entwickeln sich die Anfänge der Manufactur und findet sich stellenweise, in einzelnen Sphären und für einzelne Processe, schon Anwendung von Maschinerie ... Das *allgemeine Gesetz* aber, das durchgeht, daß die materielle Möglichkeit der spätern Form in der frühren geschaffen wird, sowohl die technologischen Bedingungen, als die ihnen entsprechende ökonomische Struktur des Ateliers.“[33] Für den Übergang vom Kapitalismus zum Sozialismus bedeutet dies, daß letzterer diese Voraussetzungen der neuen Form anfangs nur als Form übernimmt, da der Kapitalismus selbst in seinem höchsten Entwicklungsstadium nicht in der Lage

[32] K. Marx, Zur Kritik der politischen Ökonomie (Manuskript 1861—1863), Teil I, in: MEGA, II. Abteilung, Bd. 3.1, Berlin 1976, S. 234.

[33] K. Marx, Zur Kritik der politischen Ökonomie (Manuskript 1861—1863), Heft XIX, Manuskriptseite 1199.

ist, den Prozeß der Vergesellschaftung der Arbeit abzuschließen und deren kooperative Form zu Ende zu führen.

Die Herausbildung der kommunistischen Gesellschaft ist anfangs dadurch gekennzeichnet, daß die private Form der Arbeit beseitigt und die Arbeit von Anfang an als gesellschaftlich notwendige Arbeit anerkannt wird. Dieser Prozeß erhält auch die adäquate Form für die Funktionsweise der Arbeit, nämlich die gesamtgesellschaftliche Kooperation der Arbeit. Sie unterscheidet sich von allen vorangegangenen Formen der Kooperation nicht nur durch das Ausmaß der Vereinigung der Arbeit, sondern durch deren qualitativ neuen Charakter. Die gesamtgesellschaftliche Kooperation der Arbeit ist ein völlig neuer Typ der Assoziation der Arbeit, da sie erstens einen Zusammenschluß darstellt, der nicht auf der gesellschaftlichen Arbeitsteilung, sondern auf der freiwilligen Vereinigung der Individuen zu einer einzigen Gesamtarbeitskraft beruht, und zweitens deren sämtliche Mitglieder die Kooperation als grundlegende Produktionsbedingung ansehen.

Das bestimmt auch ihre historischen Vorzüge gegenüber den vorsozialistischen Formen der Kooperation. In bezug auf diese Momente schrieb Friedrich Engels: „Die Vorteile indes, welche die kommunistische Einrichtung durch *Benutzung verschwendeter Arbeitskräfte* bietet, sind *noch nicht die bedeutendsten*. Die größte Ersparnis von Arbeitskraft liegt *in der Vereinigung der einzelnen Kräfte* zur sozialen Kollektivkraft und in der Einrichtung, welche auf diese Konzentration der bis jetzt einander gegenüberstehenden Kräfte beruht."[34]

Da die gesamtgesellschaftliche Kooperation der Arbeit die adäquate materielle Art und Weise darstellt, in der die kommunistischen Produktionsverhältnisse real wirksam werden, bestimmt ihr Entwicklungsprozeß die Herausbildung der der kommunistischen Gesellschaft entsprechenden Produktionstechnologie im Hinblick auf die Formen und Methoden des Arbeitsprozesses. Dieser Umstand hat also auch wesentliche praktische Bedeutung, will man den Reifegrad der kommunistischen Produktionsweise bestimmen.

Seit der Veröffentlichung von Marx' „Kritik des Gothaer Programms" gehört zum festen Bestandteil der marxistischen Theorie, daß sich die kommunistische Gesellschaft in zwei Phasen unterteilt, nämlich den Sozialismus und den Kommunismus. Aber die praktischen Entwicklungsbedürfnisse der sozialistischen Gesellschaft machen es erforderlich, daß im Rahmen dieser grundlegenden Periodisierung der kommunistischen Gesellschaft noch eine genauere Klassifizierung erfolgt. Das betrifft vor allem den Sozialismus. Die historischen Erfahrungen zeigen, daß die erste Phase einen langen Zeitraum darstellt, in dem die kommunistischen Verhältnisse allmählich heranreifen. Der XXIV. Parteitag der KPdSU leistete einen wesentlichen Beitrag zur Lösung dieses Problems. Auf dem Parteitag wurde die These vom entwickelten Sozialismus begründet, der den Inhalt der gegen-

[34] F. Engels, Zwei Reden in Elberfeld — I, in: MEW, Bd. 2, Berlin 1970, S. 545.

wärtigen Etappe der kommunistischen Gesellschaft darstellt. Damit ergab sich für die ökonomische Wissenschaft die Aufgabe, Kriterien für die Periodisierung der Reifestadien der kommunistischen Gesellschaft auszuarbeiten. Diese Aufgabe kann offensichtlich nur gelöst werden, wenn man die Tendenzen untersucht, nach denen sich der Arbeitsprozeß in der kommunistischen Gesellschaft entwikkelt, denn sie sind es, die Veränderungen bei den anderen Seiten der gesellschaftlichen Struktur bestimmen. Deshalb ist es auch von so großer Bedeutung, die Entwicklung der gesamtgesellschaftlichen Kooperation der Arbeit zu analysieren.

Die erste Etappe bei der Herausbildung der gesamtgesellschaftlichen Kooperation der Arbeit umfaßt die gesamte Übergangsperiode vom Kapitalismus zum Sozialismus, da die neue Organisationsform des Arbeitsprozesses nur auf der Basis jener organisatorischen Umgestaltungen entstehen kann, die dazu beitragen, die dem Sozialismus entsprechenden grundsätzlich neuen Produktions- und Austauschverhältnisse zu sichern.

Die grundlegenden Umgestaltungen in der Art und Weise der Arbeit stellen nicht nur die Realisierung jener materiellen Voraussetzungen des Sozialismus dar, die vom Kapitalismus geschaffen wurden; sie ergeben sich aus der Sicherung der neuen Produktionsverhältnisse und werden deshalb nur auf ihrer Grundlage realisiert. Die neuen Produktionsverhältnisse sind also der entscheidende Faktor, die Voraussetzung, um die Art und Weise der Arbeit grundlegend zu verändern.

Es ist charakteristisch, daß sich die gesamtgesellschaftliche Kooperation der Arbeit durch die Umgestaltung jener Formen der gesellschaftlichen Produktion herausbildet, die ihrer historischen Herkunft und der für sie typischen Arbeitsweise nach zu den vorkapitalistischen Formen gehören. Es handelt sich hierbei um die kleine Warenproduktion. Die sozialistische Umgestaltung dieser Produktionsform, die sich in der Übergangszeit vom Kapitalismus zum Sozialismus vollzieht und einen wesentlichen Aspekt ihres ökonomischen Inhalts darstellt, beweist überzeugend, daß sich bei der Herausbildung des neuen Systems von Produktionsverhältnissen eine Assimilierung jener Formen der gesellschaftlichen Produktion vollzieht, die sich auf der Grundlage ihrer inneren Gesetzmäßigkeiten nicht in sozialistische Formen verwandeln können. Die Umgestaltung der kleinen Warenwirtschaft, die durch die Schaffung einer kollektivwirtschaftlichen Form der sozialistischen Produktion ersetzt wird, bringt natürlich die historischen Besonderheiten bei der Herausbildung der gesamtgesellschaftlichen Kooperation der Arbeit zum Ausdruck und bestimmt weitgehend die Besonderheiten ihres Inhalts. Diesen Umstand darf man aber nicht überbewerten, wie dies gelegentlich geschieht, wenn nach irgendwelchen besonderen Gesetzmäßigkeiten in den ökonomischen Verhältnissen des Sozialismus gesucht wird, die angeblich nur für die kollektivwirtschaftliche Form der gesellschaftlichen Produktion gelten. Das zeigt sich, wenn der Inhalt der Rentenbeziehungen im Sozialismus bestimmt werden soll und diese nur begrenzt, nämlich nur als Beziehungen zwischen Staat und Kollektivwirtschaften, gesehen werden. So zu verfahren, würde bedeuten, die wirtschaftliche Selbständigkeit der einzelnen Betriebe im Sozialismus auf die genossenschaftliche Produktionsform zu beschränken. Damit wird aber die These von der Gleichartigkeit der beiden Formen des sozialistischen Eigentums in Zweifel gezogen.

Bestimmt man den Inhalt der gesamtgesellschaftlichen Kooperation der Arbeit im Rahmen des hier behandelten Problems, so ist vor allem deren innerer Zusammenhang mit dem genetischen Ausgangsverhältnis der kommunistischen Produktionsweise hervorzuheben. Dieser Zusammenhang wird nicht einfach dadurch bestimmt, daß die kooperative Form des Arbeitsprozesses, die die gesamte Gesellschaft umfaßt, die einzige Form ist, in der das unmittelbar gesellschaftliche Verhältnis als allgemeine Grundlage der kommunistischen Produktion reproduziert wird. Die gesamtgesellschaftliche Kooperation der Arbeit ist jene der kommunistischen Produktionsweise immanente Form, durch die der Widerspruch überwunden werden soll, der dem Ausgangsverhältnis innewohnt und der sich aus der historischen Besonderheit des Sozialismus ergibt. Er besteht darin, daß das unmittelbar gesellschaftliche Verhältnis ursprünglich eine gegenständliche Ausdrucksform hat. Die kommunistische Gesellschaft kann diese Form abstreifen und eine ihrem Wesen entsprechende Form aber nur auf der Grundlage der gesamtgesellschaftlichen Kooperation der Arbeit annehmen. In diesem Sinne ist letztere nicht nur eine außerordentlich wichtige Strukturkomponente der Produktionsverhältnisse der sich herausbildenden kommunistischen Produktionsweise, sondern auch ein wesentlicher Faktor ihrer Genesis, denn gerade sie bietet den Rahmen dafür, daß sich die Arbeit aus einem Mittel zur Schaffung des materiellen Reichtums in ein Mittel zur Selbstverwirklichung der Persönlichkeit verwandelt, d. h. zum ersten Lebensbedürfnis wird.

Ein weiterer wesentlicher Aspekt, der den Inhalt der gesamtgesellschaftlichen Kooperation der Arbeit charakterisiert, besteht darin, daß diese Organisationsform des gesellschaftlichen Arbeitsprozesses einen Faktor darstellt, durch den die kommunistische Vergesellschaftung der Produktion erfolgt und dadurch die sozialökonomische Determiniertheit der Arbeit überwunden wird.

Das Reifestadium der gesamtgesellschaftlichen Kooperation der Arbeit, die eine neue Form der gesellschaftlichen Organisation, nicht aber ein qualitativ neues Entwicklungsniveau der gegenständlichen Produktionsbedingungen darstellt, wird in der ökonomischen Literatur als formale Vergesellschaftung der Arbeit bezeichnet. Als reale Vergesellschaftung der Arbeit wird demgegenüber das darauf folgende Reifestadium der gesamtgesellschaftlichen Kooperation bezeichnet, das durch eine grundlegende Veränderung der technischen Produktionsgrundlage und dementsprechende Veränderungen in den ökonomischen Verhältnissen gekennzeichnet ist, denn die neue Produktionsweise erreicht gegenüber der vorangehenden ein qualitativ neues Niveau der Produktivkräfte.

Dieses Kriterium für die Einteilung in Stadien ruft kaum Einwände hervor. Deshalb können die Auffassungen jener Ökonomen nicht überzeugen, die sich gegen das Prinzip aussprechen, das der Abgrenzung der Reifestadien zugrunde liegt. Jede Produktionsweise kann sich nur in der Weise entwickeln, daß sie zu Anfang die neue Form der gesellschaftlichen Arbeitsorganisation schafft und das qualitative Niveau der gegenständlichen Produktionsbedingungen für eine bestimmte Zeit im wesentlichen unverändert beläßt. Erst wenn sie die bereits vorhandenen Produktionsbedingungen voll beherrscht und die neue gesellschaftliche Organisationsform der Arbeit nutzt, vollzieht sie die Umwälzung in der technischen Basis der Produktion. Weder die theoretischen Vorstellungen noch die historischen Erfahrungen bei den sozialistischen Umgestaltungen lassen Grund zu der Annahme, daß sich der Übergang von einer Produktionsweise zur anderen, vor allem vom Kapitalismus zum Kommunismus, in irgendeiner anderen Form vollziehen könnte.

Natürlich darf man die formale und die reale Vergesellschaftung der Arbeit nicht mit der formalen und realen Unterordnung der Arbeit unter die neue soziale Form gleichsetzen.

Auch bei den ökonomischen Prozessen im Rahmen der kapitalistischen Produktionsweise sind die formale und reale Unterordnung der Arbeit unter das Kapital vom Inhalt her keineswegs mit der formalen und realen Vergesellschaftung der Arbeit durch das Kapital gleichzusetzen. Die einfache kapitalistische Kooperation der Arbeit stellt eine Etappe der realen Vergesellschaftung der Arbeit durch das Kapital dar, auch wenn diese noch im Rahmen und auf der Grundlage der bisherigen technischen Produktionsstruktur erfolgt. Aber sie bewirkt ihrem Charakter nach eine neue und im Vergleich mit dem individuellen Produktionsprozeß höhere Produktivkraft. Das charakterisiert sie aber auch als Faktor der realen Vergesellschaftung der Arbeit durch das Kapital, obwohl dies noch nicht deren reale Unterordnung bedeutet.

Als Karl Marx diesen Umstand feststellte, wies er besonders auf folgendes hin: „Formell ist die Subsumtion, so weit der einzelne Arbeiter, statt als unabhängiger Waarenbesitzer zu arbeiten, jetzt als dem Capitalist gehöriges . . . Arbeitsvermögen und daher unter dem Commando und Aufsicht des Capitalisten, auch nicht mehr für sich, sondern für den Capitalisten arbeitet; auch die Arbeitsmittel nicht mehr als Mittel zur Verwirklichung seiner Arbeit, seine Arbeit vielmehr als Mittel der Verwerthung — d. h. Einsaugen von Arbeit — für die Arbeitsmittel erscheint. Formell ist dieser Unterschied, so weit er existiren kann, ohne daß irgend wie die Productionsweise und die gesellschaftlichen Verhältnisse, in denen die Production stattfindet, im geringsten verändert werden. Mit der Cooperation tritt schon ein spezifischer Unterschied ein. Die Arbeit vollzieht sich unter Bedingungen, unter denen die unabhängige Arbeit des Einzelnen sich nicht vollbringen kann — und zwar erscheinen diese Bedingungen als ein ihn beherrschendes Verhältniß, als ein Band, das das Capital um die einzelnen Arbeiten schlingt.“[35]

Die gesamtgesellschaftliche Form der Kooperation der gesellschaftlichen Arbeit stellt eine neue und im Vergleich zum Kapitalismus höhere Stufe ihrer Vergesellschaftung dar. Folglich vergesellschaftet sie vom Standpunkt der Genesis der

[35] K. Marx, Zur Kritik der politischen Ökonomie (Manuskript 1861—1863), Teil 1, in: MEGA, II. Abteilung, Bd. 3.1, a. a. O., S. 235/236.

kommunistischen Gesellschaft die Arbeit und vereinigt sie im Rahmen des gesamten Volkes, um die für die Gesellschaft notwendigen Erzeugnisse zu produzieren und zu verteilen. Das ist keineswegs eine formale, sondern eine reale Vereinigung der Arbeit. Historisch gesehen ist es der Ausgangspunkt für die kommunistische Produktionsweise, die den Kapitalismus ablöst, der selbst in seinem höchsten Entwicklungsstadium nicht in der Lage ist, eine solche Organisationsform der gesellschaftlichen Arbeit zu schaffen.

Die formale und reale Subordination der Arbeit und die formale und reale Vergesellschaftung der Arbeit sind selbst in der kapitalistischen Produktion verschiedenartige Prozesse. Der Unterschied ist um so größer, wenn es sich um die kapitalistische und um die kommunistische Gesellschaft handelt.

Der Gedanke, daß die kommunistische Produktionsweise im Verlauf ihrer Herausbildung verschiedene Entwicklungsperioden durchläuft, und zwar je nachdem, ob sie sich auf einer aus der Vergangenheit übernommenen technischen Grundlage oder auf Grund jener revolutionären Veränderungen entwickelt, die sie in der vorhandenen technischen Basis vollzieht, erscheint uns zweifellos konstruktiv. Um diesen Gedanken weiter zu verfolgen, muß man das Problem jedoch nicht unter allgemein-ökonomischen Aspekten der Entwicklung der kommunistischen Produktion, sondern unter dem Gesichtspunkt ihrer spezifischen Gesetzmäßigkeiten behandeln. In diesem Falle ergeben sich völlig neue Aspekte für die inhaltliche Charakteristik der gesamtgesellschaftlichen Kooperation der Arbeit.

Die Schaffung einer prinzipiell neuen technologischen Produktionsweise, die die reale Vergesellschaftung der Arbeit bedeutet, löst keineswegs endgültig das Problem ihrer kommunistischen Vergesellschaftung und entscheidet deshalb auch nicht das Problem der vollen Reife des unmittelbar gesellschaftlichen Verhältnisses. Selbst wenn im Entwicklungsprozeß der gesamtgesellschaftlichen Kooperation der Arbeit eine Umgestaltung der materiell-technischen Grundlage der modernen Produktion erreicht werden wird, in deren Ergebnis die gesellschaftliche Arbeitsproduktivität wesentlich über der im Kapitalismus liegen wird, ist das Problem der Entwicklung des unmittelbar gesellschaftlichen Verhältnisses nicht endgültig gelöst. Die volle Reife des unmittelbar gesellschaftlichen Verhältnisses setzt voraus, daß die Arbeit aus einem Mittel des Lebensunterhalts in das erste Bedürfnis verwandelt wird, d. h., die kommunistische Gesellschaft muß einen solchen Entwicklungsstand erreicht haben, bei dem nicht das gegenständliche Ergebnis, sondern die Tätigkeit an sich das Hauptmotiv für den materiellen Prozeß der Gesellschaft bildet und dessen Inhalt bestimmt. Dabei ist die Etappe der realen Vergesellschaftung der sozialistischen Produktion, die dadurch charakterisiert ist, daß ein höherer Stand der gesellschaftlichen Arbeitsproduktivität als im Kapitalismus erreicht und das ökonomische Potential vermehrt wurde, von derjenigen Etappe zu unterscheiden, bei der über den Rahmen des stofflichen Reichtums als grundlegendes Ziel der gesellschaftlichen Produktion bereits hinausgegangen wird. Erst im letzteren Fall kann man von einer realen kommunistischen Vergesellschaftung der Produktion im eigentlichen Sinne sprechen. Dieser Umstand ist entscheidend, wenn man die gesamtgesellschaftliche Kooperation der Arbeit charakterisiert.

Um diese Etappe zu erreichen, müssen die Überreste der gesellschaftlichen Arbeitsteilung überwunden werden, d. h., es sind alle sozialen Unterschiede in der Arbeit und damit auch die Unterschiede in der gesellschaftlichen Stellung der einzelnen Mitglieder der Gesellschaft endgültig zu beseitigen. Auch hierin unterscheidet sich die gesamtgesellschaftliche Kooperation der Arbeit grundsätzlich von der kapitalistischen Kooperation. Zwar untergräbt letztere auch die Grundlagen der Arbeitsteilung, vor allem unter den Bedingungen der maschinellen Großproduktion, und schafft damit die materiellen Voraussetzungen der kommunistischen Arbeitsorganisation, doch kann unter kapitalistischen Produktionsverhältnissen die soziale Bindung der Menschen an verschiedene Tätigkeitsarten nicht überwunden werden. Das ist erstens deshalb nicht möglich, weil die lebendige Arbeit weiterhin den Hauptfaktor zur Produktion des Reichtums darstellt, denn letzterer existiert weiter in gegenständlicher Form; zweitens besteht eine antagonistische Klassenstruktur der Gesellschaft, die eine sehr entwickelte Form der gesellschaftlichen Arbeitsteilung verkörpert. Solange diese Form besteht, kann die Ungleichheit in der sozialen Tätigkeit nicht überwunden werden. Aber in diesem Falle kann die Vergesellschaftung der Produktion nicht nur in der Form der Kooperation, sondern auch in der Form der Arbeitsteilung erfolgen, was auch tatsächlich der Fall ist.

Die gesamtgesellschaftliche Kooperation der Arbeit unterscheidet sich also von Anfang an dadurch wesentlich von der kapitalistischen, daß sie die hauptsächliche und einzige Form der kommunistischen Vergesellschaftung der Produktion ist. In dem Maße, wie die soziale Rolle der Arbeit zunimmt und sich entwickelt, wird sie nicht durch die Bewegung der materialisierten Ergebnisse, d. h. der Erzeugnisse, realisiert, sondern unmittelbar in Form der Tätigkeit selbst, die nämlich eine sehr wesentliches Ergebnis der gesellschaftlichen Produktion ist.

Als neue Form der gesellschaftlichen Organisation des Arbeitsprozesses, die den kommunistischen Produktions- und Austauschverhältnissen entspricht, erfüllt die gesamtgesellschaftliche Kooperation der Arbeit ihre Aufgaben vor allem in ihrer Eigenschaft als Form. Sie kann innerhalb eines bestimmten Zeitraumes nicht die technische Produktionsstruktur nach den Bedürfnissen des sich herausbildenden Systems von kommunistischen Produktionsverhältnissen umgestalten. Trotzdem stellt sie eine neue Produktivkraft der Gesellschaft dar. Die gesamtgesellschaftliche Kooperation, die eine gewaltige Kraft der im Rahmen der Gesellschaft assoziierten Individuen darstellt, ermöglicht es, Aufgaben zu lösen, die bei gleichem technischen Produktionsniveau und bei einer gleichen Zweigstruktur praktisch unlösbar wären, würde es diese Form nicht geben.

Wir brauchen nur an entscheidende Ereignisse in der Geschichte unserer Gesellschaft zu erinnern. Bereits in den Vorkriegsjahren bewies die Sowjetwirtschaft ihre grundlegenden Vorzüge gegenüber dem Kapitalismus, vor allem im Entwicklungstempo der erweiterten Reproduktion. Das zeigte sich bei der Schaffung der materiell-technischen Basis des Sozialismus. In höchstem Maße trifft das für die Zeit des Großen Vaterländischen Krieges zu, die zugleich die ökonomischen Möglichkeiten der neuen Produktionsweise demonstrierte.

Typisch sind dafür auch die Nachkriegsjahre, in denen der friedliche wirtschaftliche Aufbau erfolgte. Unsere Gesellschaft verlor fast ein Drittel des Nationalreichtums und eine gewaltige Zahl von Menschen, trotzdem konnte sie in weniger als zwei Planjahrfünften das ökonomische Vorkriegspotential wiederherstellen. Nach etwa weiteren zweieinhalb Fünfjahrplanzeiträumen konnte sie bei einigen wichtigen Arten von Industrieerzeugnissen einen höheren Produktionsausstoß erreichen als die USA.

Diese Ergebnisse wurden erzielt, weil jene Vorzüge realisiert wurden, die sich aus der gesamtgesellschaftlichen Kooperation der Arbeit als neuer gesellschaftlicher Organisationsform ergaben und den kommunistischen Produktions- und Austauschverhältnissen adäquat sind. Da aber diese Form auf der bisherigen technischen Grundlage wirksam ist, sind ihre Möglichkeiten trotzdem begrenzt. Sie ist der kommunistischen Produktion nur als Form des Arbeitsprozesses adäquat, nicht aber als eigentlich neue Arbeitsweise. In diesem Falle wird ihre Effektivität noch von den Möglichkeiten des extensiven Typs der gesellschaftlichen Reproduktion bestimmt. Bei diesem nimmt die Anwendung von lebendiger Arbeit zu, es werden erhebliche Mengen zusätzlicher Produktionsmittel, neue Lagerstätten von Bodenschätzen, fruchtbare, aber noch nicht bestellte Bodenflächen und zusätzliche Arbeitskräfte in die Produktion einbezogen.

Erweisen sich diese Quellen als begrenzt, so sind qualitative Umgestaltungen in der Arbeitsweise vorzunehmen, und es ist eine grundlegend neue technische Produktionsbasis zu schaffen, die eine intensiv erweiterte Reproduktion sichert. Der Übergang zu einem neuen Entwicklungsstadium in der gesamtgesellschaftlichen Kooperation der Arbeit stellt ein Mittel dar, um den Widerspruch zwischen der Organisationsform des Arbeitsprozesses, die die gesamte Gesellschaft umfaßt, und ihrer begrenzten technischen Basis zu lösen, die ihrem Wesen nach weiterhin das Produkt des historisch überkommenen Systems von Produktions- und Austauschverhältnissen darstellt. Bei der historischen Herausbildung und Entwicklung der kommunistischen Produktionsweise in der UdSSR umfaßt das erste Reifestadium der gesamtgesellschaftlichen Kooperation der Arbeit die Übergangsperiode, d. h. die Periode ihrer Herausbildung, sowie den gesamten Zeitraum der Errichtung des Sozialismus, und zwar im wesentlichen bis zur entwickelten sozialistischen Gesellschaft. Dies ist der erste Reifegrad der kommunistischen Produktionsweise im eigentlichen Sinne; er ist dadurch charakterisiert, daß eine neue Form des gesellschaftlichen Arbeitsprozesses vorhanden ist, während die bisherige materiell-technische Basis beibehalten wird. Letztere ist ganz allgemein dadurch bestimmt, daß die unmittelbare gesellschaftliche Arbeit weiterhin die Hauptquelle des gesellschaftlichen Reichtums bildet.

Hat die sozialistische Gesellschaft die vom Kapitalismus geschaffenen materiellen Produktionsbedingungen übernommen, führt sie revolutionäre Umgestaltungen im Gesamtsystem der materiellen Mittel durch, die Gesellschaft und Umwelt verbinden, und schafft damit die ihren sozialen Zielen adäquate materiell-technische Produktionsbasis. Anfänglich muß sie jedoch die vom Kapitalismus übernommenen materiellen Mittel nutzen. Erstens werden selbst im höchsten Entwicklungsstadium des Kapitalismus weitgehend Überreste manueller Arbeitsmittel und manueller Arbeitsgänge beibehalten. Zweitens bleibt die traditionelle Produktionstechnologie, die darauf beruht, daß mit mechanischen Methoden auf den Arbeitsgegenstand eingewirkt wird, praktisch unverändert erhalten. Drittens ist der unmittelbare Produzent, nämlich der Werktätige, weiterhin der Hauptagent des technologischen Prozesses. Dadurch kann der Kapitalismus viertens keine komplexe Automatisierung der Produktion vornehmen.

Das alles wird von der kommunistischen Gesellschaft, die den Kapitalismus ablöst, anfangs mehr oder weniger übernommen. Außerdem ist auch das konkret-historische Element zu berücksichtigen. Wenn wir von der materiell-technischen Grundlage der gesamtgesellschaftlichen Kooperation der Arbeit sprechen, so dürfen wir nicht vom Kapitalismus allgemein als einer historisch determinierten Produktionsweise ausgehen, die ihren höchsten Entwicklungsstand im staatsmonopolistischen Kapitalismus erreicht, sondern von einem solchen Zustand der kapitalistischen Gesellschaft, wie sie ihn im Augenblick der sozialistischen Umgestaltungen erreicht. Wir müssen also das Wirken des Gesetzes der ungleichmäßigen ökonomischen und politischen Entwicklung des Kapitalismus im Imperialismus berücksichtigen. Die entstehende kommunistische Gesellschaft kann also unter Umständen eine solche materiell-technische Basis vorfinden, die noch Spuren einer ungenügenden Entwicklung des Kapitalismus aufweist.

Im Verlauf der sozialistischen Umgestaltungen in der UdSSR wurden grundlegende Veränderungen vorgenommen, die eine echte revolutionäre Umwälzung in den materiellen Produktionsbedingungen gegenüber der Zeit vor der Revolution bedeuten. Trotzdem stellt die materielle Basis der sozialistischen Gesellschaft für einen langen Zeitraum das erste Reifestadium der gesamtgesellschaftlichen Kooperation der Arbeit dar. Ohne hierauf näher einzugehen, sollen nur einige Momente hervorgehoben werden, die sich vorwiegend auf den Entwicklungsgrad der Formen der gesellschaftlichen Produktionsorganisation beziehen. Die historischen Besonderheiten bei der Schaffung der materiell-technischen Basis des Sozialismus in der UdSSR machten es erforderlich, die erzeugnisbezogene Spezialisierung in der Industrieproduktion beträchtlich zu entwickeln. Dadurch wurde in einigen Industriezweigen ein sehr hoher Grad der Spezialisierung erreicht.

Die Entwicklung dieser Form der Spezialisierung führte jedoch dazu, daß lange Zeit hindurch komplexe Betriebe geschaffen wurden, die viele verschiedene Hilfsabteilungen umfassen. Dadurch entstanden in jedem einzelnen Zweig erzeugnisgebundene spezialisierte Produktionseinheiten von komplexem Charakter, mit geschlossenem Produktionszyklus. Deshalb entwickelten sich die dem modernen Stand der Industrieproduktion entsprechenden Spezialisierungsformen, z. B. nach Baugruppen oder technologischen Merkmalen, ungenügend.

Der Anteil der Spezialisierung nach Baugruppen liegt im Maschinenbau bei 15 bis 16%. Bei Roheisenguß produzierten Anfang der siebziger Jahre 54,5% der spezialisierten Betriebe noch nicht einmal 5% der Gesamtmenge der im Lande hergestellten Erzeugnisse. Eine ähnliche Situation ist im Werkzeug- und Vorrichtungsbau zu beobachten, wo 90% der Ausrüstungen und 87% der Arbeiter auf 4500 kleine Abteilungen von Maschinenbaubetrieben zersplittert waren.[36] Das beeinträchtigte die Entwicklung einer Massenproduktion gleichartiger Erzeugnisse in großen hochspezialisierten Betrieben mit der sich daraus ergebenden Produktionskooperation. Die große Bedeutung, die die Erzeugnisspezialisierung hat, führte im Prinzip dazu, daß in bestimmtem Maße die einfache Kooperation der Arbeit in jedem einzelnen Industriezweig beibehalten wurde.

Das betrifft in noch größerem Maße die Landwirtschaft, wo landwirtschaftliche Betriebe mit mehreren Erzeugnisbereichen den überwiegenden Produktionstyp bilden und die unterschiedlichsten Arten landwirtschaftlicher Erzeugnisse im Rahmen einer Produktionseinheit hergestellt werden. Wenn man auf diese Besonderheiten des ersten Reifestadiums der gesamtgesellschaftlichen Kooperation der Arbeit hinweist, so darf man sie nicht überbewerten, denn die Entwicklung der sozialistischen Produktionsverhältnisse bewirkt in einer bestimmten Etappe nicht nur die wesentliche Veränderung der Organisationsform des gesellschaftlichen Arbeitsprozesses, sondern auch eine grundlegende Veränderung im Inhalt der Arbeitsweise. Konkrete Existenzformen dieses Prozesses sind die Bildung und ständig zunehmende Entwicklung von Industrievereinigungen, von Agrar-Industrie-Vereinigungen und von Vereinigungen mehrerer Kollektivwirtschaften.

Ende 1963 gab es 351 Produktionsvereinigungen und Wissenschafts-Produktions-Vereinigungen in der Industrie. Ende 1972 waren es 879[37], und Ende 1976 belief sich ihre Zahl auf 3312.[38] Die Errichtung von Produktionsvereinigungen ist also kein formales, sondern ein weitgehend inhaltliches Moment, beruht sie doch nicht auf der administrativen, sondern auf der technologischen Einheit der zusammengeschlossenen Betriebe. Mit der Bildung neuer Vereinigungen werden zugleich diejenigen aufgelöst, die formalen Charakter tragen. So wurden von 1966 bis 1969 240 Vereinigungen aufgelöst.[39] Noch deutlicher zeigt sich diese Erscheinung in der landwirtschaftlichen Produktion. Im Jahre 1975 gab es in der UdSSR 6327 Betriebe, Organisationen und Vereinigungen, die mehrere Kollektivwirtschaften umfaßten, von denen nur 241, d. h. 3,8 Prozent, mehrere Produktionsbereiche umfaßten, während die übrigen 6086 oder 96,2% der Gesamtzahl sich nur einer Produktion widmeten. Es geht also nicht nur einfach darum, die vorhandene materielle Basis an die Bedingungen der neuen sozialen Form anzupassen, sondern sie

[36] Vgl. Ėffektivnost' chozjajstvennych obedinenij, Leningrad 1974, S. 62—65.

[37] Vgl. ebenda, S. 37.

[38] Vgl. Narodnoe chozjajstvo SSSR za 60 let, Moskva 1977, S. 170.

[39] Vgl. G. I. Sazonov, Social'no-ėkonomičeskie problemy koncentracii i razmeščenija promyšlennogo proizvodstva, Moskva 1971, S. 209.

grundlegend umzugestalten, die Ergebnisse der wissenschaftlich-technischen Revolution einzuführen und die der kommunistischen Gesellschaft adäquate materiell-technische Basis zu schaffen. Dieser Prozeß bildet den Hauptinhalt der zweiten Stufe der gesamtgesellschaftlichen Kooperation der Arbeit.

In der Literatur wurde diesem Prozeß bisher zu wenig Beachtung entgegengebracht. Technische Umwälzungen haben immer einen klar definierten sozialen Inhalt, denn, wie Karl Marx feststellte, „. . . mit der einmal erreichten Revolution in den Productivkräften — die sich technologisch zeigt — tritt auch Revolution in den Productionsverhältnissen ein".[40] Führt der technische Fortschritt einerseits zu bestimmten sozialen Veränderungen, so wird er anderseits stets vom Wirken gesellschaftlicher Kräfte und gesellschaftlicher Bedürfnisse bestimmt, die seinen Hauptfaktor bilden. Beschränkt sich eine Darstellung der sozialen Aspekte der wissenschaftlich-technischen Revolution gelegentlich nur auf ihre sozialen Folgen, so ist dies sehr einseitig und löst das Problem nicht. Hier kann eine falsche Vorstellung von den wirklichen Triebkräften entstehen. Es ist z. B. allgemein bekannt, daß die industrielle Revolution durch die sich entwickelnde kapitalistische Produktion ausgelöst wurde. Der sozialökonomische Hauptfaktor waren also die kapitalistischen Produktionsverhältnisse. Wie verhält es sich nun mit der wissenschaftlich-technischen Revolution? Auf den ersten Blick kann es den Anschein haben, daß die technische Revolution durch die Entwicklung der Produktivkräfte, durch ihre inneren Gesetzmäßigkeiten ausgelöst wurde. Diese Erklärung überzeugt uns nicht. Die Produktivkräfte sind ein Faktor der gesellschaftlichen Entwicklung, und ihre Dynamik wird nicht von Gesetzen der Technik, sondern von gesellschaftlichen Gesetzen bestimmt. Natürlich ist ohne technische Gesetze überhaupt keine Entwicklung der Produktivkräfte möglich. Die entscheidende Rolle kommt aber in diesem Falle nicht ihnen, sondern den gesellschaftlichen Entwicklungsgesetzen zu.

Ist die technische Revolution vielleicht ebenfalls ein Ergebnis der Entwicklung der kapitalistischen Produktionsweise? Auch diese Frage müssen wir negativ beantworten. Die kapitalistischen Produktionsverhältnisse haben als Entwicklungsfaktor der Produktivkräfte ihre historische Rolle im wesentlichen zu Beginn des 20. Jahrhunderts erfüllt. Dieses Jahrhundert wurde bekanntlich zur Periode des Untergangs des Kapitalismus als Produktionsweise im Weltmaßstab. Die durch die Herrschaft der Monopole bedingte Entstehung neuer gesellschaftlicher Produktionsformen und -mechanismen bedeutete den Zerfall des Kapitalismus als sozialökonomisches System, seine Fäulnis und den Beginn des Übergangs zur kommunistischen Produktionsweise.

Die in den fünfziger Jahren unseres Jahrhunderts einsetzende wissenschaftlich-technische Revolution wurde — was ihre sozialen Aspekte betrifft — durch die ihrer historischen Bedeutung nach gewaltigen sozialen Kämpfe und Umwäl-

[40] K. Marx, Zur Kritik der politischen Ökonomie (Manuskript 1861—1863), Heft XIX, Manuskriptseite 1199.

zungen vorbereitet, die die erste Hälfte des 20. Jahrhunderts ausfüllten und die ihrem Hauptinhalt nach die Epoche des Übergangs von der kapitalistischen zur kommunistischen Produktionsweise charakterisieren. Sie ist ein organischer Bestandteil des Übergangs zur kommunistischen Produktionsweise. Die wissenschaftlich-technische Revolution, die die der kommunistischen Gesellschaft adäquate technische Produktionsbasis schafft, kann sich nur entfalten und die ihr entsprechenden Möglichkeiten erreichen, wenn die kommunistischen Gesellschaftsverhältnisse gefestigt werden. Sie schafft dafür die notwendige materielle Basis.

Nur die kommunistische Produktionsweise und die ihr entsprechenden Produktionsverhältnisse können also als die wesentliche soziale Triebkraft der wissenschaftlich-technischen Revolution angesehen werden. Und wenn der heutige Kapitalismus ihre Ergebnisse nutzt und in bestimmtem Maße an ihrer Entwicklung Anteil hat, so kann sein sozialökonomisches System trotzdem nicht als soziale Triebkraft dieser Revolution angesehen werden. Es kann sich nur darum handeln, die kapitalistische Produktion den neuen, durch die wissenschaftlich-technische Revolution hervorgerufenen Bedingungen anzupassen. Die Methoden, mit denen diese Anpassung erfolgt, führen jedoch zu solchen sozialökonomischen Formen, die die materiellen Voraussetzungen für den Übergang zum Sozialismus stärken. Somit werden die Widersprüche zahlreicher und tiefer, und sie können nur durch die sozialistische Umgestaltung der Gesellschaft gelöst werden.

Technische Umwälzungen können niemals außerhalb der Formen der gesellschaftlichen Arbeitsorganisation erfolgen, die ihrem Wesen immanent sind. Die gesamtgesellschaftliche Kooperation der Arbeit als Ausgangspunkt der kommunistischen Produktionsweise ist ebenfalls eine solche notwendige Form, und nur in ihrem Rahmen kann sich die wissenschaftlich-technische Revolution entfalten und zum Abschluß gelangen.

Wenn wir deshalb bisher von der gesamtgesellschaftlichen Kooperation der Arbeit sprachen, die anfänglich auf der überkommenen materiell-technischen Grundlage wirkt, so ging es erstens darum, diese Form als solche abstrakt zu untersuchen, und, zweitens, nachzuweisen, daß sie eine bestimmte reale Bedeutung für diejenigen Länder hat, in denen die kapitalistische Produktionsweise nicht die entwickelten Formen der realen Unterordnung der Arbeit unter das Kapital angenommen hat. Deshalb steht hier die Aufgabe, die industrielle Struktur der gesellschaftlichen Produktion zu schaffen. In diesem Falle kann die gesamtgesellschaftliche Kooperation der Arbeit als Ausgangspunkt der kommunistischen Produktionsweise eine bestimmte Zeit auf der bisherigen materiellen Grundlage funktionieren. Gerade das Vorhandensein dieser gesellschaftlichen Form ermöglicht es der Gesellschaft, die Aufgabe zu lösen, in historisch kurzen Zeiträumen einen volkswirtschaftlichen Komplex zu schaffen und dabei jene mit der kapitalistischen Industrialisierung verbundenen Antagonismen zu vermeiden, die meistens für sie charakteristisch sind (massenweise Expropriation der Kleinproduzenten, wachsende Verelendung, Vertiefung der Klassengegensätze usw.).

Die gesamtgesellschaftliche Kooperation der Arbeit, die sich auf einer prinzipiell neuen materiellen Grundlage im Vergleich zu den anderen, in der Vergangenheit bestehenden Formen der Gesellschaftsorganisation entwickelt, ist ein Faktor zur Umgestaltung der materiellen Lebensbedingungen der Gesellschaft, der unmittelbar dem Wesen der sich aus der wissenschaftlich-technischen Revolution ergebenden Veränderungen entspricht. Die wissenschaftlich-technische Revolution schafft für die gesamtgesellschaftliche Kooperation der Arbeit die notwendige materiell-technische Basis.

Deshalb geht es dem Wesen nach nicht nur darum, im Zuge der Entwicklung der wissenschaftlich-technischen Revolution wesentliche Fortschritte bei den gegenständlichen Elementen der Produktivkräfte zu erzielen, durch die sowohl die Produktionsmittel als auch die technologischen Methoden zur Einwirkung auf den Arbeitsgegenstand grundlegend umgestaltet werden. Solche Veränderungen an den gegenständlichen Elementen der Produktion erfolgten auch in der Vergangenheit, wenn auch in wesentlich geringerem Umfang.

Den Hauptinhalt der wissenschaftlich-technischen Revolution darf man offensichtlich nicht darin sehen, daß in ihrem Verlauf die Kybernetisierung der Produktion erfolgt und damit endgültig die Bedingungen geschaffen werden, den gesamten Produktionsprozeß in einen einheitlichen mechanisierten Komplex automatischer Systeme zu verwandeln, der nicht nur die technologischen Prozesse, sondern auch die Kontroll- und Steuervorgänge umfaßt. Die Bedeutung dieser technischen Umwälzungen ist kaum zu überschätzen. Aber dennoch bilden weder sie allein noch das von ihnen verkörperte Produktivitätsniveau den Hauptinhalt der sozialen Umgestaltung der Produktionsweise. Der Hauptinhalt der sich vollziehenden Veränderungen kann durch zwei Momente bestimmt werden: Erstens wird die Wissenschaft zur Hauptproduktivkraft der Gesellschaft, und zweitens erfolgt eine grundlegende Veränderung in der Rolle des Menschen im Produktionsprozeß und im Charakter ihrer Arbeit. Diese Momente sind miteinander verbunden und bedingen einander. Die Verwandlung der Wissenschaft in die Hauptproduktivkraft der Gesellschaft bedeutet, daß die Wissenschaft ihre technische Anwendung in der Produktion findet und deren Niveau nicht von der Menge der angewandten gegenständlichen Elemente und dem Umfang der einfachen Arbeit, sondern vom Stand der wissenschaftlichen Erkenntnisse bestimmt wird, die im Produktionsprozeß ihren materiellen Niederschlag finden.

Die Wissenschaft, ihr Entwicklungsstand und die Effektivität der Methoden, mit denen sie angewendet wird, werden deshalb den Hauptfaktor für die Entwicklung der Produktion bilden. Durch die Materialisierung der Wissenschaft, dieser umfassenden und grundlegenden Produktivkraft, verwandelt sich der Produktionskomplex in ein einheitliches, automatisches, sich in allen seinen Bereichen selbst regulierendes System. Aber mit der Schaffung eines solchen Systems, und vor allem in dem Maße, wie es eingeführt wird, erfolgt die Befreiung des Menschen von der Funktion des Agenten des unmittelbaren Produktionsprozesses. Sobald die Wissenschaft sich in die Hauptproduktivkraft verwandelt, wird die wissenschaftliche, schöpferische Arbeit, die es dem Menschen ermöglicht, alle seine physischen und geistigen Kräfte, Fähigkeiten und Begabungen zu entwickeln, zur Hauptform der menschlichen Tätigkeit.

Unter diesen Bedingungen ist die Entwicklung der gesellschaftlichen Produktion nicht nur in ihrer Ausrichtung, sondern auch dem Wesen nach mit der Entfaltung der menschlichen Persönlichkeit identisch, denn hiervon hängen der Stand der wissenschaftlichen Kenntnisse und deren Anwendung in der Technik ab. Der eigentliche Sinn der Produktion ist die Entwicklung der menschlichen Persönlichkeit. Die menschliche Tätigkeit wird aus einem Mittel des Lebensunterhalts zu einem unmittelbaren Lebensbedürfnis. Sie ist nicht ein Mittel zur Produktion gegenständlichen Reichtums, sondern zur Entwicklung des Menschen. Das ist der Hauptinhalt und die innere Logik der wissenschaftlich-technischen Revolution, wenn man sie von den spezifisch sozialen Aspekten her untersucht und von der Herausbildung kommunistischer Verhältnisse die Rede ist.

Nur im Rahmen einer gesamtgesellschaftlichen Kooperation der Arbeit, die auf der von der wissenschaftlich-technischen Revolution geschaffenen materiell-technischen Basis beruht, wird der der ersten Phase der gesamtgesellschaftlichen Kooperation der Arbeit innewohnende Widerspruch gelöst, der zwischen der allgemeinen assoziierten Form des gesellschaftlichen Arbeitsprozesses und dessen Aufgliederung entsprechend der berufsbedingten Arbeitsteilung besteht, wie sie sich zwischen den verschiedenen Mitgliedern der Gesellschaft und ihren Kollektiven herausgebildet hat. Die gesamtgesellschaftliche Kooperation der Arbeit entwickelt sich auf der ihr adäquaten technischen Basis und überwindet dadurch die Überreste der alten Arbeitsteilung und damit auch die ihr innewohnende Differenzierung zwischen den einzelnen Wirtschaftseinheiten. Als Form der unmittelbaren Zusammenarbeit erwirbt sie so den ihrem Wesen entsprechenden Inhalt, der von der sozialen Gleichwertigkeit der Arbeit zwischen den einzelnen Individuen und ihren Kollektiven bestimmt wird.

Die gesamtgesellschaftliche Kooperation der Arbeit erreicht dieses Ziel, weil sie Produktivkräfte schafft, deren Entwicklung nicht mehr durch gegenständliche Agenten, wie sie frühere industrielle Umwälzungen hervorbrachten, noch durch den Aufwand an lebendiger Arbeit bestimmt wird, sondern in der Entwicklung der schöpferischen Potenzen der menschlichen Kräfte wurzelt, die in der Wissenschaft verkörpert sind, die zu einer Hauptproduktivkraft wird.

Diese revolutionäre Umwälzung in der Produktionsweise bedeutet gleichzeitig auch eine Veränderung im Charakter der gesamtgesellschaftlichen Kooperation der Arbeit. Sie entstand als eine Form zur Lösung des Widerspruchs zwischen dem gesellschaftlichen Charakter der Produktion und der privaten Form der Aneignung und funktioniert bis zu einem bestimmten Zeitpunkt als Ausdruck der im gesamtgesellschaftlichen Rahmen vergesellschafteten Arbeit, die anfänglich noch für jeden das Mittel zum Lebensunterhalt ist. Aber in dem Maße, wie die gesamtgesellschaftliche Kooperation die Produktion umgestaltet und die Arbeit zu einem Bedürfnis jedes einzelnen macht, ist sie nicht mehr Kooperation der Arbeit in derem traditionellen Sinne, denn die eigene schöpferische Betätigung wird zur neuen Form der Tätigkeit, und die Entwicklung des Menschen verkörpert dann den eigentlichen Sinn der Produktion. Die gesamtgesellschaftliche Kooperation stellt nach wie vor die Assoziation der gesamten gesellschaftlichen Tätigkeit dar. Aber da sich der Charakter dieser Tätigkeit ändert, verändert sich auch der Inhalt dieser Assoziation. Die gesamtgesellschaftliche Kooperation der Arbeit wird zu einer umfassenden Assoziation freier und allseitig entwickelter Individuen, deren gesamte Tätigkeit in sozialer Hinsicht mit der Form der Lebenstätigkeit jedes dieser Individuen identisch ist, denn jede Art der Tätigkeit ist jetzt eine Daseinsform des gesellschaftlichen Reichtums, der die Gesamtheit der allseitig entwickelten Individuen verkörpert. Das ist das höchste Reifestadium der gesamtgesellschaftlichen Kooperation der Arbeit.

Die kommunistische Produktionsweise im eigentlichen Sinne durchläuft also drei Hauptstadien ihrer Herausbildung.

Das erste Stadium ist dadurch charakterisiert, daß eine neue Form der gesellschaftlichen Organisation des Arbeitsprozesses entsteht und sich durchsetzt, nämlich die gesamtgesellschaftliche Kooperation der Arbeit, die eine neue Produktivkraft darstellt. Sie agiert anfänglich auf der bisherigen materiell-technischen Grundlage.

Das zweite Stadium ist durch die Umwälzung in der technischen Produktionsbasis gekennzeichnet. Die jetzt entstehende materiell-technische Basis der Produktion bildet die eigentliche Grundlage der kommunistischen Gesellschaft, die dem Wesen ihres ökonomischen Systems adäquat ist.

Im dritten Stadium wird ein solcher Stand der Produktivkräfte erreicht, bei dem nicht die Schaffung des gegenständlichen Reichtums, sondern die Entwicklung der persönlichen Fähigkeiten jedes Mitglieds der Gesellschaft zur Hauptform des Reichtums und damit zum Hauptmotiv der gesellschaftlichen Produktion wird.

Während des ersten Stadiums bleibt noch der extensive Charakter der Produktion erhalten, und die Zunahme des gesellschaftlichen Gesamtprodukts und des gesellschaftlichen Reichtums, der jetzt noch als gegenständlicher Reichtum besteht, erfolgt durch verstärkten Einsatz von materiellen Ressourcen und Arbeitskräften.

Im zweiten Stadium entsteht ein neuer Typ der gesellschaftlichen Produktion. Durch die umfassende Anwendung der Wissenschaft hört der gesellschaftliche Reichtum und sein Umfang auf, das Ergebnis aus der Anwendung der Produktionsmittel und der lebendigen Arbeit zu sein.

Im dritten Stadium erfolgt eine wesentliche Veränderung im Charakter des Reichtums, denn dieser wird unmittelbar durch den Menschen und die Voraussetzungen für dessen umfassende Entwicklung verkörpert.

Das sind die Hauptstadien bei der Herausbildung der kommunistischen Produktionsweise im eigentlichen Sinne.

Im Rahmen dieser Periodisierung, die keineswegs Anspruch erhebt, das Problem endgültig zu lösen, sondern bestenfalls nur eine Problemstellung sein will, erscheint es möglich, auch die Frage nach den ökonomischen Kriterien des entwickelten Sozialismus und dessen historischem Platz konkreter zu stellen und zu lösen. Diese Frage ist nämlich von grundsätzlicher theoretischer und unmittelbar praktischer Bedeutung. Deshalb wurde auch auf dem XXV. Parteitag der KPdSU sehr deutlich betont, daß die Theorie der entwickelten sozialistischen Gesellschaft künftig umfassend auszuarbeiten ist.

Der entwickelte Sozialismus ist dadurch charakterisiert, daß ein bestimmter Stand der Produktivkräfte und der Produktionsverhältnisse, eine spezifische sozialökonomische Klassenstruktur, eine bestimmte politische Organisation der Gesellschaft und viele andere Faktoren vorhanden sind. Geht es aber darum, den historischen Platz zu bestimmen, den diese Etappe bei der Herausbildung der kommunistischen Gesellschaft einnimmt, so ist das bestimmende Kriterium herauszuarbeiten. Es bedarf keines Beweises, daß dieses Kriterium im System der Verhältnisse der Produktionsweise im eigentlichen Sinne zu suchen ist. Es ist bekannt, welche Bedeutung die Arbeiten von Karl Marx zum Problem der drei Stadien des Kapitalismus in der Industrie für das Verständnis der Entwicklungsetappen der kapitalistischen Gesellschaft hatten. Vom Hauptkriterium dieser Periodisierung ging bekanntlich W. I. Lenin aus, als er die historischen Entwicklungsetappen des russischen Kapitalismus in seiner Arbeit „Die Entwicklung des Kapitalismus in Rußland" untersuchte. Man kann deshalb annehmen, daß im Rahmen der politischen Ökonomie des Sozialismus die theoretischen Probleme des entwickelten Sozialismus erst dann schöpferisch untersucht werden können, wenn die Kriterien und der historische Platz des entwickelten Sozialismus im Zusammenhang mit der Evolution der kommunistischen Produktionsweise im eigentlichen Sinne ausgearbeitet werden. Analysiert man das Problem unter diesem Gesichtspunkt, so kann man davon ausgehen, daß die Etappe des entwickelten Sozialismus den Übergang zur zweiten Phase der in der Herausbildung begriffenen kommunistischen Produktionsweise darstellt, denn in dieser Etappe ist die materiell-technische Basis des Kommunismus zu schaffen, d. h. die materielle Grundlage zu errichten, die dem ökonomischen System der kommunistischen Gesellschaft adäquat ist. Ausgehend von diesem Kriterium, sind alle weiteren Probleme der Entwicklung der gesellschaftlichen Verhältnisse im entwickelten Sozialismus, darunter auch das Problem der sozialistischen Lebensweise, aufzuwerfen und zu lösen.

KAPITEL IV

Das Aufsteigen vom Abstrakten zum Konkreten – die Grundlage der Einheit von Historischem und Logischem

Wir haben vorstehend mehrfach die These vertreten, daß die ökonomische Struktur des entwickelten Sozialismus gleichzeitig ein Moment der Genesis des ökonomischen Systems der kommunistischen Gesellschaft darstellt. Deshalb sind die historische und die logische Forschungsmethode in der politischen Ökonomie des Sozialismus in spezifischer Weise miteinander zu verknüpfen. Daraus ergeben sich die Besonderheiten beim Aufsteigen vom Abstrakten zum Konkreten und dessen Bedeutung für die ökonomische Theorie des Sozialismus. Bevor wir uns aber diesen Besonderheiten zuwenden, ist das Wesen der Methode des Aufsteigens vom Abstrakten zum Konkreten ganz allgemein darzulegen. Das ergibt sich nicht nur aus der Aktualität der Aufgabe, die Theorie der Methode der politischen Ökonomie des Sozialismus auszuarbeiten, sondern auch aus dem gegenwärtigen Stand auf diesem Gebiet.

1. Das Wesen der Methode der politischen Ökonomie

Die Methode der materialistischen Dialektik ist die allgemeine Methode zur Erkenntnis aller Bewegungsformen der Materie, die dem gegenwärtigen Stand der wissenschaftlichen Erkenntnis am meisten entspricht. Wendet man diese Methode an, um die Erscheinungen und Prozesse der sozialen Wirklichkeit zu erkennen, so muß man die wesentlichen Besonderheiten der sozialen Prozesse gegenüber anderen Bewegungsformen der Materie berücksichtigen. Die Form, die der Methode der materialistischen Dialektik und der Spezifik der sozialen Erscheinungen am meisten entpricht, ist der historische Materialismus. Damit bestimmen wir aber noch nicht den Inhalt dieses Systems von logischen Mitteln und Denkformen, mit dessen Hilfe die Aufgabe gelöst wird, die soziale Realität theoretisch widerzuspiegeln und sie wissenschaftlich umzusetzen. Die Methode des Aufsteigens vom Abstrakten zum Konkreten ist ein solches System, d. h. die Art und Weise, das Wesen des Gegenstandes in seiner historischen Ganzheit theoretisch darzustellen.[1]

[1] Vgl. Z. M. Orudžev, Edinstvo dialektiki, logiki i teorii poznanija v „Kapitale“ K. Marksa, Baku 1968, S. 250.

Zwischen der Ausarbeitung der Konzeption von der materialistischen Geschichtsauffassung und der Methode des Aufsteigens vom Abstrakten zum Konkreten besteht also ein außerordentlich enger innerer Zusammenhang. Die materialistische Geschichtsauffassung, die ursprünglich nur eine wissenschaftliche Hypothese war, wurde allseitig und umfassend im „Kapital" begründet, das mit Recht das Hauptwerk der wissenschaftlichen Soziologie ist. Im „Kapital" wurde die Methode des Aufsteigens vom Abstrakten zum Konkreten erstmalig umfassend und konsequent angewandt.

Bei der Untersuchung des ökonomischen Systems der sozialistischen Gesellschaft wird die Methode des Aufsteigens vom Abstrakten zum Konkreten noch nicht sehr häufig angewendet. Das hat verschiedene Ursachen.

Vor allem gibt es bestimmte theoretische Vorbehalte, ob man die Methode des Aufsteigens vom Abstrakten zum Konkreten bei der Untersuchung der ökonomischen Struktur des Sozialismus anwenden kann. Gelegentlich wird die Auffassung vertreten, daß das Fortschreiten der Erkenntnis von einem Teil zum Ganzen nur auf jene gesellschaftliche Formen zutrifft, in denen das Privateigentum herrscht. Wird aber die ökonomische Struktur einer unmittelbar assoziierten Produktion untersucht, so müsse umgekehrt vorgegangen werden, daß der Erkenntnisprozeß vom Allgemeinen zum Besonderen fortschreitet.[2] Dabei wird außer acht gelassen, daß der Zusammenhang zwischen dem Privateigentum und dem Fortschreiten der Erkenntnis vom Besonderen zum Allgemeinen nur darin besteht, daß in beiden Fällen das Attribut „častnyj" Anwendung findet. In allen übrigen Fällen bestehen keine Beziehungen zwischen beiden, da das Privateigentum ja ebenfalls ein gesellschaftliches Verhältnis zwischen Individuen ist: Es charakterisiert ihre gesellschaftlichen Beziehungen, es ist also seiner Bedeutung nach ein ebenso allgemeines soziales Phänomen wie auch die unmittelbar assoziierte Form des Eigentums. In beiden Fällen ist die Gesellschaft als Ganzes das Erkenntnisobjekt. Aber Gemeinsamkeit des Erkenntnisobjektes bedeutet im Prinzip auch Anwendung der gleichen Methode.

Es ist bei einer Untersuchung keineswegs gleichgültig, welche Methode angewendet wird, um objektiv existierende ökonomische Erscheinungen zu erkennen. Die Methode wird durch den Charakter des Erkenntnisgegenstandes, dessen innere Struktur sowie durch die ihm innewohnenden Gesetzmäßigkeiten seiner Funktionsweise und Entwicklung bestimmt, insbesondere durch den Reifegrad, den das Objekt, bei dem es sich um das System der materiellen Verhältnisse der Gesellschaft handelt, erreicht hat.

Trotzdem wird ein erheblicher Teil der Lehrbücher für politische Ökonomie des Sozialismus nach dem logischen Schema erarbeitet, wie es bei der ersten Auflage angewendet wurde. Der objektive Stand in der ökonomischen Theorie des So-

[2] Vgl. K. Ostrowitjanow, Das ökonomische Grundgesetz des Sozialismus und methodologische Fragen der politischen Ökonomie, in: Sowjetwissenschaft/Gesellschaftswissenschaftliche Beiträge, 6/1963, S. 654.

zialismus und die praktischen Aufgaben, die sich aus der gesamten Entwicklung der sozialistischen Gesellschaft ergeben, gebieten jedoch nachdrücklich, die Methode des Aufsteigens vom Abstrakten zum Konkreten bei der Untersuchung der sozialistischen Produktionsverhältnisse weitgehender und umfassender anzuwenden. Erste Erfahrungen liegen hier bereits vor. Es handelt sich dabei um den „Lehrgang für Politische Ökonomie" unter der Redaktion N. A. Cagolovs. Obwohl die Methode dieses Lehrbuchs keineswegs vollkommen ist, kann sie als Ausgangspunkt für Untersuchungen auf diesem Gebiet angesehen werden.

Der Lösung dieser Aufgabe steht auch entgegen, daß der Inhalt dieser Methode selbst unterschiedlich ausgelegt wird. Viele Autoren haben unterschiedliche Auffassungen von der Bedeutung der Kategorien „Konkretes" und „Abstraktes". Deshalb bestehen auch verschiedenartige Vorstellungen über die Methoden der Untersuchung und der Darlegung. Auch über die Rolle und Bedeutung der Fakten bei theoretischen Untersuchungen über die Produktionsverhältnisse einer Gesellschaft gibt es keine einhellige Meinung. Deshalb erscheint es zweckmäßig, etwas ausführlicher auf den Inhalt der Methode des Aufsteigens vom Abstrakten zum Konkreten einzugehen (nur auf die wichtigsten Punkte, die den Inhalt charakterisieren, da dieser bereits sehr ausführlich behandelt wurde).

Befassen wir uns zuerst mit dem Inhalt der Kategorien „Konkretes" und „Abstraktes". Eine bestimmte Zeit hindurch wurde das „Konkrete" als Synonym für die objektive Wirklichkeit und das „Abstrakte" als Widerspiegelung des Konkreten im Bewußtsein aufgefaßt. In diesem Falle lief das Verhältnis von Konkretem und Abstraktem auf dasjenige von Materiellem und Ideellem, von Sein und Bewußtsein hinaus.[3] Hier ist das Aufsteigen vom Abstrakten zum Konkreten gleichbedeutend mit der Bewegung von der Idee zur realen Wirklichkeit. Die Methode des Aufsteigens vom Abstrakten zum Konkreten wurde also im Prinzip idealistisch ausgelegt. Obwohl diese Auffassung in der Philosophie längst überwunden ist, kann man in bezug auf die Methode der politischen Ökonomie des Sozialismus trotzdem gelegentlich dieser falschen Auslegung begegnen. So lesen wir in einer Veröffentlichung: „... mitunter wird die Methode der politischen Ökonomie einseitig ausgelegt, und zwar nur als Bewegung vom Abstrakten zum Konkreten. Worin besteht in diesem Fall der Ausgangspunkt der Erkenntnis? Im logischen Gedanken oder im abstrakten Begriff?"[4]

Dieser Auffassung vom Abstrakten kommt es sehr nahe, wenn das Konkrete als unmittelbares Abbild der Wirklichkeit, des sinnlich Wahrnehmbaren, als Welt

[3] Die Weiterentwicklung der Hegelschen Dialektik durch Karl Marx einschätzend, wies M. A. Deborin darauf hin, daß dessen größtes Verdienst auf diesem Gebiet darin bestand, den Widerspruch zu überwinden, der aus dem idealistischen Ausgangspunkt des Hegelschen Systems folgte, nämlich „den Widerspruch zwischen Konkretem und Abstraktem, Materiellem und Ideellem" (in: Gegel', Sočinenija, Bd. 1, Moskau-Leningrad 1930, S. XXVIII).

[4] L. Abalkin, Metod političeskoj ėkonomii socializma — obobščennoe vyraženie eë razvitija, in: Ėkonomičeskie nauki, 1/1974, S. 24.

der Erscheinungen, der äußeren Abbildungen, der empirischen Erfahrungen usw. aufgefaßt wird. In diesem Falle wird das Verhältnis von Konkretem und Abstraktem als ein Verhältnis von emotionaler und rationaler Erkenntnisstufe dargelegt.

Diese unterschiedlichen Auffassungen zum Inhalt der Kategorien „Konkretes“ und „Abstraktes“ und über ihr gegenseitiges Verhältnis widersprechen nicht nur der im „Kapital“ angewandten Methode, sondern auch den Ergebnissen der theoretischen Untersuchungen über das methodologische Erbe von Karl Marx, die in den letzten 20 Jahren in der Wissenschaft erzielt wurden.[5]

Das Konkrete und Abstrakte sind vor allem Kategorien der objektiven Dialektik, d. h. Kategorien der realen Wirklichkeit. „Die Natur“, schrieb W. I. Lenin, „ist *sowohl* konkret *als auch* abstrakt, *sowohl* Erscheinung *als auch* Wesen, *sowohl* Moment *als auch* Verhältnis.“[6] Folglich sind Konkretes und Abstraktes Eigenschaften der objektiven Realität.

Die Wirklichkeit als etwas Konkretes stellt ein solches objektives Ganzes dar, das durch eine Vielzahl von Seiten, Eigenschaften, Merkmalen, Komponenten, Funktionen usw. charakterisiert ist. Alle diese objektiven Faktoren des Konkreten bilden deshalb ein Ganzes, weil sie eine Einheit von Gegensätzen sind, deren verschiedene Seiten einander bedingen und ausschließen, sich im Stadium wechselseitiger Übergänge befinden und in jedem Augenblick sowohl das eine als auch das andere, also ihren eigenen Gegensatz darstellen. Will man das Konkrete verstehen, so muß man den grundlegenden Zusammenhang bestimmen, der das Besondere, die nur dieser Gesamtheit innewohnende Eigenschaft, ausmacht.

Betrachtet man das Konkrete nicht als mechanische Verknüpfung einzelner Elemente, sondern als organisches System, das ständig in Bewegung ist, so lassen sich dessen innere Zusammenhänge nicht erkennen, wenn man nach den formalgenetischen Merkmalen der Bestandteile sucht. Jedes organische Ganze ist ständig durch genetische Zusammenhänge verbunden, und gerade sie bestimmen sein organisches Wesen, d. h. die Fähigkeit, das dynamische Gleichgewicht der inneren Struktur im Verlauf der Entwicklung aufrechtzuerhalten.

Deshalb sind also die Gesetzmäßigkeiten für die Bewegung des Ganzen und die inneren Zusammenhänge seiner Existenzformen nur zu erkennen, wenn man seine genetische Form herauskristallisiert. Ihre Charakteristik ergibt eine sehr einfache (und deshalb auch abstrakte) Definition des betreffenden Ganzen. Die Analyse dieser Form vermittelt uns natürlich keine Vorstellung von allen inneren Zusammenhängen und keineswegs vom gesamten Reichtum der äußeren Merkmale des Systems. Das ist aber durchaus normal, denn im Entwicklungsprozeß dieses Systems ist die genetische Form nicht ständig die gleiche. Sie durchläuft mehrere Entwicklungsstufen und ist nur eine Seite des in der Entstehung begriffenen Ge-

[5] In diesem Zusammenhang sei auf die Arbeit von Ė. V. Il'enkov, Dialektika abstraktnogo i konkretnogo v „Kapitale“ K. Marksa (Moskva 1960) hingewiesen.

[6] W. I. Lenin, Konspekt zu Hegels „Wissenschaft der Logik“, in: Werke, Bd. 38, Berlin 1964, S. 198.

bildes, doch bleibt sie eine sehr wesentliche Grundlage des betreffenden Konkreten und zugleich auch dessen allgemeinste Definition. So beginnt Marx z. B. die Untersuchung des Systems der Produktionsverhältnisse der kapitalistischen Produktionsweise deshalb mit der Analyse der Ware, weil dieses System aus der Entwicklung der Warenform des Arbeitsprodukts hervorgeht.[7]

Die Ware ist hier die genetische Form des Kapitalismus, obwohl sie gleichzeitig dessen elementare Konkretheit, dessen allgemeinstes Existenzmerkmal darstellt. Folglich ist sie ein objektives, abstraktes Moment der konkreten Ganzheit der kapitalistischen Produktion. Die Ware ist gegenüber dem Kapital abstrakt, und zwar gegenüber dem Kapital als Ganzem, nicht aber gegenüber irgendeiner Seite des Kapitals. Dabei darf natürlich nicht außer acht gelassen werden, daß sie zwar ein objektiv-abstraktes Moment des Kapitals darstellt, in dessen Struktur jedoch nicht nur als genetische Grundlage, sondern zugleich auch als Form ihrer verschiedenen eigenen Entwicklungsstufen existiert: des Geldes, des Mehrwerts usw. Aber letztere sind Entwicklungsmomente der Ware als etwas Objektiv-Abstraktes im System der kapitalistischen Produktion und können deshalb nur erkannt werden, indem man sie gesondert betrachtet.[8]

Die genetische Form tritt als etwas Abstraktes in Erscheinung, was aber nicht ausschließt, daß sie in ihrer reifen Struktur als eine gesonderte und isolierte Daseinsform existiert. Geht man davon aus, daß sich das Konkrete zum Abstrakten wie das System zu seiner genetischen Grundlage verhält, so hat die Untersuchung der ökonomischen Struktur der Gesellschaft in der Weise zu erfolgen, daß wir die abstrakte Definition, die Kategorie, die im Keim alle ihre Widersprüche enthält, aussondern.

So stellt z. B. das System der sozialistischen Produktionsverhältnisse, als Ganzes betrachtet, eine konkrete ökonomische Formation, einen ganzheitlichen Organismus dar. Ihre einzelnen Komponenten bilden nicht etwa deshalb eine Einheit, weil sie untereinander identisch, gleichartig oder ohne Unterschiede sind. Jede von ihnen hat vielmehr eine eigene Qualität, besitzt eigene Besonderheiten und Merkmale. Ihre Einheit ergibt sich aus dem Zusammenhang, der sie zu einem Ganzen vereinigt und in dessen Grenzen sie aufeinander einwirken können. Der unmittelbar gesellschaftliche Charakter des Arbeitsprozesses, die planmäßige Form seiner Funktionsweise, die unmittelbare Verknüpfung von persönlichen und gegenständlichen Produktionsfaktoren, der direkte gesellschaftliche Nutzen, die

[7] Vgl. K. Marx, Brief an F. Engels vom 22. Juli 1859; in: MEW, Bd. 29, Berlin 1967, S. 463.

[8] Deshalb können wir nicht jenen Ökonomen zustimmen, die der Auffassung sind, daß „die Bewegung vom Abstrakten zum Konkreten nicht unbedingt den geschichtlichen Entwicklungsprozeß zum Ausdruck bringt“ (G. Kozlov, Princip istorizma v sisteme političeskoj ėkonomii socializma, in: Voprosy ėkonomiki, 12/1976, S. 20). In diesem Falle bleiben nach unserer Auffassung nicht nur die Entwicklungsstufen des Abstrakten unberücksichtigt, sondern es werden auch das Abstrakte als Eigenschaft der objektiven Wirklichkeit und das Abstrakte als Kategorie der Erkenntnis gleichgesetzt.

Schaffung allgemeinen Wohlstandes und die umfassende Entwicklung der persönlichen Fähigkeiten jedes einzelnen Mitglieds der Gesellschaft stellen neben vielen anderen Faktoren die Vielfalt in der Einheit dar, d. h. das konkrete System der Produktions-, Verteilungs-, Austausch- und Konsumtionsverhältnisse. Betrachtet man andererseits jede Komponente dieses Systems isoliert, so stellt sie ein Moment des Ganzen dar und charakterisiert dieses einseitig. Wollten wir uns die ökonomischen Verhältnisse der sozialistischen Gesellschaft lediglich als ein planmäßig organisiertes Produktionssystem vorstellen, so würde das natürlich nur eine bestimmte Seite dieser Verhältnisse widerspiegeln, die in diesem Fall unvollständig und begrenzt wäre.

Die Planmäßigkeit an sich, abstrahiert von anderen wesentlichen Merkmalen des ökonomischen Systems des Sozialismus, stellt nur eine Bestimmung seiner Bewegungsform dar, ohne seinen sozialen Inhalt zu kennzeichnen. Als eine bestimmte Form der Funktionsweise der Produktionsverhältnisse ist sie das Gegenstück zur Spontaneität und Anarchie, doch kann sie in dieser Eigenschaft auch ein Merkmal der kapitalistischen Produktionsverhältnisse sein. Als W. I. Lenin diese These von G. V. Plechanov kritisierte, wonach der Sozialismus eine planmäßige Produktionsorganisation darstelle, die darauf gerichtet sei, die Bedürfnisse sowohl der gesamten Gesellschaft als auch jedes Mitglieds zu befriedigen, betonte er, daß auch die Trusts eine solche Organisation gewährleisten können.

Die Planmäßigkeit als Bewegungsform der ökonomischen Prozesse kann in bestimmtem Maße auch für die kapitalistischen Verhältnisse charakteristisch sein, besonders wenn man an die staatsmonopolistische Form denkt. Natürlich kann das kapitalistische System keine vollständige Planmäßigkeit der gesellschaftlichen Produktion sichern.

Sieht man den Unterschied zwischen Sozialismus und Kapitalismus darin, daß im einen Fall eine vollständige und im anderen Fall nur eine teilweise Planung vorhanden ist, so ist der Unterschied zwischen beiden Produktionsweisen damit nur quantitativ erfaßt. Es bedarf keines Beweises, daß der Unterschied zwischen Kapitalismus und Sozialismus in diesem Fall sehr einseitig und seinem Wesen nach falsch widergespiegelt wird. Deshalb kann die Planmäßigkeit allein das ökonomische System der sozialistischen Gesellschaft nur einseitig und unvollständig widerspiegeln. Einige Verfasser, die sich mit der planmäßigen Organisation der sozialistischen Produktion befassen, verweisen darauf, daß die Planung im Sozialismus umfassend, im Kapitalismus dagegen nur unvollständig ist. Das Wesentliche besteht aber nicht darin, in welchem Umfang die Produktionsorganisation geplant ist, sondern in ihrer qualitativen Determiniertheit.

Die kommunistische Produktionsweise kann die allumfassende Planmäßigkeit gewährleisten, weil der Produktionsprozeß hier durch die gesamte Gesellschaft organisiert wird. Gerade diese Eigenschaft der Produktion ist das innere Band, das die Qualität des ganzen Systems der ökonomischen Verhältnisse der kommunistischen Produktion charakterisiert. Die Planmäßigkeit der sozialistischen Produktion ist nicht starr und ein für allemal gegeben. Als sich die sozialistische

Gesellschaft herausbildete, konnte die planmäßige Organisation noch nicht die gesamte Volkswirtschaft umfassen. Insofern war sie tatsächlich unvollständig. Aber sie unterschied sich von den Elementen der Planmäßigkeit im Kapitalismus von Anfang an qualitativ dadurch, daß die sozialistische Planmäßigkeit als Funktion der Produktionsorganisation der gesamten Gesellschaft entsteht und sich entwickelt. Das ist der konkrete Inhalt der Planmäßigkeit im Sozialismus. Erst er ermöglicht es, die sozialistische Produktion historisch, als ein qualitativ anderes ökonomisches System zu verstehen.

Aus der konkreten historischen Situation heraus ist auch eine so wesentliche Seite der sozialistischen Produktionsverhältnisse einzuschätzen, wie sie sich aus dem Bestehen von zwei Formen des sozialistischen Eigentums ergibt. Um ihren Inhalt zu bestimmen, werden oft abstrakte Definitionen verwendet, wie sie auf jede assoziierte Produktionsform zutreffen, bei der es keine Ausbeutung des Menschen durch den Menschen gibt. Sie widerspiegeln die Formen des sozialistischen Eigentums abstrakt-historisch, so daß man sie nicht als spezifisch sozialistische begreifen kann. Der konkrete Inhalt der Formen des sozialistischen Eigentums besteht darin, sie als Formen der sozialistischen Produktionsorganisation zu begreifen.

Man kann die konkrete Ganzheit aller ökonomischen Formen der sozialistischen Produktion nur verstehen, wenn man ihre genetische Grundlage aus dem abstrakten Sein herausschält.[9] Handelt es sich um das Konkrete und das Abstrakte, so geht es vor allem um ihren realen objektiven Inhalt, unabhängig davon, ob er sich im Bewußtsein des erkennenden Subjekts widerspiegelt oder nicht. Das Abstrakte und Konkrete sind gegensätzliche Seiten der Wirklichkeit, die einander bedingen und zugleich ausschließen. Sie können nicht unabhängig voneinander existieren; sie bilden eine Einheit von Gegensätzen.

Das ideale Abstrakte und das ideale Konkrete sind lediglich Widerspiegelungen von Eigenschaften der Wirklichkeit, d. h. des Abstrakten und Konkreten als Bestandteile der objektiven Realität.

Gelegentlich wird angenommen, daß das ideale Abstrakte ein Produkt der abstrahierenden Denktätigkeit ist, während das ideale Konkrete ein anschauliches Abbild der Wirklichkeit darstellt, das in Form von Empfindungen, Wahrnehmungen und Vorstellungen existiert. In diesem Fall sieht es aus, als ob das ideale Konkrete dem emotionell Wahrnehmbaren näher steht als das ideale Abstrakte. Das tatsächliche Verhältnis zwischen idealem Konkreten und idealem Abstrakten ist völlig anders.

[9] In der Literatur wurde darauf hingewiesen, daß in den ökonomischen Anschauungen von Karl Marx „die Ausgangstheorie nicht der formale Gattungsbegriff, sondern der genetische Begriff war" (A. I. Judkin, Ob osnovnych stupenjach voschoždenija ot abstraktnogo k konkretnomu v „Kapitale" Marksa, in: O sisteme kategorij i zakonov političeskoj ėkonomii, Moskva 1973, S. 97).

Das ideale Abstrakte kann von der realen Wirklichkeit weiter entfernt sein, wenn es sich auf der Stufe ihrer empirischen Widerspiegelung befindet, während das ideale Konkrete eine theoretische Erkenntnisstufe der Wirklichkeit charakterisiert. Demgegenüber kann das ideale Abstrakte als Moment der theoretischen Erkenntnis der Realität der realen Wirklichkeit näherstehen als das ideale Konkrete, das eine empirische Entwicklungsstufe der gleichen Wirklichkeit charakterisiert. Deshalb ist das Problem der „Nähe" zum Erkenntnisobjekt im wesentlichen ein Problem der Erkenntnisstufe der Wirklichkeit, ein Problem der richtigen und adäquaten Form ihrer Widerspiegelung im menschlichen Bewußtsein.

Die empirische Stufe der Widerspiegelung der Wirklichkeit ist die erste, die Ausgangsstufe für ihre Erkenntnis. Diese Stufe weist ebenfalls ihr Abstraktes und Konkretes auf. Ist das Abstrakte im gegebenen Fall einseitig, unvollständig und vermittelt nur eine relative Kenntnis von der Realität, so ist das Konkrete das Synonym für umfassendes Wissen. Diese Allseitigkeit ist aber empirisch bedingt. So umfassend das empirische Wissen auch sein mag, es kann nicht die inneren Zusammenhänge des Gegenstandes aufdecken, sein Wesen als Einheit von Gegensätzen erkennen, die Beziehungen von Ursache und Wirkung zwischen den verschiedenen Seiten des Gegenstandes feststellen und die Gesetzmäßigkeiten seiner Veränderung und Entwicklung erklären.

Deshalb ist selbst die genaueste Kenntnis von einem Gegenstand und einem Prozeß unvollständig, nicht tiefgründig und oberflächlich, wenn sie auf empirischem Wissen beruht, denn sie vermerkt nur, was unmittelbar ins Auge fällt und in Gefühlen, Wahrnehmungen und Vorstellungen zum Ausdruck kommt. Das empirische Wissen ist nur dem Anschein, dem Umfang nach reich und umfassend, nicht aber vom Wesen her. Nehmen wir z. B. die Preisform eines im Sozialismus hergestellten Produkts. Offensichtlich ist es völlig berechtigt, sie als die Geldform des Wertes anzusehen, als eine Form, die sich im Wirkungsbereich des Wertgesetzes befindet. Anfänglich wurde der ökonomische Inhalt des Preises in der sozialistischen Gesellschaft auch so dargestellt. In diesem Falle wurde das Problem so gelöst, wie es bei der Warenproduktion allgemein der Fall ist. Doch wurde das Prinzip der historischen Betrachtungsweise hierbei völlig ignoriert, das verlangt, das Problem des Preises in der sozialistischen Gesellschaft entsprechend den konkreten Bedingungen zu stellen und zu lösen.

Diese nicht der historischen Betrachtungsweise entsprechende Problemstellung befindet sich offensichtlich im Gegensatz zu den praktischen Aufgaben bei der planmäßigen Leitung der sozialistischen Produktion. Es waren große Anstrengungen erforderlich, um das Problem der Preisbildung konkret zu stellen und dabei die historischen Besonderheiten der sozialistischen Produktion zu berücksichtigen, die man nur auf dem Wege über abstrakte Analogien als eine Form der Warenproduktion ansehen kann. Die Probleme der Preisbildung sind in der sozialistischen Gesellschaft noch nicht vollständig gelöst, aber in theoretischer Hinsicht ist ihre Lösung zweifellos ein Stück vorangekommen. Das wurde möglich, weil das historische Moment sowohl bei der Problemstellung als auch bei der Lösung aller jener Fragen berücksichtigt wurde, die sich auf die ökonomische Form der sozialistischen Produktion und ihr Produkt beziehen. Die sozialistische Produktion ist eine planmäßig organisierte Wirtschaft, die die gesamte Gesellschaft umfaßt. Deshalb ist das Preisproblem nicht dadurch zu lösen, daß man die Wertbeziehungen analysiert, denn letztere umfassen nicht alle Merkmale der Form der ökonomischen Beziehungen, wie sie in der sozialistischen Gesellschaft vorhanden sind, und sind auch keineswegs bestimmend. Dadurch wird die Preisform als eine sehr sichtbare ökonomische Form von allen ökonomischen Gesetzen der sozialistischen Gesellschaft beeinflußt und kann deshalb auch nur im Rahmen dieser Gesamtheit verstanden werden.

Durch die empirische Erkenntnis kann das Denken entweder die äußeren Ähnlichkeiten der Gegenstände oder die Unterschiede zwischen ihnen erfassen, kann es aber nicht die Ähnlichkeit in den Unterschieden und die Unterschiede in der Ähnlichkeit sowie die inneren Übergänge von einer Erscheinung zur anderen erfassen. Darum stehen das Abstrakte und das Konkrete auf der Ebene der empirischen Widerspiegelung insofern der objektiven Wirklichkeit näher, als sie deren erste Erkenntnisstufe darstellen. Aber hinsichtlich des Erkenntnisergebnisses sind sie weiter von ihr entfernt, denn sie spiegeln diese nicht von ihren inneren, wesentlichen Zusammenhängen, sondern von den äußeren, oberflächlichen und scheinbaren Zusammenhängen her wider. Die empirische Entwicklungsstufe ist eine Voraussetzung für die theoretische Erkenntnis der Wirklichkeit. Sind die allgemeinen Vorstellungen das Ergebnis der empirischen Erkenntnis, so beginnt die theoretische Erkenntnis mit einer qualitativ anderen Form, nämlich dem Begriff.

Der Begriff enthält die Ergebnisse der empirischen Erkenntnis, aber er ist nicht auf sie zurückführbar. Er stellt nicht einfach das Allgemeine dar, das in den verschiedenen Erscheinungen der Wirklichkeit existiert. Das Allgemeine kann nämlich auch zufällig allgemein sein. Der Begriff widerspiegelt das wesentliche Allgemeine, d. h., er bringt ihn durch den inneren gegenseitigen Zusammenhang der Gegenstände und Erscheinungen der Wirklichkeit zum Ausdruck. In der herkömmlichen Vorstellung abstrahiert das Allgemeine von allen konkreten Unterschieden in den Gegenständen und Erscheinungen, d. h., es abstrahiert vom Besonderen und Individuellen. Es tritt deshalb als abstrakt-allgemeines, als Gattungsmerkmal einer bestimmten Gesamtheit von Gegenständen und Erscheinungen hervor, das sich gegenüber den in dieser Gesamtheit enthaltenen besonderen und individuellen Merkmalen der Gegenstände gleichgültig verhält.

Der Begriff unterscheidet sich grundlegend von der allgemeinen Vorstellung, denn er verkörpert den Reichtum des Besonderen und Einmaligen. Der Begriff stellt das Besondere fest, das die genetische Grundlage für den jeweiligen gegenseitigen Zusammenhang der Erscheinungen bildet. Der Begriff ist deshalb nicht das Ergebnis einer formalen Abstraktion von den realen Unterschieden, sondern zeigt das Besondere, das die Grundlage für die Vielfalt der anderen besonderen Erscheinungen bildet, die nur auf dieser Grundlage verständlich sind.

Die einzelne Wertform zum Beispiel, die in ihrem unmittelbaren Ausdruck individuell und einmalig ist, bildet zugleich die allgemeine Basis der Wertform als genetische Grundage der Gesamtheit der Beziehungen der Warenproduktion im Kapitalismus. Deshalb erscheint sie als das Konkret-Allgemeine gegenüber dieser Gesamtheit, auch wenn sie die Eigenschaft des Einmaligen beibehält. Deshalb erfolgt die Begriffsbildung in der Weise, daß das Einmalige und Besondere in den Rang des Allgemeinen erhoben wird. „In der Tat", schrieb Friedrich Engels, „besteht alles wirkliche, erschöpfende Erkennen nur darin, daß wir das Einzelne im Gedanken aus der Einzelheit in die Besonderheit und aus dieser in die Allgemeinheit erheben, daß wir das Unendliche im Endlichen, das Ewige im Vergänglichen auffinden und feststellen."[10]

Die Herausstellung des Einmaligen im Besonderen sowie des Besonderen im Allgemeinen ist kein rein logischer Akt, sondern es wird die Rolle, die das Einmalige in der Realität spielt, in logischer Form widergespiegelt. Diese Herausstellung erfolgt durch das Denken, aber sie ist nicht das Ergebnis des reinen Denkvorganges, sondern nur die Widerspiegelung der wirklichen, objektiven Realität. Eben darum bleibt im Prozeß des theoretischen Denkens die sinnlich-gegenständliche Grundlage der Erkenntnis erhalten. Auch das theoretische Denken entfernt sich nicht von der Wirklichkeit, sondern nähert sich ihr, entfernt sich nicht vom realen Leben, seinen Fakten, Ereignissen und Prozessen, sondern nähert sich diesen. Diese Annäherung erfolgt aber nicht in der Weise, daß die Erscheinungen des Lebens beschrieben und katalogisiert werden, d. h., es wird nicht von der Oberfläche der Erscheinungen, sondern von deren Wesen, ihren inneren Zusammenhängen und Gesetzmäßigkeiten ausgegangen. So ist auch die Feststellung von W. I. Lenin aufzufassen: „Das Denken, das vom Konkreten zum Abstrakten aufsteigt, entfernt sich nicht — wenn es *richtig* ist (NB) . . . *von* der Wahrheit, sondern nähert sich ihr. Die Abstraktion der *Materie*, des Natur*gesetzes*, die Abstraktion des *Wertes* usw., mit einem Wort *alle* wissenschaftlichen (richtigen, ernst zu nehmenden, nicht unsinnigen) Abstraktionen spiegeln die Natur tiefer, richtiger, *vollständiger* wider."[11]

Ende vergangenen Jahrhunderts waren in der Wirtschaft der kapitalistischen Hauptländer neue Erscheinungen und Prozesse zu beobachten, die es im Kapitalismus der freien Konkurrenz nicht gab. Die gewaltige Konzentration der Produktion und die Entstehung verschiedener Formen von Monopolen, die neue Rolle der Banken, die Fusion von Bank- und Industriekapital, der Kapitalexport und die Bildung von Finanzzentren sowie die Entstehung internationaler Kapitalistenverbände und die ökonomische Aufteilung der Welt bedurften dringend der theoretischen Untersuchung. Die Verfasser zahlreicher ökonomischer, politischer und soziologischer Arbeiten versuchten diese Veränderungen in der einen oder anderen Weise zu erklären. Aber erst Lenin schuf eine konsequent materialistische Theorie

[10] F. Engels, Dialektik der Natur, in: MEW, Bd. 20, Berlin 1962, S. 501.

[11] W. I. Lenin, Konspekt zu Hegels „Wissenschaft der Logik", in: Werke, Bd. 38, a. a. O., S. 160.

von dem neuen Stadium des Kapitalismus, die die Fortsetzung der ökonomischen Lehre von Marx darstellt.

Untersucht man die Leninsche Imperialismustheorie unter dem uns hier interessierenden Gesichtspunkt, nämlich der Wechselwirkung von empirischen und theoretischen Abstraktionen, so ist hervorzuheben, daß Lenin erstmalig den wissenschaftlichen Imperialismusbegriff definierte, während seine Vorgänger bestenfalls allgemeine Vorstellungen entwickelten und bestrebt waren, das Abstrakt-Allgemeine ausfindig zu machen, das den vielen von ihnen beobachteten empirischen Erscheinungen zugrunde lag. Lenin konnte den Imperialismus deshalb theoretisch erklären, weil er dialektisch an dieses Problem heranging. Aus dem System der Erscheinungen der Wirklichkeit hob er diejenige besondere Erscheinung heraus, die zugleich die allgemeine Grundlage für die Gesamtheit jener Erscheinungen bildete, die die Wirtschaft in dem seinerzeit neuesten Stadium des Kapitalismus charakterisierten. Er wies nach, daß das Monopol eine solche besondere Erscheinung ist, die die genetische Grundlage aller übrigen bildet. Die neue Rolle der Banken, die Entstehung des Finanzkapitals und der Finanzoligarchie, der Kapitalexport, die wirtschaftliche Aufteilung der Welt durch die Kapitalistenverbände und die anderen ökonomischen und politischen Merkmale des modernen Kapitalismus lassen sich nur aus der Herrschaft der Monopole erklären. Als besonderes, reales und faktisches Verhältnis der Wirklichkeit ist sie die allgemeine genetische Grundlage aller übrigen Merkmale des Imperialismus, also die Grundlage, die dessen historischen Platz als höchstes und letztes Stadium des Kapitalismus kennzeichnet.

Die Leninsche Lehre vom Monopol als der konkreten Gesamtheit des ökonomischen Systems des Imperialismus war die Voraussetzung, den Monopolkapitalismus als ein bestimmtes Stadium der kapitalistischen Produktionsweise mit allen seinen Merkmalen und Besonderheiten, Widersprüchen und Entwicklungstendenzen theoretisch widerzuspiegeln. Sie ermöglichte es, neue Gesetzmäßigkeiten beim historischen Übergangsprozeß vom Kapitalismus zum Sozialismus aufzudecken, und war die theoretische Grundlage dafür, die Strategie und Taktik für das revolutionäre Handeln der Arbeiterklasse und ihrer kommunistischen Partei auszuarbeiten.

Die richtige theoretische Abstraktion des Monopols wurde somit zur Grundlage eines theoretischen Systems, das das reale Konkrete, d. h. die objektive Wirklichkeit der kapitalistischen Gesellschaft auf einer bestimmten Stufe ihrer historischen Entwicklung adäquat widerspiegelte, und zwar in bezug auf ihre inneren Abhängigkeiten und die genau bestimmten Zusammenhänge ihrer verschiedenen Komponenten.

Das logisch Konkrete ist also eine sehr adäquate Widerspiegelung des objektiv Konkreten. Diese Widerspiegelung ist das Ergebnis der theoretischen Tätigkeit des Denkens, die in der Form des Aufsteigens vom Abstrakten zum Konkreten vor sich geht.

Die Methode des Aufsteigens vom Abstrakten zum Konkreten, die Marx als

„die wissenschaftlich richtige Methode“[12] bezeichnete, ist vor allem eine spezifische Methode des theoretischen Denkens, aber nicht des Denkens überhaupt. Die Unklarheit, die bei einigen Ökonomen vorhanden ist, ob diese Methode in der politischen Ökonomie im allgemeinen und insbesondere auf die ökonomische Theorie des Sozialismus anwendbar ist, beruht unseres Erachtens vor allem darauf, daß die theoretische Form des Denkens mit anderen Formen der Aneignung der Welt, also mit praktischen, künstlerischen Formen usw. vermischt wird. Diese Methoden zur ideellen Aneignung der realen Wirklichkeit sind ebenfalls Formen des Denkens, aber sie unterscheiden sich grundsätzlich von dessen theoretischer Form. Das Aufsteigen vom Abstrakten zum Konkreten ist gerade für die theoretische Form des Denkens typisch, die mit wissenschaftlichen Begriffen operiert, während z. B. die künstlerische Form der Aneignung der Welt nicht mit wissenschaftlichen Begriffen, sondern mit künstlerischen Ausdruckformen operiert. Das schmälert natürlich nicht die Bedeutung der künstlerischen Form, sich die reale Wirklichkeit ideell anzueignen.

Karl Marx betonte, daß die Werke von Honoré de Balzac ihm mehr Material vermittelten, um die tatsächlichen wirtschaftlichen Verhältnisse Frankreichs am Ende der ersten Hälfte des 19. Jahrhunderts zu verstehen, als alle Werke französischer Ökonomen.[13] Für das Verständnis der ökonomischen Ordnung im Rußland nach der Reform haben die Werke von L. N. Tolstoj, die Lenin einen Spiegel der russischen Revolution nannte, große Bedeutung. Doch Honoré de Balzac und L. N. Tolstoj waren Schriftsteller und keine Ökonomen. Sie spiegelten die Wirklichkeit mit künstlerischen Mitteln wider, denn sie dachten bildlich, aber nicht in wissenschaftlichen Begriffen. Ja mehr noch, im Vergleich zur theoretischen ist die künstlerische Erkenntnisform eine individuelle Methode zur Widerspiegelung der Wirklichkeit, jedoch eine, die nicht allen Angehörigen der Gattung Mensch zu Gebote steht.

Die Spezifik der theoretischen Erkenntnis wird aber gerade durch ihren gattungsbezogenen Charakter bestimmt. Um irgendeine Seite der Wirklichkeit zu erkennen, beginnt die Menschheit nicht jedesmal mit der sinnlichen Aneignung der Wirklichkeit, sondern sie erkennt letztere vermittels vorhandener Begriffe. Deshalb besteht die Besonderheit des theoretischen Denkens darin, daß es mit wissenschaftlichen Begriffen zu tun hat und der Prozeß der Aneignung von konkretem Wissen hier die Form des Aufsteigens vom Abstrakten zum Konkreten annimmt. Das theoretische Denken hat also nicht unmittelbar mit der Wirklichkeit in der Form zu tun, in der sich diese auf der Ebene der sinnlichen Wahrnehmung widerspiegelt, sondern mit den Ergebnissen, die sich zeigen, wenn die Daten aus der sinnlichen Wahrnehmung zu wissenschaftlichen Begriffen verarbeitet werden. Letztere sind kon-

[12] K. Marx, Einleitung zur Kritik der Politischen Ökonomie, in: MEW, Bd. 13, Berlin 1972, S. 632.

[13] Vgl. F. Engels, Brief an M. Harkness, London, Anfang April 1888, in: MEW, Bd. 37, Berlin 1967, S. 43/44.

krete Abstraktionen, d. h. solche besonderen Erscheinungen und Prozesse, die das Individuelle, Besondere und Allgemeine in sich vereinigen.

Manche Ökonomen beachten nicht die Spezifik der gattungsbezogenen Form des Denkens und negieren das Konkret-Allgemeine als Ausgangsform zur theoretischen Aneignung der Wirklichkeit, wobei sie davon ausgehen, daß die empirischen Fakten auch in der theoretischen Erkenntnis der Ausgangspunkt sind. So behaupten sie, daß das Aufsteigen vom Abstrakten zum Konkreten keine Forschungsmethode sei, sondern lediglich eine Methode, die Forschungsergebnisse darzustellen. Sie sind der Auffassung, daß die Bewegung der Erkenntnis vom Konkreten zum Abstrakten die Forschungsmethode ist. Dem Aufsteigen vom Abstrakten zum Konkreten stellen sie die Formel entgegen: „Von der lebendigen Wahrnehmung zum abstrakten Denken und von diesem zur Praxis."

Da es sich hier nicht um irgendwelche Einzelfragen, sondern um grundlegende Probleme der Methode der politischen Ökonomie handelt, sollte man unseres Erachtens das Wesen dieser Einwände untersuchen.

Einige Ökonomen lehnen die Methode des Aufsteigens vom Abstrakten zum Konkreten als Methode der politischen Ökonomie im allgemeinen und der politischen Ökonomie des Sozialismus im besonderen ab. So lesen wir in einer Arbeit: „Der Gedanke, daß die Methode der politischen Ökonomie dem Aufsteigen vom Abstrakten zum Konkreten entspricht, wird oft mit Hinweisen auf das ‚Kapital' von Karl Marx begründet. Dabei unterlaufen aber unseres Erachtens zwei Ungenauigkeiten. Erstens wird bei der Analyse der im ‚Kapital' angewandten Methoden vergessen, daß man den gesamten Prozeß der Ausarbeitung des ‚Kapital' berücksichtigen muß, der (beim ersten Band) ein Vierteljahrhundert umfaßte. Das war eine Zeit, in der die realen Prozesse der (konkreten) kapitalistischen Wirklichkeit eingehend untersucht wurden und in der Karl Marx einen ‚Mont Blanc an Fakten' sammelte ... und zweitens wird der Unterschied zwischen der Methode der *Forschung* und derjenigen der *Darstellung* nicht berücksichtigt. Die Darstellung kann — was im ‚Kapital' auch tatsächlich der Fall ist — mit sehr allgemeinen abstrakten Kategorien beginnen und im weiteren zum Konkreten aufsteigen. Aber bei der Erkenntnis, bei der Forschung kann man diesen Weg nicht gehen. Hier sind die realen Prozesse der ökonomischen Wirklichkeit der Ausgangspunkt."[14]

Vor allem ruft die Gleichsetzung der realen Wirklichkeit mit dem Konkreten Zweifel hervor. Die reale Wirklichkeit ist nämlich nicht nur konkret, sondern, wie bereits gezeigt wurde, auch abstrakt. Verkörpert das Konkrete die gesamte reale Wirklichkeit, so das Abstrakte nur eine Seite, eine Eigenschaft, einen einzelnen Teil dieser realen Wirklichkeit. Somit ist das Abstrakte ebenso materiell wie das Konkrete. Selbst wenn man davon ausgeht, daß Karl Marx bei der theoretischen Erforschung der kapitalistischen Wirklichkeit unmittelbar von den einzelnen Seiten,

[14] L. Abalkin, Metod političeskoj ėkonomii socializma — obobščennoe vyraženie eë razvitija, in: Ėkonomiceskie nauki, 1/1974, S. 25/26.

Erscheinungen, Prozessen und Fakten ausging, so müßte man in diesem Fall zugeben, daß für ihn nicht das reale Konkrete, sondern das reale Abstrakte der Ausgangspunkt war. Aber auch wenn man unter dem Abstrakten die ideelle Form bestimmter Seiten der Wirklichkeit versteht, so kann es die Wirklichkeit konkreter, d. h. vollständiger und vielseitiger als Millionen Fakten widerspiegeln.

Faßt man das Verhältnis von Konkretem und Abstraktem nur im engen gnoseologischen Sinne auf, so kann man nicht deren tatsächliches Wechselverhältnis klären und damit auch nicht die wissenschaftliche Methode der politischen Ökonomie verstehen.

Ist es richtig, daß der Ausgangspunkt der theoretischen Arbeit von Marx am „Kapital" tatsächlich die „Sammlung" von Fakten war? In seinem Brief an Ludwig Kugelmann vom 27. Juni 1870, in dem Marx den bürgerlichen Soziologen Friedrich Albert Lange kritisierte, schrieb er: „Ebenso wundert sich Herr Lange, daß Engels, ich usw. den toten Hund Hegel au sérieux nehmen, nachdem jedoch Büchner, Lange, Dr. Dühring, Fechner usw. längst darin übereingekommen sind, daß sie — poor deer — ihn längst begraben haben. Lange ist so naiv zu sagen, daß ich mich in dem empirischen Stoff ‚mit seltenster Freiheit bewege'. Er hat keine Ahnung davon, daß diese ‚freie Bewegung im Stoff' durchaus nichts andres als Paraphrase ist für die *Methode*, den Stoff zu behandeln — nämlich die *dialektische Methode*."[15] Man kann sich also nach den Worten von Karl Marx nicht frei im empirischen Stoff bewegen, wenn man nicht eine bestimmte Forschungsmethode, nämlich die dialektische Methode, anwendet.

Es gibt eine Äußerung von W. I. Lenin, die sich gerade auf dieses Problem bezieht. Als er in allgemeinen Zügen den Hauptinhalt des materialistischen Gedankens in der Soziologie erläuterte, bemerkte Lenin, daß dieser Gedanke am Anfang überhaupt eine theoretische Hypothese darstellte. Er schreibt: „Nun wendet sich Marx, der diese Hypothese in den vierziger Jahren ausgesprochen, der faktischen (dies notabene) Erforschung des Materials zu. Er nimmt sich eine der ökonomischen Gesellschaftsformationen vor — das System der Warenwirtschaft — und gibt auf Grund einer ungeheuren Fülle von Tatsachen (die er nicht weniger als 25 Jahre hindurch studiert hat) die detaillierteste Analyse der Gesetze, nach denen diese Formation funktioniert und sich entwickelt."[16] Am Anfang stand also die Ausarbeitung der theoretischen Hypothese des Materialismus in der Soziologie, und erst dann wurden auf deren Grundlage die realen Prozesse der kapitalistischen Wirklichkeit eingehend erforscht.

Einige Ökonomen sind der Auffassung, daß Karl Marx erst Fakten sammelte, bevor er „Das Kapital" schreiben konnte. Dies assoziiert den Eindruck, daß dieses größte Werk der wissenschaftlichen Soziologie auf der Grundlage eines umfang-

[15] K. Marx, Brief an L. Kugelmann vom 27. Juni 1870, in: MEW, Bd. 32, Berlin 1965, S. 685.

[16] W. I. Lenin, Was sind die „Volksfreunde" und wie kämpfen sie gegen die Sozialdemokraten?, in: Werke, B. 1, Berlin 1961, S. 131/132.

reichen Faktenmaterials entstand und nicht aus der gesamten vorangegangenen Entwicklung der gesellschaftlichen Ideen hervorging.

„Das Kapital" war das Ergebnis einer Hypothese der materialistischen Geschichtsauffassung, die darauf beruhte, daß die Errungenschaften der gesamten vorangegangenen Entwicklung der Gesellschaftswissenschaften vom Standpunkt der revolutionärsten Klasse der kapitalistischen Gesellschaft kritisch verarbeitet wurden. „Das Kapital" konnte nicht ohne Fakten geschrieben werden, geschweige denn ohne wissenschaftliche Hypothese, die sich nach Erscheinen des „Kapitals" in eine exakte wissenschaftliche Theorie verwandelte.

Das Problem der Forschungsmethode und der Methode der Darlegung ist ein besonderes Problem, auf das wir später eingehen werden. Ganz allgemein läßt sich diese Frage folgendermaßen formulieren: Stimmt es, daß im „Kapital" sehr allgemeine abstrakte Kategorien, d. h. wissenschaftliche Begriffe, den Ausgangspunkt bilden?

In seinen „Randglossen zu Adolph Wagners ‚Lehrbuch der politischen Ökonomie' ", der ebenfalls der Auffassung war, daß der Verfasser des „Kapital" von Begriffen ausging, schreibt Marx: „De prime abord gehe ich nicht aus von ‚Begriffen', also auch nicht vom ‚Wertbegriff', und habe diesen daher auch in keiner Weise ‚einzuteilen'. Wovon ich ausgehe, ist die einfachste gesellschaftliche Form, worin sich das Arbeitsprodukt in der jetzigen Gesellschaft darstellt, und dies ist die ‚*Ware*'."[17] Und weiter: „Wenn man die ‚Ware' — das einfachste ökonomische Konkretum — zu analysieren hat, hat man alle Beziehungen fernzuhalten, die mit dem vorliegenden Objekt der Analyse nicht zu schaffen haben."[18]

Der Ausgangspunkt im „Kapital" ist also nicht ein sehr allgemeiner abstrakter Begriff, sondern das einfachste Konkrete auf ökonomischem Gebiet, nämlich die Ware, d. h. eine völlig reale, materielle Tatsache der kapitalistischen Wirklichkeit.

Wenden wir uns jetzt dem Unterschied zwischen der Forschungsmethode und der Methode der Darstellung zu. Wie bereits angedeutet, sind verschiedene Philosophen und Ökonomen der Auffassung, daß die Forschungsmethode keinen unmittelbaren Gegensatz zur Methode der Darlegung bildet, denn im ersten Falle geht es um das Aufsteigen vom Konkreten zum Abstrakten, und im zweiten Falle vom Abstrakten zum Konkreten. Nach Auffassung dieser Ökonomen geht „Das Kapital" von Karl Marx von der Methode der Darstellung aus, während die unmittelbar vorbereitenden und hinführenden Arbeiten demgegenüber die Forschungsmethode darstellen. Die Ursache für diese Gegenüberstellung ist eine Äußerung von Karl Marx im Nachwort zur zweiten Auflage des ersten Bandes des „Kapital". „Allerdings", so schreibt Marx, „muß sich die Darstellungsweise formell von der Forschungsweise unterscheiden. Die Forschung hat den Stoff im Detail anzueignen, seine verschiednen Entwicklungsformen zu analysieren und

[17] K. Marx, Randglossen zu Adolph Wagners „Lehrbuch der politischen Ökonomie", in: MEW, Bd. 19, Berlin 1962, S. 368/369.

[18] Ebenda, S. 369.

deren innres Band aufzuspüren. Erst nachdem diese Arbeit vollbracht, kann die wirkliche Bewegung entsprechend dargestellt werden. Gelingt dies und spiegelt sich nun das Leben des Stoffs ideell wider, so mag es aussehn, als habe man es mit einer Konstruktion a priori zu tun."[19]

Karl Marx schreibt hier nicht über unterschiedliche Methoden, sondern über ein unterschiedliches Vorgehen, was unseres Erachtens nicht das gleiche ist. Ein solches Vorgehen unterscheidet sich außerdem nicht dem Wesen nach, sondern nur „formal". Der Unterschied zwischen Forschung und Darstellung betrifft also nicht die grundsätzlichen Unterschiede bei der Widerspiegelung der materiellen Wirklichkeit durch das Bewußtsein. Beide unterscheiden sich nur der Form nach. Im Forschungsprozeß kann ein Wissenschaftler nicht von vornherein geradlinig vorgehen, sondern er weicht von der Hauptrichtung ab, blickt zurück, überprüft, präzisiert und berichtigt zum Teil auch eigene frühere Vorstellungen. Das Material kann bestimmte Veränderungen in der ursprünglichen Hypothese erforderlich machen. Im Forschungsprozeß sind darüber hinaus sorgfältig die Fakten auszuwählen, und es ist zu prüfen, welche von ihnen sich auf das betreffende Problem beziehen, welche völlig andere Tendenzen zum Ausdruck bringen usw.

Sowohl die Forschungsweise als auch die Darstellungsweise bilden ein und denselben Prozeß der Erkenntnis der objektiven Wirklichkeit mit Hilfe des Denkens, der ein und denselben Gesetzen ihrer logischen Widerspiegelung unterliegt. Dann sind aber auch die Methode der logischen Erkenntnis und die Methode des theoretischen Denkens ein und dieselbe Methode, die in zwei formal unterschiedlichen Wegen zum Ausdruck kommt. Dabei darf man sich diesen Prozeß nicht so vorstellen, als würden anfangs der Gegenstand vollständig untersucht und erst dann die Forschungsergebnisse dargelegt werden. Beides erfolgt gleichzeitig, so daß mit dem Forschungsprozeß auch die Darstellung stattfindet. Das Problem kann nur darin bestehen, daß im ersten Fall die Forschung und im anderen die Darstellung an die erste Stelle rückt. Würden sich „Das Kapital" und die ihm vorangehenden vorbereitenden Arbeiten in der Erkenntnismethode unterscheiden, so müßten wir auf unterschiedliche Ausgangspunkte bei der Analyse des Gegenstandes stoßen. Das ist aber in Wirklichkeit nicht der Fall. Sowohl in den Manuskripten von 1857/58 als auch in der Arbeit „Zur Kritik der Politischen Ökonomie" ist die Ware, die das einfachste Konkrete in ökonomischer Hinsicht darstellt, der Ausgangspunkt, um die ökonomische Ordnung der kapitalistischen Gesellschaft zu erkennen.

Die Gegenüberstellung der Vorarbeiten, in denen angeblich die Forschungsmethode zum Ausdruck kommt, mit dem Inhalt des „Kapital", in dem nur die fertigen Forschungsergebnisse dargestellt werden, die in früheren Erkenntnisstadien erzielt wurden, entspricht keineswegs dem wirklichen Platz, den „Das Kapital" bei der Erforschung der ökonomischen Verhältnisse des Kapitalismus einnimmt. Im „Kapital" ist die Untersuchung der kapitalistischen Verhältnisse in sehr reifer und abgeschlossener Form enthalten. Hier werden also nicht nur die

[19] K. Marx, Das Kapital, Erster Band, in: MEW, Bd. 23, Berlin 1962, S. 27.

Ergebnisse dargelegt, sondern es wird auch der Prozeß vorgestellt, wie diese erzielt wurden, und zwar in der Art und Weise, in der er seine höchste Ausbildung erfahren hat.

Im „Kapital" zeigt sich die schöpferische Arbeit von Karl Marx in ihrer ganzen Ausprägung und in der erstaunlichen Vollkommenheit der logischen Mittel. Gerade im Hinblick auf „Das Kapital" schrieb W. I. Lenin: „Wenn Marx auch keine ‚*Logik*' (mit großem Anfangsbuchstaben) hinterlassen hat, so hat er doch die *Logik* des ‚Kapitals' hinterlassen, und das sollte für die zu behandelnde Frage weitestgehend ausgenutzt werden. Im ‚Kapital' werden auf *eine* Wissenschaft Logik, Dialektik und Erkenntnistheorie ... des Materialismus angewendet, der alles Wertvolle von Hegel übernommen und dieses Wertvolle weiterentwickelt hat."[20] Einige Autoren wollen „Das Kapital" aber nur als die literarische Darstellung bereits fertiger, zuvor erzielter Forschungsergebnisse abtun. Wenn aber im „Kapital" der Prozeß der Erforschung der ökonomischen Verhältnisse der bürgerlichen Gesellschaft in sehr vollkommener und entwickelter Form dargestellt wird, so ist die dabei angewandte Methode zugleich auch diejenige der politischen Ökonomie als Wissenschaft im weitesten Sinne. Wir gelangen also zu der Schlußfolgerung, daß das Aufsteigen vom Abstrakten zum Konkreten eine Methode der politischen Ökonomie schlechthin und damit auch der politischen Ökonomie des Sozialismus ist.

Das Aufsteigen vom Abstrakten zum Konkreten ist keineswegs völlig isoliert und unabhängig von der ihm entgegengesetzten Bewegung, nämlich dem Aufsteigen von dem in der Wirklichkeit unmittelbar Vorhandenen zum ideell Abstrakten. Viele abstrakte Definitionen, die die unterschiedlichen Seiten der Produktionsverhältnisse in der kapitalistischen Gesellschaft charakterisieren, wurden erzielt, bevor Marx seine ökonomische Lehre schuf. Bei der Ausarbeitung einer wirklich wissenschaftlichen politischen Ökonomie hatte Karl Marx ein gewaltiges Faktenmaterial zu studieren und zu verallgemeinern, das die verschiedenen Seiten der unmittelbaren Wirklichkeit der bürgerlichen Gesellschaft charakterisiert.

Auch das theoretische Wirken von Lenin ist ein überzeugender Beweis dafür, welche Bedeutung die Erforschung und Verallgemeinerung von Fakten der realen Wirklichkeit hat. Das theoretische Denken, das sich vollzieht, indem sich die Erkenntnis vom Abstrakten zum Konkreten bewegt, bedingt auch die Bewegung vom Empirisch-Konkreten zum Abstrakten. Diese Einheit ist für jedes Gebiet der theoretischen Tätigkeit die notwendige Voraussetzung, um zu wissenschaftlichen Erkenntnissen zu gelangen. Sie ist aber besonders aktuell, wenn es um die Erkenntnis von Erscheinungen der sozialen Wirklichkeit geht, denn deren grundlegende objektive Merkmale weisen eine wesentlich geringere Stabilität als die naturwissenschaftlichen Prozesse auf.

Durch die Erforschung der Gesetzmäßigkeiten in der ökonomischen und politischen Entwicklung des vormonopolistischen Kapitalismus gelangten Karl Marx

[20] W. I. Lenin, Plan der Dialektik (Logik) Hegels, in: Werke, Bd. 38, a. a. O., S. 316.

und Friedrich Engels zu der theoretischen Schlußfolgerung, daß es möglich sei, gleichzeitig in den meisten kapitalistischen Ländern vom Kapitalismus zum Sozialismus überzugehen. Aber der Übergang vom vormonopolistischen Kapitalismus zum Imperialismus schuf eine grundsätzlich neue historische Situation. Sie lag in der Herrschaft der Monopole und des Finanzkapitals, in der ökonomischen und territorialen Aufteilung der Welt sowie in der ungleichmäßigen ökonomischen und politischen Entwicklung der einzelnen Bereiche der Weltwirtschaft begründet. Deshalb mußte die Theorie der sozialistischen Revolution mit den neuen Fakten der realen Wirklichkeit in Übereinstimmung gebracht werden. Natürlich wurden diese Fakten nicht nur durch rein empirische Beobachtungen erzielt, sondern die ökonomische Entwicklung des Kapitalismus im 20. Jahrhundert wurde theoretisch analysiert. Der unmittelbare Anlaß für diese Forschungen waren aber dennoch die realen Veränderungen in der Wirtschaft des Kapitalismus, die sich Ende des vergangenen Jahrhunderts abzeichneten. Die Entwicklung der theoretischen Vorstellungen über die Gesetzmäßigkeiten beim Übergang vom Kapitalismus zum Sozialismus sind dafür ein charakteristisches Beispiel.

Als mit dem sozialistischen Aufbau in der UdSSR begonnen wurde, herrschte die Vorstellung, daß man unmittelbar zur kommunistischen Produktion und Verteilung übergehen könne. Diese Vorstellung entstand im Frühjahr 1918, noch vor dem Beginn des Bürgerkrieges, und beruhte vor allem auf den Maßnahmen des Kriegskommunismus. Lenin schrieb über diesen Zeitraum: „Ich habe eigens noch einmal durchgelesen, was beispielsweise im März und April 1918 über die Aufgaben unserer Revolution auf dem Gebiet des sozialistischen Aufbaus geschrieben wurde, und habe mich davon überzeugt, daß eine solche Annahme bei uns tatsächlich vorhanden war.“ ... „Unsere wirtschaftliche Aufbauarbeit, die wir damals in den Vordergrund rückten, betrachteten wir unter einem einzigen Gesichtswinkel. Es wurde damals angenommen, der Übergang zum Sozialismus ließe sich unmittelbar verwirklichen, ohne eine vorhergehende Periode, welche die alte Wirtschaft an die sozialistische Wirtschaft anpassen würde. Wir nahmen an, wir seien, nachdem wir die staatliche Produktion und die staatliche Verteilung ins Leben gerufen hatten, dadurch unmittelbar in ein, verglichen mit dem vorhergehenden, anderes ökonomisches System der Produktion und Verteilung eingetreten.“[21]

Während des Kriegskommunismus erfolgte eine Naturalisierung der Wirtschaftsbeziehungen. Auf außerökonomischem Wege wurde ein direkter Produktenaustausch organisiert. Der Mangel an materiellen Ressourcen führte unvermeidlich zu einer gleichmacherischen Verteilung.

Die verstaatlichten Betriebe überwiesen die Einnahmen aus der von ihnen abgesetzten Produktion auf Verrechnungskonten bei der Volksbank und deckten daraus ihre Ausgaben. Aber die Betriebe befanden sich ständig in finanziellen Schwierig-

[21] W. I. Lenin, Rede auf der VII. Moskauer Gouvernements-Parteikonferenz, 29.—31. Oktober 1921, in: Werke, Bd. 33, Berlin 1971, S. 67, 69.

keiten. Sie mußten den Staatshaushalt um Hilfe bitten, der sie allmählich finanzierte. Eine weitere Quelle waren die Kredite der Staatsbank, die sich praktisch in eine Finanzierungsquelle verwandelten, denn die von der Bank ausgereichten Mittel waren nur formal als Kredite zu bezeichnen, da die Finanzlage der Betriebe eine Rückzahlung der Kredite nicht zuließ. So verschmolzen die Einnahmen und Ausgaben der Betriebe allmählich mit den Einnahmen und Ausgaben des Staates. Das war eine ganz reale Erscheinung; da die Betriebe staatlich waren, konnten ihre Ausgaben und Einnahmen nicht vom Staat getrennt werden. Deshalb wurden die Staatsbetriebe durch einen Beschluß der Sowjetregierung im August 1918 auf Haushaltsfinanzierung umgestellt. Der Gesamtwert der von den Betrieben erzeugten Produktion wurde an den Staat abgeführt, während bei den Betrieben, die diese Erzeugnisse erhielten, die Haushaltszuführungen entsprechend gekürzt wurden. So deckte der Staat sämtliche Ausgaben der Betriebe.

Als die Periode des Kriegskommunismus sich dem Ende näherte,stellte sich heraus, daß die weitere Verschmelzung von Einnahmen und Ausgaben des Staates mit denjenigen der Betriebe die sozialistische Wirtschaft ernsthaft gefährdet. Grenzt man die Einnahmen und Ausgaben des Staates nicht von denen der Betriebe ab, so kann dies bewirken, daß ein Teil des gesellschaftlichen Gesamtprodukts, nämlich der Ersatzfonds, zugunsten des nichtproduzierenden Bereichs oder zugunsten der persönlichen Einnahmen der im Bereich der materiellen Produktion beschäftigten Werktätigen umverteilt wird. Beides macht aber sowohl die erweiterte wie auch die einfache Reproduktion unmöglich.

Anfangs wurde vorgeschlagen, den Austausch zwischen den verschiedenen Bereichen der gesellschaftlichen Produktion in der Weise zu organisieren, daß mit Hilfe des staatlichen und genossenschaftlichen Apparates ein Naturalaustausch von Industrieerzeugnissen gegen landwirtschaftliche Erzeugnisse erfolgt. In der Praxis ging der Naturalaustausch aber in einen normalen Handel über. Das bewirkte wiederum, daß der Naturallohn durch den Geldlohn ersetzt wurde. So änderte sich nicht nur die Form der Entlohnung, sondern auch deren Wesen: Ihre Höhe hing jetzt von den Arbeitsergebnissen jedes Werktätigen ab. Zugleich wurde die Haushaltsfinanzierung abgeschafft. Die Betriebe wurden auf die wirtschaftliche Rechnungsführung überführt. In diesem Zusammenhang schrieb W. I. Lenin: „... (Wir) begingen ... den Fehler, daß wir beschlossen, den unmittelbaren Übergang zur kommunistischen Produktion und Verteilung zu vollziehen. Wir waren der Meinung, daß uns die Bauern auf Grund der Ablieferungspflicht die notwendige Menge Getreide liefern und wir es auf die Fabriken und Werke verteilen werden und daß wir damit eine kommunistische Produktion und Verteilung haben werden."[22]

Lenin wies darauf hin, daß die Erfahrungen aus dieser Zeit zeigen, wie notwendig

[22] W. I. Lenin, Die neue ökonomische Politik und die Aufgaben der Ausschüsse für politisch-kulturelle Aufklärung, Referat auf dem II. Gesamtrussischen Kongreß der Ausschüsse für politisch-kulturelle Aufklärung, 17. Oktober 1921, in: Werke, Bd. 33, a. a. O., S. 42.

es ist, die Produktion nach den Grundsätzen der wirtschaftlichen Rechnungsführung zu organisieren. Die theoretischen Hypothesen sind also ständig mit der unmittelbaren Wirklichkeit zu vergleichen und anhand dieser zu prüfen, zu ergänzen und zu präzisieren. Sonst ist das theoretische Denken vom Leben sowie von dessen praktischen Aufgaben und Erfordernissen losgelöst. „Man kann also sagen", schreibt È. V. Il'enkov, „daß sowohl das Aufsteigen vom Konkreten zum Abstrakten als auch vom Abstrakten zum Konkreten zwei sich gegenseitig bedingende Formen des Prozesses der theoretischen Aneignung der Welt, des Prozesses des ‚abstrakten Denkens' sind. Beide existieren nur durch ihren Gegensatz und in ihrer Einheit."[23]

Der Hauptinhalt des theoretischen Denkens, durch das die menschliche Erkenntnis zu immer neuen Ergebnissen gelangt, d. h. der absoluten Wahrheit immer näher kommt, besteht also darin, daß man vom Abstrakten zum Konkreten, von einer unvollständigen, oberflächlichen und begrenzten Kenntnis des Gegenstandes zur immer vollständigeren, tieferen und umfassenderen Erkenntnis desselben kommt. Das Aufsteigen vom Abstrakten zum Konkreten bestimmt folglich das theoretische Denken und bildet seinen Hauptinhalt, denn die hauptsächliche Zweckbestimmung des theoretischen Denkens ergibt sich aus der Notwendigkeit, die Wirklichkeit immer eingehender und vollständiger zu begreifen. Deshalb bestimmt das Aufsteigen vom Abstrakten zum Konkreten die Besonderheiten der wissenschaftlichen Erkenntnis, die eine sehr entwickelte und allseitige Form der ideellen Widerspiegelung der Wirklichkeit darstellt.

Obwohl also die theoretische Erkenntnis nicht auf das Aufsteigen vom Konkreten zum Abstrakten verzichten kann, so bestimmt doch nicht dieses Aufsteigen, sondern gerade der entgegengesetzte Prozeß, nämlich das Aufsteigen vom Abstrakten zum Konkreten, deren charakteristische Besonderheiten. Würde sich der Erkenntnisprozeß auf das Aufsteigen vom Konkreten zum Abstrakten beschränken, könnte es keine theoretische Erkenntnis geben. Die theoretische Erkenntnis auf das Aufsteigen vom Konkreten zum Abstrakten zu begrenzen, würde bedeuten, auf halbem Wege stehenzubleiben.

Als Karl Marx die Methode der politischen Ökonomie charakterisierte, schrieb er: „Es scheint das Richtige zu sein, mit dem Realen und Konkreten, der wirklichen Voraussetzung zu beginnen, also z. B. in der Ökonomie mit der Bevölkerung, die die Grundlage und das Subjekt des ganzen gesellschaftlichen Produktionsakts ist. Indes zeigt sich dies bei näherer Betrachtung (als) falsch. Die Bevölkerung ist eine Abstraktion, wenn ich z. B. die Klassen, aus denen sie besteht, weglasse. Diese Klassen sind wieder ein leeres Wort, wenn ich die Elemente nicht kenne, auf denen sie beruhn. Z. B. Lohnarbeit, Kapital etc. Diese unterstellen Austausch, Teilung der Arbeit, Preise etc. Kapital z. B. ohne Lohnarbeit ist nichts, ohne Wert, Geld, Preis etc. Finge ich also mit der Bevölkerung an, so wäre das eine chaotische Vor-

[23] È. V. Il'enkov, Dialektika abstraktnogo i konkretnogo v „Kapitale" K. Marksa, Moskva 1960, S. 115.

stellung des Ganzen, und durch nähere Bestimmung würde ich analytisch immer mehr auf einfachere Begriffe kommen; von dem vorgestellten Konkreten auf immer dünnere Abstrakta, bis ich bei den einfachsten Bestimmungen angelangt wäre. Von da wäre nun die Reise wieder rückwärts anzutreten, bis ich endlich wieder bei der Bevölkerung anlangte, diesmal aber nicht als bei einer chaotischen Vorstellung eines Ganzen, sondern als einer reichen Totalität von vielen Bestimmungen und Beziehungen. ... Das letztre ist offenbar die wissenschaftlich richtige Methode."[24]

Für die wissenschaftlich, d. h. für die theoretische Erkenntnis richtige Methode hielt Karl Marx also die Methode des Aufsteigens vom Abstrakten zum logisch Konkreten. Sie ist deshalb richtig, weil das theoretische Denken nur auf dieser Grundlage die konkrete Wirklichkeit ideell widerspiegelt.

Der Inhalt der unterschiedlichen theoretischen Auffassungen zur Methode der politischen Ökonomie des Sozialismus zeigt, daß das Verhältnis von genetischen und strukturellen Zusammenhänge im System der ökonomischen Verhältnisse der sozialistischen Gesellschaft unterschiedlich bewertet wird. Die Methode des Aufsteigens vom Abstrakten zum Konkreten ist eine sehr entwickelte Art und Weise der theoretischen Widerspiegelung der Wirlichkeit und als solche die Hauptvoraussetzung für die theoretische Erkenntnis, denn es handelt sich hier um strukturelle Zusammenhänge des Systems der ökonomischen Verhältnisse der Gesellschaft. Dabei wird vorausgesetzt, daß das System seine volle Reife, d. h. eine organische Ganzheit erreicht hat. Die Methode des Aufsteigens vom Abstrakten zum Konkreten bildet somit den Hauptinhalt der logischen (theoretischen) Methode. Anders verhält es sich, wenn es um die genetischen Zusammenhänge des Systems geht. Hier muß man sich natürlich auch der Methode des Aufsteigens vom Abstrakten zum Konkreten bedienen, doch ist sie in diesem Fall nicht das Hauptmittel zur gedanklichen Widerspiegelung des Objekts, denn hier werden nicht nur strukturelle Gesetzmäßigkeiten, sondern auch solche genetischer Art untersucht, d. h., es werden die Gesetzmäßigkeiten der zeitlichen Aufeinanderfolge des Entwicklungsprozesses des Objekts bestimmt.

Das ökonomische System der kommunistischen Produktionsweise ist ein in der Herausbildung begriffenes System, das eine spezifische Einheit struktureller und genetischer Abhängigkeiten darstellt. Als lebender, sich entwickelnder Prozeß, in dessen Verlauf sich die Gesamtheit der Komponenten herausbildet, kann es theoretisch nur als untrennbare Einheit von genetischen und strukturellen Zusammenhängen erforscht werden. „Die Untersuchung der historischen Entwicklungsprozesse eines komplizierten Ganzen setzt nämlich voraus", schreibt B. A. Grušin, „daß sowohl dessen Struktur als auch dessen Genesis erforscht werden, wobei es nicht darum geht, bestimmte Seiten gegenüberzustellen oder zu verabsolutieren, sondern deren wirklichen Zusammenhang durch konkrete wissenschaft-

[24] K. Marx, Grundrisse der Kritik der Politischen Ökonomie (Rohentwurf), Berlin 1953, S. 21.

liche Untersuchung zu ermitteln. Wichtig ist aber: bei der Erforschung eben der Prozesse."[25] Was bedeutet das praktisch?

Keine einzige Erscheinung der realen Wirklichkeit kann in der entwickelten sozialistischen Gesellschaft nur unter dem Gesichtspunkt ihrer Strukturmerkmale verstanden werden, ohne daß eine zeitliche Bestimmung erfolgt, d. h., daß bei ihrer Erforschung stets der Prozeß der Herausbildung des Systems von Beziehungen der gesamten kommunistischen Produktionsweise berücksichtigt wird. Solange sich nicht das vollentwickelte System der kommunistischen Produktionsverhältnisse herausgebildet hat, kann man den Inhalt einer beliebigen ökonomischen Kategorie des Sozialismus nur als Einheit struktureller und genetischer Zusammenhänge bestimmen. Das trifft auch auf die Kategorien zu, die den Inhalt jener ökonomischen Verhältnisse fixieren, die für beide Phasen der kommunistischen Gesellschaftsformation zutreffen, sowie auf jene Kategorien, deren Inhalt noch Elemente der Vergangenheit aufweist. Nur durch eine solche zusammenfassende Untersuchung lassen sich die realen Verhältnisse konkrethistorisch begreifen, d. h., daß man ständig auf dem Boden der realen Wirklichkeit bleibt.

Die Einheit von Historischem und Logischem bedeutet für die Untersuchung des Systems der sozialistischen Produktionsverhältnisse, den Inhalt des Systems der logischen Formen zu bestimmen, die die genetischen und strukturellen Zusammenhänge verbinden. Dieser Umstand bestimmt — sehr allgemein betrachtet — die Möglichkeiten, bei der Untersuchung der ökonomischen Prozesse der sozialistischen Produktion und der Struktur ihres Wesens sowie ihrer entsprechenden Erscheinungsformen in den verschiedenen Kategorien und Gesetzen der politischen Ökonomie des Sozialismus zu abstrahieren.

2. Besonderheiten der Methode der politischen Ökonomie des Sozialismus

Die Methode einer Wissenschaft wird gänzlich von ihrem Gegenstand bestimmt. Wenn wir festgestellt haben, daß die Methode der politischen Ökonomie des Sozialismus darin besteht, vom Abstrakten zum Konkreten aufzusteigen, so entscheidet das allein noch nicht die Frage, wie diese Methode in der ökonomischen Theorie des Sozialismus konkret anzuwenden ist. Die historischen Besonderheiten des ökonomischen Systems des Sozialismus bestimmen auch die Besonderheiten beim Aufsteigen vom Abstrakten zum Konkreten. Es handelt sich dabei um solche Besonderheiten der sozialistischen Produktionsverhältnisse, die zur ersten Phase der kommunistischen Gesellschaftsformation gehören und bei der Herausbildung des Sozialismus in der UdSSR und in den Ländern der sozialistischen Gemein-

[25] B. A. Grušin, Očerki logiki istoričeskogo issledovanija, Moskva 1961, S. 94/95.

schaft unabhängig von den historischen und nationalen Besonderheiten der einzelnen Länder zutagetraten. Gerade die charakteristischen Merkmale der ersten Reifephase der kommunistischen Produktionsweise haben entscheidende Bedeutung, will man die Besonderheiten bei der theoretischen Widerspiegelung des ökonomischen Systems des Sozialismus bestimmen.

Wir können die Produktionsverhältnisse der sozialistischen Gesellschaft theoretisch nur analysieren, wenn diese einen solchen Reifegrad erreicht haben, der sie als ein System von Beziehungen charakterisiert. Die einzelnen Momente der ökonomischen Struktur einer Gesellschaft sind nur dann theoretisch reproduzierbar, wenn man sie als eine Seite einer organischen Gesamtheit untersucht. Weder eine Erscheinung noch ein Prozeß oder die ihm entsprechenden Kategorien können abstrakt, außerhalb der realen Zusammenhänge und Abhängigkeiten begriffen werden, in deren Rahmen sie existieren. Die sozialistischen Produktionsverhältnisse sind nicht nur in dem Sinne ein besonderes System, daß sie sich ihrem Inhalt nach von allen vorangegangenen Systemen als ein besonderer Typ der ökonomischen Struktur der Gesellschaft wesentlich unterscheiden, sondern auch deshalb, weil sie nicht einfach als Produktionsverhältnisse, als ein Produktions- und Wirtschaftssystem, sondern nur als ein *sozialökonomisches System* untersucht werden können.

Der Kapitalismus schuf ein hochentwickeltes System zur Produktion gegenständlichen Reichtums, das dem Menschen entfremdet war und ihn beherrschte. Das kommunistische System von Beziehungen entsteht und entwickelt sich von Anfang an als ein sozialökonomisches System. Seine entscheidende Besonderheit besteht darin, daß die Produktion von gegenständlichem Reichtum nicht mehr Selbstzweck, d. h. ein Faktor ist, der sich alle übrigen Seiten der gesellschaftlichen Beziehungen unterordnet, sondern ein Mittel darstellt, das dazu dient, die persönlichen Fähigkeiten des Menschen allseitig zu entwickeln. Natürlich kann die Gesellschaft nicht auf die Schaffung gegenständlichen Reichtums verzichten. Eine solche Annahme wäre einfach unsinnig. Doch wird dieser Reichtum jetzt nicht zu einem Faktor, der sich alle übrigen Seiten im Leben der Gesellschaft unterordnet, sondern vielmehr zu einem Mittel, das einem anderen, höheren Ziel untergeordnet ist und das den Inhalt der materiellen Tätigkeit der Gesellschaft bestimmt.

Dieses wesentliche Merkmal der kommunistischen Produktionsorganisation, das sich anfänglich bei der Entstehung und Herausbildung des ökonomischen Systems des Sozialismus nur allmählich entwickelte, wird in der entwickelten sozialistischen Gesellschaft immer bestimmender. Dieser Umstand ist von entscheidender Bedeutung, um die Besonderheiten des Gegenstandes der politischen Ökonomie des Sozialismus und damit auch der Methode seiner theoretischen Widerspiegelung zu verstehen.

Untersucht man den Inhalt der Gesetze und Kategorien der politischen Ökonomie des Sozialismus, so darf man sich nicht auf dessen rein ökonomischen Rahmen beschränken. In der ökonomischen Theorie des Sozialismus muß auch die soziale Problematik im Mittelpunkt der politökonomischen Forschung stehen. Sonst werden nicht nur sehr wesentliche Aspekte des ökonomischen Grundgesetzes der kommunistischen Produktionsweise, sondern auch solche wichtigen Probleme außer acht gelassen wie die sozialistische Lebensweise, die Freizeit und die Veränderungen im Inhalt der beruflichen Tätigkeit der Mitglieder der sozialistischen Gesellschaft, ganz abgesehen vom Sozialprogramm zur Entwicklung der Sowjetgesellschaft, das einen wesentlichen Bestandteil in der ökonomischen Strategie der KPdSU in der gegenwärtigen Etappe bildet. Es bedarf keines Beweises, daß die ökonomische Theorie des Sozialismus sonst nicht die Probleme der Reproduktion der Arbeitskraft lösen, die Kriterien für die Effektivität der gesellschaftlichen Produktion bestimmen und die Gesetzmäßigkeiten für die Entwicklung der Verteilungsverhältnisse sowie andere Fragen untersuchen kann, die bei der Schaffung der materiell-technischen Basis des Kommunismus von lebenswichtiger Bedeutung sind.

Eine weitere wichtige Besonderheit des Systems der sozialistischen Produktionsverhältnisse besteht darin, daß es ein in Entwicklung befindliches System ist, d. h. eine dynamische, sich ständig entwickelnde Gesellschaftsformation darstellt. Diese Besonderheit hat nach unserer Auffassung grundsätzliche Bedeutung für das Verständnis der Besonderheiten des Gegenstandes der ökonomischen Theorie des Sozialismus und damit auch ihrer Methode. In bezug auf die hier behandelten Besonderheiten der theoretischen Abstraktionen bedeutet dies, daß sie den Reifegrad der real bestehenden Verhältnisse widerspiegeln und die objektiv vorhandenen Widersprüche fixieren müssen, im Verlauf von deren Lösung die inneren Quellen für die Entwicklung der sozialistischen Produktionsverhältnisse beim Hinüberwachsen in den Kommunismus aufgedeckt werden. Andernfalls ist die ökonomische Theorie des Sozialismus nicht in der Lage, ihre Aufgaben als wissenschaftliche Grundlage zur Leitung des ökonomischen und sozialen Prozesses wirksam zu erfüllen. Diese Seite des Problems soll etwas eingehender betrachtet werden.

Bei der Untersuchung der Produktionsverhältnisse der kommunistischen Produktionsweise ist es — wie bereits gesagt — außerordentlich wichtig, dasjenige allgemein-konkrete Verhältnis zu bestimmen, das die genetische Grundlage dieses Systems bildet. Doch ist zu klären, ob man mit einer ihrem Inhalt und ihrer Ausdrucksform nach eindeutigen konkreten Allgemeinheit operieren kann, um die verschiedenen Reifegrade der kommunistischen Produktionsweise zu untersuchen.

Das kommunistische System von Produktionsverhältnissen ist zweifellos ein einheitliches System, und zwar einheitlich im Sinne der grundlegenden, tiefgreifenden und wesentlichen Zusammenhänge, die ihm innewohnen. Aber die Einheit der Produktionsverhältnisse verlangt eine einheitliche Grundlage des theoretischen Systems, das die materiellen Produktionsverhältnisse ideell reproduziert. In diesem Sinne muß die logische Ausgangsform ihrem Wesen nach eindeutig sein. Andererseits bestehen innerhalb des seinem eigentlichen Wesen nach einheitlichen Systems noch beträchtliche Unterschiede zwischen der sozialistischen und kommunistischen Phase. Diese Unterschiede betreffen keineswegs nur zweitrangige Seiten der Produktionsverhältnisse. Im Sozialismus ist die Arbeit ein Mittel zum Lebensunterhalt, aber im vollentwickelten Kommunismus das erste Lebensbedürfnis. Im Sozialismus gibt es noch Reste der alten gesellschaftlichen Arbeitsteilung; im reifen Kommunismus werden sie überwunden. Im Sozialismus werden die Verteilungsverhältnisse durch Quantität und Qualität der Arbeit geregelt; im reifen Kommunismus erfolgt die Verteilung nach den Bedürfnissen usw. Unter dem Gesichtspunkt der praktischen Aufgaben des kommunistischen Aufbaus dürfen diese und andere wesentliche Unterschiede der beiden Phasen nicht ignoriert werden. Deshalb darf man sie auch in der Theorie nicht ignorieren. Kann man unter diesen Bedingungen mit einer ihrem Wesen und ihrer Ausdrucksform nach einheitlichen wissenschaftlichen Abstraktion die Gesamtheit der logischen Formen erfassen, die das gesamte System der kommunistischen Produktionsverhältnisse widerspiegelt? Nach unserer Auffassung ist das nicht möglich.

Andernfalls entsteht die Gefahr, daß sich das Konkret-Allgemeine in das Abstrakt-Allgemeine verwandelt, das nur die allgemeinsten Züge beider Reifestadien der kommunistischen Gesellschaft bestimmt, zugleich aber den Weg versperrt, die konkreten Gesetzmäßigkeiten beim Übergang vom Sozialismus zum Kommunismus zu erkennen.

Die abstrakt-allgemeinen Definitionen, die man erhält, wenn man von den konkreten Unterschieden abstrahiert, die zwischen den Erscheinungen und Prozessen der objektiven Welt bestehen, führen dazu, daß der Analysegegenstand als solcher aus dem Gesichtskreis verschwindet. Die Aufgabe wissenschaftlicher Forschung besteht in keinem Bereich darin, die allgemeinen Merkmale ausfindig zu machen, die der Gesamtheit der Gegenstände und Erscheinungen innewohnen, sondern vielmehr darin, die wesentlichen Zusammenhänge der konkreten Wechselwirkung der Elemente zu erkennen, die diese Gesamtheit bilden, d. h. das innere Leben des betreffenden konkreten Ganzen aufdecken. Die theoretische Abstraktion darf nicht die Unterschiede ignorieren, sondern muß vielmehr die Art und Weise bestimmen, in der ihre Einheit besteht. Somit ist das Gesetz zu entdecken, das ihnen zugrunde liegt.

Man kann die konkrete Allgemeinheit, die ein Element des theoretischen Systems der politischen Ökonomie der kommunistischen Gesellschaft ist, und die den Forderungen entspräche, die an wissenschaftliche Abstraktionen zu stellen sind, nur bestimmen, wenn man jene wesentlichen Unterschiede beachtet, die den verschiedenen Reifestadien der ökonomischen Verhältnisse der kommunistischen Produktionsweise real innewohnen. Die theoretische Grundlage des logischen Systems der ökonomischen Verhältnisse der kommunistischen Produktionsweise muß also jene Besonderheiten der gesellschaftlichen Produktionsform gänzlich einschließen, die für den Sozialismus charakteristisch sind.

Solange die höchste Phase des Kommunismus noch nicht erreicht und das System der kommunistischen Produktionsverhältnisse noch in der Herausbildung begriffen, aber nicht völlig herausgebildet ist, besteht die Hauptaufgabe der ökonomischen Theorie darin, die Gesetzmäßigkeiten beim Hinüberwachsen des Sozialismus in den reifen Kommunismus zu bestimmen. Es geht dabei nicht um Gesetze und Mechanismen für die Funktionsweise der Wirtschaft im Kommunismus, sondern um die Gesetze und Mechanismen für dessen Herausbildung und für den Übergang zum Kommunismus. Um diese Hauptaufgabe der ökonomischen Theorie des Sozialismus zu lösen, ist vor allem jene besonders wesentliche Ausdrucksform zu bestimmen, in der das Ausgangsverhältnis der kommunistischen Produktionsweise real in Erscheinung tritt und wirkt. Will man also die konkrete Form des theoretischen Systems der gesamten kommunistischen Produktionsverhältnisse in beiden Phasen bestimmen, darf man sich nicht darauf beschränken, das gemeinsame innerste Wesen dieser Form zu untersuchen. Die Bestimmung dieses theoretischen Systems muß notwendigerweise auch die Qualität einbeziehen, die die spezifisch-historische Art und Weise der Realisierung dieses Wesens darstellt.

Beim Übergang vom Kapitalismus zum Sozialismus ändert sich der Charakter der historischen Dynamik der sozialen Formen wesentlich. Die vorsozialistischen Formen der gesellschaftlichen Organisation durchliefen in ihrer Entwicklung die Stadien der Herausbildung, der vollen Entfaltung und des Niedergangs, d. h. die aufsteigende und absteigende Linie ihrer Entwicklung. Ihre inneren Strukturen stellten jeweils einen solchen Zustand dar, der nur in bestimmten zeitlich festgelegten Grenzen existieren konnte. Die Ausgangsgrundlagen, auf denen sie entstanden, enthielten solche Elemente, deren Möglichkeiten früher oder später erschöpft waren. Im Zuge ihrer Entwicklung entstanden weiterhin Elemente, die diese Struktur nicht bewältigen konnte, und die eine neue Gesellschaftsform ins Leben riefen, welche die alte ablöste.

Die kommunistische Produktionsweise ist eine Struktur, die nicht einen bestimmten festen Zustand darstellt, sondern ständige Elastizität und Flexibilität aufweist. Sie assimiliert jene neuen Elemente, die im Laufe ihrer Entwicklung entstehen, und macht sie zu Organen ihres Organismus, der ständig reicher und vollkommener wird und sich erneuert. „Der Kommunismus“, schrieben Marx und Engels in der „Deutschen Ideologie“, „ist für uns nicht ein *Zustand*, der hergestellt werden soll, ein *Ideal*, wonach die Wirklichkeit sich zu richten haben [wird]. Wir nennen Kommunismus die *wirkliche* Bewegung, welche den jetzigen Zustand aufhebt.“[26]

Die Grundlage des theoretischen Systems der kommunistischen Produktionsweise muß also auch diese ständige Fähigkeit des kommunistischen Typs von Produktionsverhältnissen berücksichtigen, nämlich sie unaufhörlich weiterzuentwickeln und durch keine bestimmte Grenze beschränkt zu sein. Wie es keine Grenzen für die Entwicklung der menschlichen Persönlichkeit gibt und geben kann, so kann es auch keine Grenze für einen Typ von ökonomischen Verhältnissen

[26] K. Marx/F. Engels, Die deutsche Ideologie, in: MEW, Bd. 3, Berlin 1958, S. 35.

geben, für den die Entwicklung des Individuums das bestimmende Prinzip ist. Betrachtet man also das Problem der Ausgangsform des kommunistischen Typs von Produktionsverhältnissen unter diesem Gesichtspunkt, so müssen wir in diesem System ein solches Verhältnis ausfindig machen, das seinem Wesen nach eine unerschöpfliche Quelle ständiger Entwicklung ist. Und diese Abstraktion kann nur gewonnen werden, wenn man die Gesetzmäßigkeiten der kommunistischen Produktion als bereits voll herausgebildetes System untersucht. Die Aufgabe besteht aber gerade darin, die Gesetzmäßigkeiten festzustellen, die den Prozeß der Herausbildung dieses Systems bestimmen.

Diese Problemstellung läuft darauf hinaus, jene konkrete Daseinsform des Ausgangsverhältnisses der kommunistischen Produktion zu bestimmen, die ihrem eigentlichen Inhalt nach erstens dem Prozeß der Herausbildung entspricht und zweitens deren Möglichkeit und Notwendigkeit enthält, d. h. einen solchen Widerspruch darstellt, dessen Bewegung auf die Herausbildung der entwickelten Struktur der kommunistischen Verhältnisse hinausläuft. Deshalb besteht die Besonderheit bei der Abstraktion des Ausgangsverhältnisses darin, daß dieses eine Abstraktion des Prozesses der Herausbildung, aber nicht eines strukturell fixierten Zustandes ist. Wie immer die Frage nach dem konkreten Inhalt des Ausgangsverhältnisses entschieden wird, so ist doch die genannte methodologische Forderung in bezug auf dieses Verhältnis unerläßlich. Und diese Forderung beschränkt sich nicht nur auf das Ausgangsverhältnis. Sie umfaßt ausnahmslos alle Ausdrucksformen der Produktionsverhältnisse des Sozialismus.

Die Versuche, die Elemente der dem Sozialismus eigenen Form der ökonomischen Beziehung in reiner Form, d. h. entsprechend ihrem inneren Wesen, theoretisch zu untersuchen, die in der ökonomischen Literatur unternommen wurden und weiterhin unternommen werden, brachten bisher nicht die gewünschten Ergebnisse, besonders, wenn man den praktischen Aspekt dieser Untersuchungen betrachtet. Das bezieht sich vor allem auf jene Arbeiten, in denen das Problem der unmittelbar gesellschaftlichen Beziehung untersucht wird. Sie hat bisher noch nicht ihren voll herausgebildeten Zustand erreicht, da die unmittelbare Arbeit nach wie vor der Hauptfaktor des gesellschaftlichen Reichtums ist; er wird in sozialer Hinsicht noch von der materiell-gegenständlichen Form bestimmt, und deshalb weisen die Produkte das Merkmal der Warenform auf. Wollte man unter diesen Bedingungen die unmittelbar gesellschaftliche Beziehung an sich, in „reiner Form" abstrahieren, so hieße das, eine Abstraktion zu bilden, die nicht den Reichtum des Besonderen und Einzelnen enthält, sondern nur das Abstrakt-Allgemeine fixiert. Aber eine solche Abstraktion kann für die Erforschung der realen Erscheinungen der sozialistischen Produktion nur von begrenzter Bedeutung sein. Eine solche Abstraktion hat auch nur eine beschränkte praktische Bedeutung. So ist es z. B. kaum möglich, auf ihrer Grundlage das Problem der Preisbildung effektiv zu lösen.

Die Abstraktion der unmittelbar gesellschaftlichen Beziehung ist in diesem Fall sowohl theoretisch wie praktisch kaum von Nutzen, da hier das historische

Moment fehlt, d. h. die Berücksichtigung des konkret-historischen Reifegrades der unmittelbar gesellschaftlichen Beziehung, der dem Sozialismus innewohnt. Noch bescheidener sind die Ergebnisse, wenn man versucht, die Ware-Geld-Beziehungen als selbständige Komponente des Systems der sozialistischen Produktionsverhältnisse zu untersuchen. Selbst einige der besten Arbeiten, in denen das Problem der Warenproduktion im Sozialismus als selbständiges Problem theoretisch analysiert wird, enthalten logische Widersprüche und haben nur geringen praktischen Wert. Das ist auch kaum anders zu erwarten. Man kann die Warenproduktion im Sozialismus gar nicht an sich, als bestimmte Seite des Systems der Produktionsverhältnisse, die neben den anderen Seiten besteht, theoretisch untersuchen, denn sie existiert in Wirklichkeit nicht als System von Beziehungen isolierter Produzenten, die darauf spezialisiert sind, verschiedene Gebrauchswerte zu produzieren, und durch den Markt miteinander verbunden sind.[27]

Die theoretische Abstraktion, die die allgemeine Konkretheit des Systems der Produktionsverhältnisse zum Ausdruck bringt, ist zwangsläufig die Charakteristik der Form der Produktion und des Austauschs, die für die jeweilige Produktionsweise kennzeichnend ist. Handelt es sich um die kommunistische Produktionsweise, so muß ihre konkrete Allgemeinheit Träger eines bestimmten Widerspruchs sein, der historisch das innere Wesen ihrer gesellschaftlichen Form kennzeichnet. Dabei geht es nicht um die äußeren Widersprüche, die zwischen verschiedenen sekundären Erscheinungen und Prozessen bestehen, sondern um den inneren Widerspruch, dessen Bewegung den Inhalt der Herausbildung des entwickelten Systems kommunistischer Verhältnisse bestimmt. Der konkrete Inhalt dieses Widerspruches wird dadurch bestimmt, daß die Form der allgemeinen Konkretheit des kommunistischen Systems von Produktionsverhältnissen eine solche unmittelbar gesellschaftliche Beziehung darstellt, die ökonomisch vorläufig weiterhin in gegenständlicher Form zu bestimmen ist. In der Literatur wird dieser Widerspruch mit dem Widerspruch zwischen der unmittelbar gesellschaftlichen Form der Arbeit und ihrem Doppelcharakter identifiziert, der die Warenform des Produkts bestimmt. Aber diese Gleichsetzung ist theoretisch nicht haltbar. Die unmittelbar gesellschaftliche Form der Arbeit entstand historisch vor der Warenproduktion und herrschte während jener ganzen Periode, in deren Verlauf die Arbeit zum entscheidenden Faktor des gesellschaftlichen Reichtums wurde. Unter diesen Bedingungen zeigte sich die gesellschaftliche Bedeutung der Arbeit in dem konkreten Charakter der Arbeit, d. h. in ihrer besonderen Form, aber

[27] Es ist ganz allgemein festzustellen, daß die Warenproduktion in ihrer allgemeinen Form nicht die charakteristischen Besonderheiten einer jeden Produktionsweise bestimmt. Damit gibt es aber auch kein besonderes Problem der Warenproduktion, das vom Gesichtspunkt einer bestimmten Produktionsweise aus untersucht werden müßte. In diesem Sinne erscheint uns die Aufgabe, die Warenproduktion im Sozialismus an sich zu analysieren, nicht hinreichend begründet.

nicht in der Form ihrer Allgemeinheit, wie dies bei der Warenproduktion der Fall ist.

Die Bedingungen der Warenproduktion schließen nicht die unmittelbar gesellschaftliche Form der Arbeit aus, aber sie besteht hier nur in der Form von Arbeit, die das Geldmaterial, das Gold, schafft. Alle übrigen Arten der Arbeit sind unmittelbar ein Ausdruck der privaten Arbeit. Die Warenform des Produkts ist als eine historisch entstandene und historisch im Übergang befindliche Existenzform der Ergebnisse des Arbeitsprozesses anzusehen. Sie wurde im Zuge der historischen Entwicklung zu einer höherentwickelten Form der Beziehungen als die Naturalform. Als historische Übergangsform wird sie jedoch durch die Form des unmittelbar gesellschaftlichen Charakters der Arbeit abgelöst, die ein Ergebnis ihrer Vergesellschaftung auf der Basis der Entwicklung des Systems der maschinellen Großproduktion ist. Die indirekte gesellschaftliche Form der Beziehung wird so durch die unmittelbar gesellschaftliche Form abgelöst, obwohl letztere anfänglich ökonomisch noch in gegenständlicher Form fixiert ist. Deswegen bezeichneten die Begründer des wissenschaftlichen Kommunismus den Sozialismus als eine Produktionsform, die der Warenform entgegengesetzt ist. Wenn man aber die gegenständliche Ausdrucksform der unmittelbar gesellschaftlichen Beziehung im Sozialismus als adäquat zur Warenform qualifiziert, erscheint auch der ihr innewohnende Widerspruch als ein Widerspruch zwischen der unmittelbar gesellschaftlichen Produktion und der Warenproduktion.

Diese Betrachtungsweise führte schließlich zu der Behauptung, daß zwei Formen von ökonomischen Beziehungen bestehen, die der sozialistischen Produktion immanent sind, nämlich die unmittelbar gesellschaftliche und die Wertform. Aber so formuliert, schließt dieser Widerspruch sich selbst aus, weil ein System von Produktionsverhältnissen, als ein organisches System mit einer inneren Einheit nicht die gleichzeitige Existenz und Funktion von zwei verschiedenen Formen von Beziehungen als voll entwickelte Gebilde aufweisen kann.

Das soll nicht heißen, daß die dem Sozialismus eigene Form der ökonomischen Beziehung keinen inneren Widerspruch aufweist. Aber dies ist ein Widerspruch einer einheitlichen Form der Beziehung, die gegensätzliche Elemente enthält, von denen das eine das historisch vergängliche und deshalb abtretende (obwohl noch nicht verschwundene) Moment darstellt, während das andere, das praktisch herrscht, die Entwicklungstendenz des ganzen Systems bestimmt und — da es noch keine ausreichende Reife aufweist — in einer einheitlichen Form mit ersterem existiert. Diese den Sozialismus kennzeichnende Form der ökonomischen Beziehung muß konkret-historisch als eine bestimmte Stufe bei der Herausbildung der unmittelbar gesellschaftlichen Beziehung charakterisiert werden, deren Entwicklung mit der Überwindung ihres gegenständlichen Inhalts einhergeht.

Will man das Problem des den Sozialismus kennzeichnenden Charakters der ökonomischen Beziehung durch die Feststellung lösen, daß hier Wertbeziehungen mit unmittelbar gesellschaftlichen Beziehungen koexistieren, so wird anstelle des inneren Widerspruchs der Form der Beziehung ein Widerspruch deklariert, dessen Elemente sich völlig beziehungslos zueinander verhalten, sieht man davon ab, daß sich beide in einem Raum-Zeit-Verhältnis befinden. In diesem Fall haben diese Gegensätze entweder keinen eigenen realen Inhalt, oder es entsteht die Vorstellung, daß im Sozialismus mehrere Wirtschaftsformen nebeneinander bestehen.

Die Form der ökonomischen Beziehung, die für den Sozialismus typisch ist und den spezifisch historischen Inhalt seines Ausgangsverhältnisses bestimmt, ist die unmittelbar gesellschaftliche Form. Das ist aber eine solche unmittelbar gesellschaftliche Beziehung, die sich in der Herausbildung befindet; sie ist noch mit einem gegenständlich-materiellen Ausdruck und damit mit Elementen ihres historischen Vorgängers, nämlich der Wertbeziehung behaftet, die real neben den anderen Elementen existiert. Erforscht man die sozialistischen Produktionsverhältnisse theoretisch, so kann man nicht von der unmittelbar gesellschaftlichen Beziehung in ihrer reinen Form abstrahieren, die in der Form der Arbeit, aber nicht in jener realen Form in Erscheinung tritt, in der sie existiert. Sonst gelangen wir zu einer formal-logischen Abstraktion, die nicht die reale Wirklichkeit widerspiegelt.

Die wesentliche Besonderheit der theoretischen Abstraktionen, in denen die verschiedenen Seiten der sozialistischen Produktionsverhältnisse in Erscheinung treten, vor allem soweit es sich um die Erforschung des Charakters der für den Sozialismus kennzeichnenden Form der ökonomischen Beziehung handelt, besteht darin, daß sie den Widerspruch zwischen der unmittelbar gesellschaftlichen Form, die die bestimmende Rolle spielt, und dem gegenständlichen Charakter ihres Ausdrucks darstellt, der mit Elementen der Warenproduktion behaftet ist. Die Bestimmung des historisch fixierten Reifegrades des unmittelbar gesellschaftlichen Charakters der Beziehung, die den Sozialismus kennzeichnet, hat grundsätzliche Bedeutung für die praktische Wirtschaftsleitung der sozialistischen Produktion, insbesondere in der entwickelten sozialistischen Gesellschaft. Die Grundlage dieser Leitung sind jene konkreten ökonomischen Faktoren, die sich aus dem unmittelbar gesellschaftlichen Charakter der sozialistischen Produktion ergeben. Dazu gehören: die Aufgaben des Staatsplanes, Normative, Qualitätskennziffern, Kooperationslieferungen, materiell-technische Versorgung u. a. Sie zeigen die Übereinstimmung zwischen der Struktur der gesellschaftlichen Produktion und den Proportionen der gesellschaftlichen Bedürfnisse.

Die materiellen und Arbeitskräfteressourcen, die die Gesellschaft zu einem bestimmten Zeitpunkt aufbieten kann, um eine bestimmte Menge und Art gesellschaftlicher Bedürfnisse zu befriedigen, werden den einzelnen Betrieben überlassen. Sie fungieren im Rahmen des Umschlags der Mittel des Betriebes, der ein Glied der gesamtgesellschaftlichen Produktion darstellt. Der Betrieb hat sein besonderes ökonomisches Interesse, das nicht immer mit dem ökonomischen Interesse der gesamten Volkswirtschaft übereinstimmt, denn er deckt seine Aufwendungen nicht aus den Fonds der Gesellschaft, sondern aus dem Ergebnis seiner eigenen Tätigkeit, während der überwiegende Teil des Mehrprodukts von der gesamten Gesellschaft angeeignet wird. Zwischen der Gesellschaft und dem Betrieb bildet sich ein bestimmtes System gegenseitiger Beziehungen heraus, das in der wirtschaftlichen Rechnungsführung zum Ausdruck kommt, die eine für den Sozialismus spezifische Methode zur planmäßigen Leitung der Produktion darstellt. In ihr zeigt sich, erstens, die unmittelbare wirtschaftliche Tätigkeit der gesamten Gesellschaft und, zweitens, die relative wirtschaftliche Selbständigkeit der einzelnen Betriebe. Der mit der sozialistischen Produktion verbundene Mechanismus der wirtschaftlichen Rechnungsführung, der den spezifischen Inhalt des Wirtschaftsmechanismus im Sozialismus ausmacht, ist jene konkrete wirtschaftliche Form, die die den Sozialismus kennzeichnende ökonomische Beziehung realisiert. Sie vereinigt den Gegensatz von unmittelbar gesellschaftlichem Charakter der Beziehung und ihrer gegenständlichen Existenzform, die Träger der Elemente des Austauschverhältnisses ist. Mögen sich auch die konkreten Formen der wirtschaftlichen Rechnungsführung ändern, so bleibt doch ihr Hauptinhalt konstant, denn in ihm realisiert sich die für den Sozialismus charakteristische Form der ökonomischen Beziehung. Deshalb muß auch die theoretische Abstraktion, die die gesellschaftliche Form der sozialistischen Produktion charakterisiert, deren realen historischen Inhalt widerspiegeln. Nur dann kann die ökonomische Theorie des Sozialismus sich auf dem Boden der realen Wirklichkeit bewegen und ein wirksames Mittel sein, diese zu erkennen und umzugestalten.

So verhält es sich mit den Besonderheiten der theoretischen Abstraktionen, wenn man von dem Problemkomplex ausgeht, wie er sich aus der Spezifik der gesellschaftlichen Form der Produktion ergibt. Und selbst wenn man annimmt, daß die gesellschaftliche Form der Produktion im Sozialismus keine realen Elemente der Wertbeziehungen mehr enthält, so steht auch in diesem Falle weiterhin das Problem, den spezifischen Inhalt der theoretischen Abstraktionen der sozialistischen Produktionsverhältnisse zu bestimmen, da auch andere reale Besonderheiten des Sozialismus fortbestehen würden. Die Problematik des ökonomischen Grundgesetzes ist dafür charakteristisch. Es geht nicht um die Formulierung des Gesetzes, sondern um die methodologischen Anforderungen, die bei der Erforschung seines Inhalts unbedingt zu berücksichtigen sind. Das Hauptproblem besteht darin, ob man bei der Formulierung des Grundgesetzes die Produktionsverhältnisse so widerspiegeln kann, wie sie für beide Phasen der kommunistischen Gesellschaftsformation gelten, und dabei die Besonderheiten der Produktionsverhältnisse im Sozialismus außer acht lassen darf. Bezeichnenderweise wird diese Frage in der Literatur, insbesondere in den Arbeiten, die sich speziell mit dem Grundgesetz befassen, kaum behandelt, und noch seltener der Versuch unternommen, dieses Problem inhaltlich zu untersuchen.

Hier soll nicht ausführlich der Stand der Diskussion um das ökonomische Grundgesetz der kommunistischen Gesellschaftsformation analysiert, sondern nur auf einige Momente hingewiesen werden, die mit den hier untersuchten Problemen der Besonderheiten theoretischer Abstraktionen bei den Produktionsverhältnissen des Sozialismus in Zusammenhang stehen.

Ohne Zweifel hat die kommunistische Produktionsweise nur ein ökonomisches Grundgesetz. Die Art und Weise und die konkrete Form seiner Wirkung müssen in der niederen und in der höheren Phase des Kommunismus unterschiedlich sein. Diese Unterschiede darf man nicht willkürlich ignorieren. Jedes ökonomische Gesetz, auch das Grundgesetz, ist ein Gesetz der ökonomischen Tätigkeit der Gesellschaft. Weist diese Tätigkeit nun die gleichen Merkmale auf, w[illegible] in der Form der Arbeit als Mittel zum Lebensunterhalt oder in der Form der Arbeit als erstes Lebensbedürfnis in Erscheinung tritt? Diese Frage läßt sich kaum bejahen.

Solange die Arbeit noch ein Mittel zum Lebensunterhalt und nicht erstes Bedürfnis ist, bestehen die Unterschiede zwischen dem Ziel der Tätigkeit und den Mitteln, um dieses zu erreichen, weiter, und zwar unabhängig davon, wie wir uns zu diesen Kategorien stellen, ob sie objektiv bedeutsame Momente des Inhalts dieses Gesetzes sind oder dessen Inhalt im menschlichen Bewußtsein widerspiegeln. Wird die Arbeit zum ersten Lebensbedürfnis, werden die Unterschiede zwischen dem Ziel und den Mitteln, es zu erreichen, überwunden, denn sowohl Ziel wie Mittel stehen der Tätigkeit selbst nicht fremd gegenüber, sondern sind Momente und wesentliche Merkmale dieser Tätigkeit. Im ersten Fall ist die Tätigkeit darauf gerichtet, ein Ergebnis zu schaffen, das sich von der Tätigkeit selbst unterscheidet. Im zweiten Fall ist die Arbeit als Form der Lebenstätigkeit jedes Individuums zugleich das Ergebnis der Arbeit.

Einziger Sinn der Tätigkeit ist das tätige Individuum, für das sie (d. h. die Arbeit) zugleich Daseinsweise ist. Gibt es aber kein Ziel mehr, das sich irgendwie von der Tätigkeit unterscheidet, so verschwindet damit auch sein Gegensatz, nämlich das Mittel. Letzteres existiert nur als Ziel und umgekehrt. Im ersten Falle existiert der Reichtum in Form des gegenständlichen Reichtums, im zweiten Fall in der Form umfassender Fähigkeiten der Individuen usw.

Die hier dargestellten Besonderheiten, die die ökonomische Tätigkeit im Sozialismus von der im Kommunismus unterscheiden, und die sich daraus ergebenden besonderen Wirkungsformen des ökonomischen Grundgesetzes der kommunistischen Gesellschaftsformation sind unbedingt zu berücksichtigen, wenn man die ökonomische Struktur des Sozialismus theoretisch widerspiegelt. Das ist vor allem dann notwendig, wenn es um die quantitative Seite der ökonomischen Prozesse und ihrer Ergebnisse geht.

Ein Beispiel ist das Problem, wie man die Effektivität der Produktion mißt. Sieht man diese Frage nicht unter allgemein-ökonomischen Aspekten, sondern unter dem Gesichtspunkt der sozialökonomischen Kriterien (und diesen Kriterien ist hier der Vorzug zu geben, da es um das Grundgesetz einer Gesellschaftsformation geht), so stellt sich heraus, daß wir — zumindest in der Gegenwart — nicht in der Lage sind, ihrem Charakter nach eindeutige Effektivitätskennziffern zu entwickeln, mit denen man die Effektivität für die gesamte kommunistische Produktionsweise bestimmen kann.

Um den ökonomischen Nutzeffekt zu bestimmen, sind Aufwand und Ergebnis vergleichbar zu messen. Die Aufwendungen treten im Sozialismus als Arbeitsaufwand und die Ergebnisse in Form des Produkts in Erscheinung, ausgedrückt in Natural- oder Werteinheiten. Solche Methoden zur Messung der Effektivität sind so lange völlig ausreichend, wie die Arbeit den Hauptfaktor des Reichtums darstellt und der Reichtum selbst in gegenständlicher Form existiert.

diese Methode zur Messung wird dann kaum noch anzuwenden sein, wenn die Arbeit zum ersten Bedürfnis wird, denn sie verliert — sozial gesehen — den Charakter von Aufwendungen. Da sich andererseits der Inhalt des Arbeitsergebnisses wesentlich verändert und dieser nicht mehr das Produkt, sondern die Persönlichkeit als solche ist, so kann man die Effektivität der ökonomischen Tätigkeit nicht mehr in der Weise ausdrücken, daß man das Ergebnis zu den Aufwendungen in Beziehung setzt. Hier sind völlig andere Kennziffern erforderlich, um den Nutzeffekt der materiellen Tätigkeit der Gesellschaft zu messen, die dem Wesen der zu messenden Größe entsprechen.

Um die historische Besonderheit der ökonomischen Struktur des Sozialismus bei der Erforschung des Grundgesetzes der kommunistischen Produktionsweise zu berücksichtigen, ist jene konkrete Ausdrucksform zu definieren, die die Besonderheiten seiner Wirkungsweise im Sozialismus widerspiegelt. Das betrifft nicht nur den theoretischen Aspekt dieses Problems, sondern hat auch praktische Bedeutung. Um den Produktionsprozeß im Sozialismus bewußt zu leiten, muß die Gesellschaft nicht nur den allgemeinen Inhalt des Grundgesetzes, sondern — was besonders wichtig ist — auch die konkrete Form seiner Wirkungsweise kennen und nutzen. Erst dann kann eine bestimmte Konsequenz bei der Befriedigung der verschiedenen gesellschaftlichen Bedürfnisse erreicht werden, die sich objektiv aus dem erzielten Reifegrad der materiellen Faktoren der sozialistischen Produktion ergeben.

Umfang und Struktur der Bedürfnisse der Werktätigen unterscheiden sich in den Anfangsetappen der sozialistischen Umgestaltungen völlig von den Bedingungen in der entwickelten sozialistischen Gesellschaft. Im letztgenannten Fall wird der Umfang der materiellen Güter durch wissenschaftlich begründete Verbrauchsnormen bestimmt. Gleichzeitig dehnt sich der Bereich der sozialen Bedürfnisse erheblich aus. Das ergibt sich aus dem wesentlich veränderten Charakter der Arbeit, die immer mehr zu einer schöpferischen Tätigkeit wird, aus der Überwindung der wesentlichen Unterschiede zwischen industrieller und landwirtschaftlicher Arbeit, zwischen Stadt und Land usw.

Im Sozialismus wirkt das ökonomische Grundgesetz der kommunistischen Produktionsweise überwiegend in der Richtung, einen umfassenden Wohlstand zu sichern, der auch die Befriedigung jener materiellen und geistigen Bedürfnisse voraussetzt, die es im Kommunismus möglich machen, unmittelbar zu einer neuen höheren Stufe überzugehen, auf welcher die allseitige Entwicklung der persönlichen Fähigkeiten der Mitglieder der Gesellschaft zum Hauptmotiv für die Entwicklung der gesellschaftlichen Produktion wird. Das erfordert, einen hohen Stand in der gesellschaftlichen Arbeitsproduktivität zu erreichen, dadurch den Arbeitstag erheblich zu verkürzen und die Freizeit zu vergrößern, die Bedürfnisse zu erhöhen, Elemente von sozialen Unterschieden in der Arbeit, insbesondere die Unterschiede zwischen geistiger und körperlicher Arbeit, zu überwinden und eine sozial homogene Struktur der Gesellschaft zu schaffen. Bei der theoretischen Analyse des grundlegenden Produktionsverhältnisses der kommunistischen Gesellschaft und ihres ökonomischen Grundgesetzes kann man diese Umstände natürlich kaum ignorieren. Andernfalls besteht die Gefahr, daß sich die Theorie von den praktischen Aufgaben beim wirtschaftlichen Aufbau löst.

Untersucht man die Besonderheiten der theoretischen Abstraktionen sowohl anhand des Ausgangsverhältnisses der kommunistischen Gesellschaft als auch des ökonomischen Grundgesetzes, so zeigt sich, daß die begrenzte Bedeutung der logischen Abstraktionen die Besonderheiten der ökonomischen Verhältnisse des Sozialismus als ersten Reifegrad der kommunistischen Gesellschaft ignoriert. Das ergibt sich aus der Spezifik des Gegenstandes der politischen Ökonomie des Sozialismus, die dadurch bestimmt ist, daß die sozialistischen Produktionsverhältnisse ein System mit Prozeßcharakter darstellen, denn ihre Struktur ist ein Moment der Genesis des ökonomischen Systems der kommunistischen Produktionsweise. Die theoretische Untersuchung objektiv bestehender Produktionsverhältnisse darf keinen zeitlosen Charakter tragen. Das wäre nur dann möglich, wenn es um die Erforschung von herausgebildeten ökonomischen Systemen geht, deren Genese bereits abgeschlossen ist. Diese Besonderheit der ökonomischen Verhältnisse des Sozialismus bestimmt den grundlegenden Inhalt der von der politischen Ökonomie des Sozialismus zu lösenden theoretischen Hauptaufgabe. Sie besteht darin, zu sichern, daß die Gesetzmäßigkeiten beim Hinüberwachsen des Sozialismus in die kommunistische Gesellschaft erkannt und ausgenutzt werden. Versteht man die Aufgabe so, kann man nicht von der Spezifik des Sozialismus abstrahieren.

Um welche Besonderheiten des Sozialismus geht es? Sind alle spezifischen Merkmale der ökonomischen Entwicklung eines Landes, in dem der Sozialismus gesiegt hat, Besonderheiten des Sozialismus? Der Sozialismus durchläuft in seiner Entwicklung verschiedene Etappen. Wird vom Sozialismus als Objekt der politökonomischen Analyse gesprochen, geht es um jenen Reifegrad, bei dem seine Merkmale als erste Phase der kommunistischen Produktionsweise voll herausgebildet sind. Diesen Stand hat die Periode des entwickelten Sozialismus dann erreicht, wenn die Aufgabe besteht, die der kommunistischen Gesellschaftsformation adäquate materiell-technische Basis zu schaffen.

Aber auch in diesem Falle können die konkreten ökonomischen Bedingungen unterschiedlich sein. Ist die Frage zu entscheiden, welche Besonderheiten des Sozialismus gemeint sind, muß man sich unseres Erachtens von folgenden Kriterien leiten lassen. Es gibt, erstens, eine allgemeine Spezifik der ökonomischen Verhältnisse des Sozialismus, die nicht von den konkreten Bedingungen eines bestimmten Landes und von dessen historischen Besonderheiten beim Übergang vom Kapitalismus zum Sozialismus abhängt. Zweitens gibt es Besonderheiten, die in der Regel einmalig sind und eine nur für einzelne Länder und einzelne Regionen spezifische Erscheinung darstellen.

Das theoretische Modell des Sozialismus muß die zuerst genannten Besonderheiten berücksichtigen, denn sie bilden einen bestimmten Typ von Beziehungen, der für die sozialistische Entwicklungsphase schlechthin zutrifft. Die allgemeinste Grundlage für diese Besonderheiten des Sozialismus stellt die Arbeit als Mittel zum Lebensunterhalt dar, und das vorwiegend in ihrer zielgerichteten Form. Die Verteilung der Ressourcen an lebendiger und vergegenständlichter Arbeit als wesentliches Moment der Beziehungen in der eigentlichen Produktion, der Austausch von Arbeitsäquivalenten und die Verteilung nach der Arbeitsleistung sind die Hauptprozesse, die die Grundlage für die Besonderheiten aller Formen der sozialistischen Produktionsweise bilden.

Alle übrigen Besonderheiten entstehen auf dieser Grundlage. Die Überreste der alten gesellschaftlichen Arbeitsteilung, die ebenfalls eine grundlegende Besonderheit des Sozialismus darstellen, könnten nicht die Bedeutung haben, die sie tatsächlich besitzen, würde nicht die Arbeit als Mittel zum Lebensunterhalt in ihrer konkreten Form die allgemeine Grundlage der Produktionsverhältnisse bilden. Das betrifft auch die anderen wesentlichen Besonderheiten des Sozialismus. So wird beim Gesetz der Verteilung nach der Arbeitsleistung, das ein wesentliches Merkmal des Sozialismus bildet, gelegentlich vergessen, daß diesem Gesetz eine größere Bedeutung zukommt. Es ist nicht nur ein Gesetz der sogenannten Distributionsverhältnisse. Es ist vor allem ein Gesetz der unmittelbaren Produktion.

Es ist eine bestimmte Form der gesellschaftlichen Arbeit, die den Inhalt des Ausgangsverhältnisses und seine Besonderheit im Sozialismus determiniert. Nur ausgehend von der Arbeit als Mittel zum Lebensunterhalt kann man die Besonderheiten des Grundgesetzes bestimmen, wie es im Sozialismus wirkt. Auch die vorgeschlagenen Methoden für den materiellen Ausdruck des Grundgesetzes und dessen quantitative Bestimmung hängen mit der Arbeit und deren Ergebnis zusammen. Alle Kategorien der ökonomischen Theorie des Sozialismus sind Kategorien der Arbeit und des Produkts als deren Ergebnis. Deshalb ist die Arbeit als Mittel zum Lebensunterhalt in ihrer bestimmten gesellschaftlichen Form die Grundlage und Grenze für die Abstraktion, wenn man die Besonderheiten der sozialistischen Produktionsverhältnisse untersucht. Es handelt sich hierbei um die Arbeit als eine Tätigkeit, die ausgeübt wird, um ein bestimmtes äußeres Ziel zu erreichen, das in der Form eines Produkts, einer Dienstleistung usw. existiert.

Die Arbeit bildet gerade in dieser gesellschaftlichen Bedeutung die allgemeine Grundlage für die sozialistischen Produktionsformen im Unterschied zur reifen kommunistischen Gesellschaft. Das hat grundsätzliche Bedeutung, die bei der Erforschung der Struktur der sozialistischen Produktionsverhältnisse und insbesondere ihres ökonomischen Grundgesetzes noch unterschätzt wird. Oft wird nicht beachtet, daß das Grundgesetz im Rahmen der Arbeit als Mittel zum Lebensunterhalt und gleichzeitig erstes Lebensbedürfnis keine einheitliche Ausdrucks- und Wirkungsform haben kann, obwohl es seinem inneren Wesen nach einheitlich ist, denn dieses Wesen bringt ein und denselben historischen Typ von Produktionsverhältnissen, nämlich die kommunistische Produktionsweise, zum Ausdruck, wenn man sie nicht von ihrem Reifegrad, sondern von ihrer allgemeinen Qualität her betrachtet.

In diesem Zusammenhang ist auf eine weitere charakteristische Besonderheit bei der theoretischen Erforschung der sozialistischen Produktionsverhältnisse einzugehen. Es geht um folgendes. Da Sozialismus und Kommunismus in ihrer ökonomischen Struktur den gleichen historischen Typ verkörpern, der sich nur entsprechend seinem Reifegrad unterscheidet, stellt sich der Unterschied zwischen ihnen in der konkreten Forschung größer dar, vor allem hinsichtlich der Funktionsmechanismen und der Erscheinungsformen der ökonomischen Gesetze. In anderen Bereichen treten diese Unterschiede nicht so stark in Erscheinung und zeigen sich gelegentlich gar nicht. So erklärt sich auch die Tatsache, daß in der politischen Ökonomie des Sozialismus die größte Arbeit bei der Ausarbeitung der Kategorien geleistet wurde, die die Mechanismen und konkreten Erscheinungsformen der Gesetze charakterisieren, während die grundlegenden und wesentlichen Kategorien weniger erforscht sind. Dieser Unterschied mußte sich natürlich auf die gründliche Erforschung solcher Kategorien auswirken, die die Erscheinungsformen und Wirkungsmechanismen der Gesetze charakterisieren. So befaßte man sich stärker mit den praktischen Fragen der Wirtschaftstätigkeit, die anfangs keiner tieferen theoretischen Begründungen bedurften. Die Tatsache wiederum, daß man die tieferen Gesetzmäßigkeiten untersuchte, um die allgemeinen Grundlagen der kommunistischen Produktion aufzudecken, ohne daß eine ausreichende Verbindung zu ihren Erscheinungsformen hergestellt wurde, bewirkte, daß man sich von diesen Erscheinungsformen und Wirkungsmechanismen löste und die Erforschung der eigentlichen Kategorien überwiegend beschreibenden Charakter trug. Die Ursache lag darin, daß man die für beide Phasen der kommunistischen Gesellschaftsformation geltenden Gesetzmäßigkeiten der ökonomischen Verhältnisse des Sozialismus untersuchte, ohne die Besonderheiten der ökonomischen Struktur des Sozialismus zu beachten, und nicht nach jenen konkreten Formen suchte, in denen die Gesetzmäßigkeiten, die für beide Phasen der kommunistischen Gesellschaftsformation gelten, im Sozialismus in Erscheinung treten. Löst man dieses Problem in der genannten Richtung, so können dadurch der theoretische Erkenntnisaspekt und der unmittelbar praktische Aspekt der ökonomischen Theorie des Sozialismus vereinigt werden. Eine solche Verbindung wird zweifellos sowohl für die ökonomische Theorie als auch für die Wirtschaftspraxis von Nutzen sein.

Die Spezifik des Aufsteigens vom Abstrakten zum Konkreten bei der Erforschung der ökonomischen Struktur der sozialistischen Gesellschaft resultiert aus den Besonderheiten des realen Erkenntnisgegenstandes, d. h. aus den Besonderheiten des Konkreten in der Wirklichkeit. Hier ist nicht unmittelbar das System der ökonomischen Struktur der kommunistischen Gesellschaft, sondern das ökonomische System des Sozialismus als erste Phase ihres Reifegrades logisch widerzuspiegeln.

Deshalb müssen auch die theoretischen Abstraktionen das vorhandene Bild der ökonomischen Struktur der Gesellschaft real widerspiegeln. Sind die in der Herausbildung befindlichen genetischen Systeme theoretisch zu analysieren, bevor sie sich endgültig herausgebildet haben, so können sie nur in der Weise logisch widergespiegelt werden, indem sie einerseits im Rahmen des Ganzen erforscht werden, während dieses Ganze anderseits von den Besonderheiten der jeweiligen historischen Etappe bestimmt ist, in der es sich herausbildet. Die Kenntnis vom Ganzen ergibt sich aus der Bestimmung und Herausbildung seiner Hauptentwicklungstendenzen, was weder die erkenntnistheoretische noch die praktische Bedeutung solcher theoretischen Untersuchungen schmälert.

3. Zum System der Kategorien und Gesetze der kommunistischen Produktion

Der Gegenstand der politischen Ökonomie ist das System der Produktionsverhältnisse. Seine logische Widerspiegelung muß das System der Kategorien und Gesetze zum Ausdruck bringen, die die objektive Existenz der ökonomischen Erscheinungen und Prozesse theoretisch widerspiegeln. Dabei ist zu berücksichtigen, daß die Gesetze und Kategorien die Wirklichkeit unterschiedlich wiedergeben.

Der Unterschied zwischen den Kategorien und Gesetzen ist kein formales, sondern ein zutiefst inhaltliches Moment. In welcher Form die Realität auch existiert, sie verkörpert die Einheit von Kontinuität und Diskontinuität, von Stabilität und Instabilität. Diese unterschiedlichen Seiten der Realität müssen durch unterschiedliche logische Formen ausgedrückt werden. Die Kategorien der Wissenschaft bringen einzelne Seiten der zu erforschenden Wirklichkeit zum Ausdruck. Sie lösen einzelne Seiten aus ihrem lebendigen Zusammenhang heraus, in welchem sie als Momente der Wirklichkeit existieren. Die Erkenntnis kann aber das Ganze nur widerspiegeln, wenn sie es in einzelne Segmente, Teile, Seiten, Eigenschaften usw. zergliedert. Die Kategorien der Wissenschaft sind Abstraktionen, die einzelne Seiten der Wirklichkeit fixieren. Sie zeigen die Wirklichkeit von der Seite ihrer Diskontinuität, Einseitigkeit und haben fragmentarischen Charakter.

Beim realen Prozeß sind alle Seiten untereinander, und zwar innerlich, durch kausale Abhängigkeiten verbunden. Die Wirklichkeit ist ein durch innere Zusammenhänge verbundener ganzheitlicher kontinuierlicher Entwicklungsprozeß. Diese ihre Existenzform kommt in den Gesetzen der Wissenschaft zum Ausdruck, die theoretisch den Charakter und die Zusammenhänge der Erscheinungen und Prozesse bestimmen. Die Gesetze sind der Ausdruck des inneren Zusammenhanges der einzelnen Seiten der Wirklichkeit, von denen jede Ausdruck in einer bestimmten Kategorie fand. Das wissenschaftliche Gesetz charakterisiert die inneren Zusammenhänge der Kategorien. So umfaßt z. B. das Wertgesetz die inneren Zusammenhänge der privaten und der gesellschaftlichen, der konkreten und der abstrakten Arbeit, des Gebrauchswertes und des Wertes, der individuellen und der gesellschaftlich notwendigen, der einfachen und der komplizierten Arbeit, der relativen Wertform und der Äquivalentform des Wertes, des Geldes und der Waren usw. Diese von einem einzigen Gesetz erfaßten Kategorien bilden ein logisches System, das eine bestimmte Form der realen Wirklichkeit widerspiegelt, nämlich die Warenform der gesellschaftlichen Produktion.

Das Wertgesetz als Gesetz der Warenproduktion setzt einerseits Kategorien voraus, die es charakterisieren, und wird anderseits von diesen vorausgesetzt; außerdem setzt jede Kategorie eine andere voraus. Untersucht man die Warenproduktion unter den Bedingungen der kapitalistischen Produktionsweise, so bildet sie nur ein abstraktes Moment der letzteren, d. h. nur eine Seite im Rahmen eines umfassenderen und komplizierteren ökonomischen Systems, das durch eine Vielzahl unterschiedlicher Kategorien charakterisiert ist, die wiederum jeweils eine einzelne Seite der Produktionsverhältnisse der bürgerlichen Gesellschaft widerspiegeln. Der wesentliche Zusammenhang dieser Seiten wird ebenfalls durch ein einziges Gesetz erfaßt, wodurch sie ein System wechselseitig untereinander verbundener und gegenseitig aufeinander einwirkender Elemente darstellen. Dieses Gesetz ist das Mehrwertgesetz.

Die Produktionsverhältnisse der kommunistischen Produktionsweise umfassen eine komplexere und reichere Gesamtheit von Beziehungen als die Produktionsverhältnisse der kapitalistischen Produktionsweise. Folglich müssen die logischen Formen, die sie widerspiegeln, ebenfalls sehr komplex und vielfältig sein. Für die Erkenntnis und theoretische Widerspiegelung dieses Systems von Produktionsverhältnissen hat die im „Kapital" angewandte Methode erstrangige Bedeutung. Erstens stellt die Logik des „Kapital" einen bisher nicht erreichten Grad wissenschaftlicher Erkenntnis komplizierter sozialer Systeme dar. Zweitens wurde im „Kapital" ein System von Beziehungen dargelegt, das der unmittelbare historische Vorläufer der kommunistischen Gesellschaft ist. Deshalb kann und muß das logische System des „Kapital" das Muster und Vorbild für die methodologische Struktur der politischen Ökonomie des Sozialismus sein.

Gelegentlich wird behauptet, die Analyse der kapitalistischen Produktionsverhältnisse erfolge entsprechend den Phasen des Reproduktionsprozesses. Diejenigen, die diese Behauptung aufstellen, unterziehen sich zumeist nicht der Mühe, ihre Ansichten mit Beispielen aus dem „Kapital" zu belegen. Die Ergebnisse entsprechender Bemühungen dürften auch kaum überzeugen. „Das Kapital" liefert auch nicht die geringste Begründung, die Produktionsverhältnisse nach den einzelnen Phasen zu untersuchen. Das logische Schema des „Kapital" bietet keinen Anhaltspunkt dafür, die ökonomischen Verhältnisse auf eine solche Art und Weise theoretisch zu untersuchen. Es wurde von Karl Marx in der Auseinandersetzung mit bürgerlichen Ökonomen ausgearbeitet, die das Schema ihrer Analyse vor allem nach den Phasen des Reproduktionsprozesses aufbauten. Wir brauchen in diesem Zusammenhang nur auf die Kritik hinzuweisen, die Marx an den bürgerlichen Ökonomen in der Einleitung zu seinem Werk „Zur Kritik der Politischen Ökonomie“ übte. Man sollte sich die Arbeiten einiger dieser Ökonomen ansehen. So gliedert z. B. John Stuart Mill sein Buch „Prinzipien der politischen Ökonomie“ nach den Phasen des Reproduktionsprozesses.

Bei der logischen Struktur des „Kapital“ wurde ein anderes methodologisches Prinzip angewendet, nämlich das Prinzip des Aufsteigens vom Abstrakten zum Konkreten.

Nach diesem Prinzip untersucht Karl Marx zuerst die abstrakten ökonomischen Formen, die das eigentliche Wesen der Produktionsverhältnisse der kapitalistischen Produktionsweise charakterisieren, d. h. den Produktionsprozeß des Kapitals als das beherrschende Verhältnis dieser Produktionsweise. Er untersucht dabei nicht die Produktion schlechthin, sondern den Produktionsprozeß des Kapitals. Bereits hier erforscht Marx den Austausch von Kapital gegen Arbeitskraft, die Verteilung des neugeschaffenen Wertes und den persönlichen Verbrauch der Arbeiterklasse, also Probleme, die niemals unter dem Begriff „Produktion“ untersucht worden wären, erfolgte die Analyse nach einzelnen Phasen.

Nachdem Karl Marx das eigentliche Wesen der kapitalistischen Produktionsverhältnisse untersucht hat, geht er dazu über, die für sie charakteristische innere Bewegungsform, d. h. den Zirkulationsprozeß des Kapitals, zu analysieren. Hier ist vor allem festzustellen, daß man die Zirkulation des Kapitals niemals auf die Zirkulationsphase beschränken kann, wie dies jene vorschlagen, die die Analyse nach einzelnen Phasen vornehmen wollen. Man braucht nur auf den zweiten Band des „Kapital“ zu verweisen, um mögliche Zweifel in dieser Richtung zu zerstreuen. Bei der Untersuchung des Kreislaufs und des Umschlags des individuellen Kapitals behandelt Marx solche Probleme wie die Bewegung des produktiven Kapitals, die Besonderheiten bei der Wertübertragung durch dessen einzelne Teile, nämlich das fixe und zirkulierende Kapital, die jährliche Mehrwertmasse und Mehrwertrate sowie die Arbeitsperiode und Produktionszeit. Im dritten Abschnitt des zweiten Bandes des „Kapital“ wird ein Problemkomplex untersucht, der sich mit der Realisierung des gesellschaftlichen Gesamtkapitals befaßt, d. h. mit dem Einsatz seiner Elemente in Geld- und in Naturalform, mit der Verteilung des Mehrwerts, der Akkumulation des Kapitals und dem persönlichen Verbrauch der Kapitalistenklasse und der Arbeiterklasse. Kann man diesen gesamten Problemkreis etwa nur unter dem Gesichtspunkt des Austauschs behandeln?

Würde man denjenigen folgen, die die Analyse nach einzelnen Phasen vornehmen wollen, so müßten im dritten Band des „Kapital“ die Probleme der Distribution und der Konsumtion untersucht werden. In Wirklichkeit aber wird in diesem Band des „Kapital“ die kapitalistische Produktion als Einheit von Produktions- und Zirkulationsprozeß behandelt, also die Bewegung des Kapitals wird als Ganzes untersucht. Karl Marx konzentriert sich hier vor allem darauf, die verwandelten Formen des Mehrwerts zu untersuchen, wie sie an der Oberfläche der bürgerlichen Gesellschaft in Erscheinung treten: industrieller- und kommerzieller Profit, Zins, Unternehmergewinn und Rente.

Bezeichnen alle diese Formen tatsächlich nur Distributionsverhältnisse und nicht die kapitalistischen Produktionsverhältnisse, die in einem sehr konkreten Stadium untersucht werden? Die Behauptung, daß es notwendig sei, die Produktionsverhältnisse nach einzelnen Phasen zu analysieren, wird nicht nur im „Kapital", sondern auch durch entsprechende Äußerungen von Karl Marx überzeugend widerlegt. In dem ökonomischen Manuskript aus den Jahren 1861—1863 vermerkt Marx „die Abgeschmacktheit der Gewohnheit, die J. B. Say mit seinem französischen Schematismus eingeführt hat . . . die aber von keinem der klassischen Oekonomen befolgt ist, erst die Production, dann der Austausch, dann die Distribution und endlich die Consumtion zu betrachten, oder auch diese 4 Rubriken etwas anders zu vertheilen".[28]

Somit widerlegen das logische Schema im „Kapital" und die Äußerungen von Karl Marx die Auffassungen jener, die die Produktionsverhältnisse nach einzelnen Phasen untersuchen wollen. „Das Kapital" ist nach folgendem Schema aufgebaut: Das Wesen der Beziehungen, die ihnen innewohnende innere Form und die Gesamtbeziehungen als Einheit von beiden.[29] Dieser Weg der Erforschung der Wirklichkeit muß auch der logischen Struktur bei der Erforschung der sozialistischen Produktionsverhältnisse zugrunde gelegt werden. Es geht nicht darum, die Struktur des „Kapital" mechanisch nachzuahmen, sondern die bei ihrer Ausarbeitung angewandten Grundsätze zu nutzen.

Untersucht man das Wesen der sozialistischen Produktionsverhältnisse, so ist vor allem die gesellschaftliche Form der sozialistischen Produktion zu analysieren, wobei die für beide Phasen der kommunistischen Gesellschaftsformation geltenden Grundlagen dieser Form im Zusammenhang mit den Besonderheiten des Sozialismus zu berücksichtigen sind. Natürlich ist die reale gesellschaftliche Produktionsform und nicht eine angenommene zu untersuchen. Versucht man, die gesellschaftliche Form der sozialistischen Produktion erst als unmittelbar gesellschaftliche und dann als eine Form der Warenproduktion zu untersuchen, so entsteht ein verschwommenes Bild. Das wird dadurch verstärkt, daß bei der bisherigen Art und Weise, wie die Kategorien der politischen Ökonomie des Sozialismus dargelegt wurden, nach der Darstellung des unmittelbar gesellschaftlichen Charakters der Arbeit und des Gesetzes der planmäßigen Entwicklung der sozialistischen Produktion die Probleme der Warenproduktion und des Wertgesetzes im Sozialismus behandelt werden.

[28] K. Marx, Zur Kritik der politischen Ökonomie (Manuskript 1861—1863), in: MEGA, II. Abteilung, Bd. 3.1, Berlin 1976, S. 61/62.

[29] Vgl. A. I. Judkin, Ob osnovnych stupenjach voschoždenija ot abstraktnogo k konkretnomu v „Kapitale" K. Marksa, in: O sisteme kategorij i zakonov političeskoj ėkonomii, Moskva 1973, S. 58—79.

Erfolgt die Darstellung in dieser Reihenfolge, so entsteht der Eindruck, daß das Produkt des sozialistischen Betriebes ursprünglich als unmittelbar gesellschaftliches Produkt geschaffen wird, doch dann stellt sich heraus, daß es auch als Ware in Erscheinung tritt. Sowohl unmittelbar gesellschaftliches Produkt als auch Ware zu sein, bedeutet, gleichzeitig in völlig verschiedenen ökonomischen Formen aufzutreten. Ein und dasselbe Produkt kann aber offensichtlich nicht beides sein.

Jeder sozialistische Betrieb erzeugt ein und dasselbe Produkt nur einmal. Deshalb taucht die Frage auf, welche ökonomische Form es verkörpert. Einige Ökonomen wollen diesen logischen Widerspruch dadurch lösen, daß sie jeden Unterschied zwischen dem unmittelbar gesellschaftlichen Produkt und der Ware aufheben wollen. Dieser Haltung können wir uns nicht anschließen, denn in diesem Falle sind der Charakter der Elemente der Warenbeziehungen im Sozialismus sowie die Art und Weise und die Formen ihrer Ausnutzung in der Wirtschaftspraxis nicht mehr Objekt der theoretischen Analyse.

Anbetrachts dieser Schwierigkeiten erscheint es uns sehr zweckmäßig, die Probleme, die die gesellschaftliche Form der sozialistischen Produktion und dementsprechend das ökonomische Wesen des Arbeitsprodukts im Sozialismus widerspiegeln, als eine einheitliche Kategorie aufzufassen. Ihr Wesen weist eine komplizierte Struktur auf, denn sie enthält noch nicht restlos überwundene Elemente der Warenform. Es geht hier darum, das Wesen des Produkts der sozialistischen Produktion zu bestimmen, indem man seine gesellschaftliche Form charakterisiert.

Obwohl eine Analyse der gesellschaftlichen Form der sozialistischen Produktion noch nicht unmittelbar deren sozialökonomisches Wesen kennzeichnet, muß sie einer Analyse dieses Wesens doch vorausgehen. Ihr Wesen kann nur von dieser Grundlage her logisch dargestellt und begriffen, genauer gesagt, abgeleitet werden.

Die Erforschung des Wesens der sozialistischen Produktion muß die Frage beantworten: *Was produziert* die sozialistische Gesellschaft, d. h., welche Beschaffenheit weist das Ergebnis ihrer Produktionstätigkeit auf? Die Antwort darf natürlich keine Tautologie sein, dergestalt, daß man die gesellschaftliche Form der sozialistischen Produktion als eine unmittelbar gesellschaftliche Form definiert und bei der Charakteristik ihres eigentlichen Wesens ebenfalls darauf hinweist, daß das unmittelbar gesellschaftliche Produkt zugleich das Ergebnis ist. In diesem Falle gibt es keine Vorwärtsbewegung, das ist vielmehr ein Stillstand im Rahmen einer sehr abstrakten Definition der gesellschaftlichen Form der Produktion. Das eigentliche Wesen der sozialistischen Produktionsverhältnisse muß jedoch aus dieser Form hervorwachsen und nicht mit dieser identisch sein.

Das Wesen der sozialistischen Produktion muß vor allem dadurch geklärt werden, daß ganz allgemein die Art und Weise der Verbindung von persönlichen und gegenständlichen Faktoren dargestellt wird, indem jene konkrete gesellschaftliche Form ermittelt wird, in der die Fähigkeit des Werktätigen zur Arbeit in Erscheinung tritt. Es geht hier nicht um die unmittelbare Erscheinungsform dieser Verbindung, sondern um ihren Inhalt unter dem Gesichtspunkt der Reproduktion.

Das verlangt wiederum, daß der sozialökonomische Inhalt des unmittelbaren Produktionsprozesses aufgedeckt wird, und zwar ausgehend von dem ökonomischen Wesen der notwendigen und Mehrarbeit und dementsprechend des notwendigen und des Mehrprodukts.

Wenn wir sagen, die Hauptaufgabe bei der Bestimmung des Wesens der sozialistischen Produktion besteht darin, die Frage zu lösen, was produziert wird, so ist natürlich gemeint, das Ergebnis der Produktion in seiner allgemeinsten Form zu charakterisieren. Gerade diese Form bildet den eigentlichen Inhalt des Grundgesetzes im Unterschied zu seinen verschiedenartigen Ercheinungsformen. Die Klärung des Problems, was letztlich produziert wird, umfaßt einen ganzen Komplex unterschiedlicher Fragen, wozu die Struktur der Arbeitszeit sowie die Charakteristik ihrer Elemente und ihrer Wechselbeziehung gehören.

Das Wesen des sozialistischen Produktionsprozesses wird gelegentlich in der Weise untersucht, daß die verschiedenen Formen des gesellschaftlichen Gesamtprodukts (Brutto- und Nettoprodukt) analysiert werden.

In diesem Stadium der Analyse ist es nach unserer Auffassung verfrüht, das gesellschaftliche Gesamtprodukt einzubeziehen. In welchen konkreten Formen das Gesamtprodukt auch in Erscheinung tritt, es ist ein Ergebnis sowohl des unmittelbaren Produktions- als auch des Zirkulationsprozesses. Um das Gesamtprodukt zu analysieren, sind außerdem die Bewegungsformen der verschiedenen Elemente seiner materiell-gegenständlichen Struktur zu erforschen. Untersucht man deshalb das Wesen des sozialistischen Produktionsprozesses anhand der Formen des gesellschaftlichen Gesamtprodukts, so verletzt dies die Reihenfolge beim Aufsteigen vom Abstrakten zum Konkreten bei der theoretischen Widerspiegelung des Systems der sozialistischen Produktionsverhältnisse.

Das gesellschaftliche Gesamtprodukt der sozialistischen Gesellschaft hat keine direkte Beziehung zum Wesen des sozialistischen Produktionsprozesses. Letzteres stellt eine abstraktere und daher auch tiefergehende Entwicklungsstufe bei der Analyse der ökonomischen Struktur des Sozialismus dar. Das Wesen des sozialistischen Produktionsprozesses ist vor dem und unabhängig vom gesellschaftlichen Gesamtprodukt zu analysieren, denn dieses ist eine konkretere Kategorie als jene Kategorien, die unmittelbar das Wesen der sozialistischen Produktion charakterisieren. Außerdem ist ein weiterer Umstand zu berücksichtigen. Bei der Untersuchung des sozialistischen Produktionsprozesses ist es wichtig, den objektiven Inhalt seines Ziels zu klären. Geht man bei der Lösung dieser Aufgabe vom gesellschaftlichen Gesamtprodukt aus, so entsteht die Vorstellung, daß das Ziel in der Produktion und Verteilung besteht (dieser Standpunkt ist in jüngster Zeit weit verbreitet). Doch das erscheint uns nicht überzeugend. Betrachtet man das Ziel der Produktion ausgehend von der wesentlichen Charakteristik der kommunistischen Produktion, so kann man es nicht — wie bereits gesagt — auf die Produktion gegenständlichen Reichtums beschränken. Somit besteht kein Grund, das gesellschaftliche Gesamtprodukt zu untersuchen, um zu entscheiden, welches Ergebnis der sozialistische Produktionsprozeß aufweist.

So wichtig es übrigens auch ist, zu wissen, *was* im Verlauf der sozialistischen Produktion produziert wird, so ist doch sehr wesentlich, zu bestimmen, *wie* produziert wird. Das Ergebnis der Produktion, das deren sozialökonomisches Wesen bestimmt, beeinflußt entscheidend den Wandel der Produktionstechnologie, prägt ihren Inhalt und ihre Form. Man kann sich auch nicht darauf beschränken, daß das Grundgesetz der kommunistischen Gesellschaftsformation in der einen oder anderen Weise auf die Steigerung der Arbeitsproduktivität, die Erhöhung der Effektivität der Produktion usw. einwirkt. Es geht um eine grundlegende Umgestaltung der gesamten technologischen Produktionsweise, denn die bisherige Art und Weise der Produktion ist nicht geeignet, das zu produzieren, was das Wesen der ökonomischen Organisation der kommunistischen Gesellschaft ausmacht.

Die Lösung dieser Aufgabe setzt, wie schon bemerkt, einen völlig neuen Typ von Werktätigen und eine völlig andere technologische Produktionsweise voraus. Die Aufdeckung dessen, wie sich infolge des sozialistischen Produktionsprozesses — unter dem Aspekt seines sozialen Inhalts betrachtet — die technologische Produktionsweise verändert, ist ein völlig unerläßlicher Bestandteil der Charakteristik des Wesens der ökonomischen Ordnung des Sozialismus. Die Entwicklungsgesetze und die Veränderungen in den technologischen Produktionsverfahren sind schließlich Gesetze der Ökonomie und nicht Gesetze der Technik, obwohl letztere natürlich nicht ignoriert werden dürfen.

Um das Wesen der sozialistischen Produktionsverhältnisse zu klären, sind ferner der spezifische Inhalt des notwendigen Produkts und dessen tatsächliche Existenzformen ganz allgemein zu bestimmen. Deshalb sind unseres Erachtens der Lohn und die gesellschaftlichen Konsumtionsfonds nicht unter dem Gesichtspunkt der Verteilungsverhältnisse zu analysieren. Die Darstellung des Wesens der ökonomischen Verhältnisse des Sozialismus gipfelt in jüngster Zeit in der Behandlung der Akkumulation und Konsumtion im Sozialismus.

Dieses Problem wurde analog dem siebenten Abschnitt im ersten Band des „Kapital" aufgeworfen. Diese Analogie ist sehr relativ und, genau genommen, kaum berechtigt. Im siebenten Abschnitt untersucht Karl Marx die (einfache und erweiterte) Reproduktion der kapitalistischen Produktionsverhältnisse, indem er das individuelle Kapital analysiert. Eine zentrale Frage ist hier die organische Zusammensetzung des Kapitals und dessen Einfluß auf die Lage der Arbeiterklasse. Es wäre sehr willkürlich, wollte man dieses Problem auf die Bedingungen der sozialistischen Produktion übertragen.

Erstens unterliegt der gesellschaftliche Reproduktionsprozeß im Sozialismus völlig anderen Gesetzmäßigkeiten als im Kapitalismus. Wird die Existenz eines Systems unter den Bedingungen der kapitalistischen Produktion von der eigenen Reproduktion seiner Bestandteile bestimmt, so wird die Produktionstätigkeit der Betriebe im Sozialismus bereits vor der Realisierung der Produktion als gesellschaftlich notwendig anerkannt. Untersucht man also die Reproduktion ausgehend von der Bewegung der Fonds und des Produkts des einzelnen Betriebes, ergeben sich kaum Anhaltspunkte, das eigentliche Wesen der sozialistischen Produktionsverhältnisse zu verstehen.[30]

Zweitens ist die Arbeitskraft keine Ware mehr und stellt deshalb auch keine ökonomische Kategorie dar, d. h., sie ist nicht mehr Träger eines ökonomischen Verhältnisses. Unter dem gesamtgesellschaftlichen Aspekt betrachtet, ist die Arbeitskraft kein besonderer Fonds mehr, der neben dem Fonds der gegenständlichen Produktionsfaktoren besteht. Darum ist das Wechselverhältnis von Produktionsmitteln und Arbeitskraft auch kein politökonomisches Verhältnis mehr. Die Kategorie der organischen Zusammensetzung der sozialistischen Produktion kann von der inhaltlichen Seite her nicht mehr die Reproduktion des Wesens der sozialistischen Produktionsverhältnisse zum Ausdruck bringen, ganz abgesehen davon, daß es kaum überzeugt, eine Wertstruktur der sozialistischen Produktion zu konstruieren. Das bedeutet natürlich keineswegs, daß die Erforschung der Reproduktion der Produktionsverhältnisse nicht Gegenstand einer ökonomischen Analyse sein kann, nur stellt sich deren konkrete Problematik eben anders dar.

Bisher ist in der politischen Ökonomie des Sozialismus das Reproduktionsproblem, insbesondere der Fondsumschlag in der sozialistischen Produktion, kaum erforscht. Das bezieht sich nicht auf das Ausmaß der Problematik, sondern auf den Stand der theoretischen Fragestellung und den Inhalt der einzelnen Abschnitte. Das Problem der Zirkulation kann nach unserer Auffassung nur in der Weise gelöst werden, daß es organisch mit dem Wesen der gesellschaftlichen Form der Produktion im Sozialismus verknüpft wird. Dazu sind die Probleme der Reproduktion des gesellschaftlichen Gesamtprodukts eingehender zu erforschen.

Dieser Abschnitt ist in der politischen Ökonomie des Sozialismus wesentlich breiter darzustellen als in der politischen Ökonomie des Kapitalismus. Die Realisierungstheorie, die für den Kapitalismus eine abstrakte Theorie darstellt, hat für die sozialistische Gesellschaft unmittelbar praktische Bedeutung, denn sie bildet die wissenschaftliche Grundlage für die Methodologie der Planung. Die Einbeziehung solcher Probleme in diesen Komplex, wie die Effektivität der Investitionen, ist kaum gerechtfertigt. Das Aufsteigen vom Abstrakten zum Konkreten erfolgt bei der Erforschung der Effektivität in anderer Weise und hat schon unmittelbaren Bezug zur Praxis der Volkswirtschaftsplanung.

Die Untersuchung der objektiv bedingten Mechanismen, mit deren Hilfe die Produktions- und Zirkulationsverhältnisse realisiert werden, muß den zentralen Platz in diesem Strukturkomplex einnehmen. Zu diesen Mechanismen gehören nach unserer Auffassung die wirtschaftliche Rechnungsführung und die Volkswirtschaftsplanung, die hinsichtlich ihrer methodologischen Grundlagen, aber nicht in bezug auf die konkrete Organisation zu untersuchen sind. Alle anderen Probleme müssen sich um diese Grundprobleme gruppieren. Solche ökonomischen

[30] Das bedeutet natürlich keineswegs, daß man bei der Bestimmung der Reifegrade der Produktionsverhältnisse der kommunistischen Produktionsweise die objektiv vorhandene relative Selbständigkeit der Betriebe ignorieren darf.

Begriffe, wie Produktionskosten, Gewinn, Preis, Kredit, Finanzen, Rente u. a., nehmen den Inhalt an, wie sie ihn in der sozialistischen Wirtschaft tatsächlich besitzen.

Nur wenn man so vorgeht, läßt sich ein System von Kenntnissen schaffen, das den materiellen Verhältnissen der sozialistischen Gesellschaft entspricht, d. h. diese Verhältnisse in theoretischer Form widerspiegelt. Aber selbst mit der Lösung dieser Aufgabe ist die Schaffung eines logischen Systems nicht abgeschlossen, solange die Herausbildung des Erkenntnisobjekts an sich nicht beendet ist. Die Struktur der Kenntnisse über den Kommunismus, die sich aus der Widerspiegelung seiner sozialistischen Phase ergibt, ist als eine bestimmte Etappe bei der Schaffung der politischen Ökonomie der kommunistischen Produktionsweise zu betrachten.

Daraus folgt, daß der Inhalt des Begriffapparates der politischen Ökonomie des Sozialismus wie auch ihrer einzelnen Kategorien in einer ganz bestimmten Weise aufzufassen ist. Die Kategorien der ökonomischen Theorie des Sozialismus sind logische Formen, die eine bestimmte Etappe bei der historischen Entwicklung des Gegenstandes der theoretischen Analyse zum Ausdruck bringen. Und obwohl jede echte theoretische Widerspiegelung der Wirklichkeit Wissen enthält, das der Wirklichkeit selbst vorauseilt, da eine auf der Grundlage wissenschaftlicher Gesetze vorgenommene Widerspiegelung die Entwicklungstendenzen der Wirklichkeit bestimmt und nicht nur deren statischen Zustand fixiert, ist die Widerspiegelung doch durch die bestehende Struktur des Erkenntnisgegenstandes begrenzt. Es überzeugt uns nicht, wenn einige Ökonomen die Kategorien der politischen Ökonomie des Sozialismus dann, wenn sie unter dem Aspekt untersucht werden, inwieweit sie die Verhältnisse der beiden Phasen der kommunistischen Gesellschaftsformation widerspiegeln, als im Rahmen der kommunistischen Gesellschaftsformation inhaltlich unveränderlich darstellen wollen. Hier wird der Inhalt der ökonomischen Kategorien in allgemeine Vorstellungen aufgelöst, die den Charakter abstrakten Wissens tragen. Das allgemeine Wechselverhältnis zwischen Monopol und Konkurrenz wurde von Marx in seinem Werk „Das Elend der Philosophie“ dargestellt. Davon ausgehend könnte man eine ebenso allgemeine Vorstellung über die Möglichkeit der Ablösung der freien Konkurrenz durch das Monopol und über das Monopol selbst entwickeln. Aber im vormonopolistischen Kapitalismus bestand nicht die reale Möglichkeit, einen fertigen Begriff des kapitalistischen Monopols auszuarbeiten. Als wissenschaftlicher Begriff konnte er als konkrete Abstraktion in Erscheinung treten, als die Herrschaft der Monopole zu einer realen Tatsache der kapitalistischen Wirklichkeit wurde und die freie Konkurrenz tatsächlich durch die Herrschaft der Monopole abgelöst worden war.

Ähnlich verhält es sich auch mit der Kategorie der Planmäßigkeit. Diesen Begriff finden wir in den Arbeiten der Klassiker des Marxismus in bezug auf die kapitalistische Wirklichkeit. Kann man daraus die Schlußfolgerung ziehen, daß in der Struktur der Kenntnisse, die die ökonomischen Verhältnisse des Kapitalismus charakterisieren, eine Kategorie der Planmäßigkeit als theoretische Abstraktion existiert, die die realen Verhältnisse der kapitalistischen Wirklichkeit widerspiegelt? Unseres Erachtens ist diese Frage zu verneinen.

Die Kategorie der Planmäßigkeit muß — soll sie wirklich eine theoretische Abstraktion sein — eine massenhaft anzutreffende Tatsache darstellen, die die Wirklichkeit als solche charakterisiert. Sie darf nicht irgendeinen Teil, einen Bereich usw. betreffen, sondern muß umfassend sein, d. h. alle Erscheinungen und Prozesse im ökonomischen Leben der Gesellschaft charakterisieren oder zumindest allen Prozessen innewohnen. Das ist aber im staatsmonopolistischen Kapitalismus nicht der Fall, denn er ist schließlich Kapitalismus.

Die Planmäßigkeit trifft als abstraktes Moment der Wirklichkeit nur für die Beziehungen der kommunistischen Gesellschaftsformation zu. Sie entsteht und entwickelt sich in dem Maße, wie sich die Produktionsverhältnisse der kommunistischen Produktionsweise herausbilden und entfalten, und deshalb gehört sie zu den logischen Formen, die diese Beziehungen widerspiegeln. Daraus folgt, daß der Prozeß der Herausbildung der realen Produktionsverhältnisse als System die Grundlage für die Entstehung der logischen Formen bildet, die dieses wiederum als System widerspiegeln. Wie keine Seite der Wirklichkeit aus sich selbst heraus, außerhalb des organischen Zusammenhangs mit anderen Seiten entstehen kann, so kann sich keine ökonomische Kategorie außerhalb des Systems logischer Formen, wie sie der Wirklichkeit adäquat sind, endgültig herausbilden. Der Reifegrad der Theorie ist nur die Widerspiegelung des Reifegrades der realen Verhältnisse. Der Inhalt einer ökonomischen Kategorie kann nur innerhalb eines entwickelten Ganzen voll zur Ausbildung kommen.[31] Solange dieses Ganze in der Herausbildung begriffen ist, bildet sich auch der Inhalt der ökonomischen Kategorien heraus. Bei der Ausarbeitung des Systems der ökonomischen Theorie des Sozialismus sind aber nicht nur die Entwicklungsstadien seines Wesens zu berücksichtigen; es ist ebenfalls sehr wichtig, auch auf die Besonderheiten der Formen zu achten, in der sich dieses durchsetzt.

Die kommunistische Produktionsweise besitzt als ein ständiges Merkmal die Funktion, die gesamte soziale Entwicklung bewußt zu leiten. Das bedeutet vor allem, daß die Gesellschaft den Prozeß der Produktion ihrer Lebensbedingungen selbst kontrolliert. Da das Wirtschaftsleben in erster Linie einen Bereich der Produktionsverhältnisse darstellt, deren Gesetze den Charakter und die Richtung der wirtschaftlichen Entwicklung bestimmen, so stellt das Wechselverhältnis zwischen der Leitung der ökonomischen Prozesse als einer bewußten Tätigkeit der Gesellschaft und dem System ihrer Produktionsverhältnisse ein sehr wichtiges Problem der ökonomischen Theorie des Sozialismus dar. Eine der wesentlichen Ursachen, daß Rudolf Hilferding, K. Schmidt, Bogdanov, Bucharin und andere Liquidatoren der ökonomischen Theorie des Sozialismus den Gegenstand der politischen Ökonomie negierten, bestand in ihrer Unfähigkeit, dieses Problem zu lösen. Sie

[31] Vgl. K. Marx, Einleitung zur Kritik der Politischen Ökonomie, in: MEW, Bd. 13, a. a. O., S. 634.

setzten das Objektive mit dem Spontanen gleich und konnten deshalb nicht das Problem lösen, gleichzeitig sowohl den objektiven Charakter der sozialistischen Produktionsverhältnisse als auch die Tatsache anzuerkennen, daß die sozialistische Gesellschaft ihren eigenen ökonomischen Prozeß bewußt kontrolliert. Deshalb wurde die These, daß im Sozialismus die Gesetze der gesellschaftlichen Entwicklung zum Maßstab der bewußten Handlungen der Menschen wurden, lange Zeit in dem Sinne ausgelegt, daß der objektive Charakter der ökonomischen Gesetze des Sozialismus negiert wurde. Welches Wechselverhältnis besteht in Wirklichkeit zwischen Materie und Idee, Bewußtsein und Spontaneität in der gesellschaftlichen Entwicklung im allgemeinen und insbesondere im Sozialismus?

Geht es um die materiellen gesellschaftlichen Verhältnisse im Gegensatz zu den ideellen, so befinden wir uns im Bereich der Gnoseologie. Hier unterscheiden sich beide Bereiche nur in bezug auf das gesellschaftliche Bewußtsein. Die Erkenntnistheorie kennt keine andere Methode, das Problem von Materiellem und Ideellem in den gesellschaftlichen Beziehungen zu lösen. Andererseits darf man nicht den gnoseologischen Aspekt des Verhältnisses von Materiellem und Ideellem mit der konkret-historischen Form der Realisierung des Materiellen verwechseln. In der Gnoseologie verhalten sich Materielles und Ideelles wie Primäres und Sekundäres, wie Objekt zu Subjekt. In diesem Sinne sind sie tatsächlich gegensätzlich, da die ideellen gesellschaftlichen Beziehungen eine Widerspiegelung der materiellen sind, und deshalb können sie nicht über deren Eigenschaften verfügen und tun dies auch nicht. Aber mit der Anerkennung der Tatsache, daß die Produktionsverhältnisse materiell und unabhängig vom gesellschaftlichen Bewußtsein sind, ist noch nicht das Problem der Frage nach dem Charakter, den Formen und ihrer Funktionsweise gelöst. Diese können unterschiedlich sein.

Die Produktionsverhältnisse und die ihnen innewohnenden Gesetze sind materiell, d. h. unabhängig vom gesellschaftlichen Bewußtsein, und können nur als blinde, spontane Naturkraft agieren, die außerhalb der bewußten Kontrolle der Gesellschaft wirkt. Aber sie können auch als erkannte und deshalb von der Gesellschaft kontrollierte Kraft wirksam sein, die bewußt im gesellschaftlichen Interesse ausgenutzt wird.

Die unterschiedlichen Formen, in denen die materiellen Verhältnisse fungieren, werden nicht von den Eigenschaften der ideellen Verhältnisse und nicht vom gesellschaftlichen Bewußtsein, von dem sie in jedem Fall unabhängig sind, sondern von den Besonderheiten der materiellen Verhältnisse selbst bestimmt. Ob die Gesellschaft ihren eigenen Produktionsprozeß kontrollieren kann oder nicht, wird im wesentlichen nicht vom Stand ihres gesellschaftlichen Bewußtseins, sondern vom Wesen der materiellen Produktionsverhältnisse bestimmt. Erkennt man also an, daß die sozialistischen Produktionsverhältnisse materieller Natur sind, so ist das nicht gleichbedeutend damit, daß sie spontan fungieren. Das Materielle und Spontane sind Begriffe, die auf verschiedenen logischen Ebenen stehen und einander deshalb nicht entsprechen.

Hieraus läßt sich die Schlußfolgerung ziehen, daß der Begriff „Bewußtes“

in bezug auf das hier untersuchte Problem verschiedene Bedeutungen hat, die man nicht vermischen darf. Einmal steht das Bewußte dem Materiellen gegenüber, das unabhängig vom Bewußtsein existiert, und im anderen Falle der Spontaneität, als einer sich von dieser unterscheidenden Funktionsform. Im letzteren Fall handelt es sich um eine besondere Art und Weise der Realisierung des Materiellen, nämlich um die Kontrolle der Gesellschaft darüber, wie sie selbst ihre Lebensbedingungen produziert. Zwischen dem Materiellen und dem Ideellen besteht auf der gnoseologischen Ebene stets ein Gegensatz, aber nicht im Sinne der Ausschließlichkeit. Es gibt immer einen Bereich von Beziehungen, der unabhängig vom Bewußtsein ist. Aber eben das, was nicht vom gesellschaftlichen Bewußtsein abhängt, ist stets historisch determiniert und nicht für ewige Zeiten unveränderlich. Die Verwirklichung theoretischer Ideen in neuen technischen Anlagen und technologischen Prozessen, die Realisierung von sozialen Konzeptionen, durch die sich der Inhalt der materiellen Tätigkeit der Gesellschaft wesentlich ändert, und die Umgestaltung des Staates von einem Element des Überbaus zum unmittelbaren Leiter der Wirtschaftstätigkeit — das alles sind Prozesse, die die Struktur der materiellen Beziehungen wesentlich verändern, wenn sie auch nicht ihren Gegensatz zu den ideellen Beziehungen aufheben.

Der gnoseologische Aspekt des Verhältnisses von Materiellem und Ideellem ist für die politische Ökonomie besonders wichtig, denn ihr Gegenstand sind die materiellen gesellschaftlichen Verhältnisse, die diesen innewohnenden Gesetze und deren objektive Funktionsmechanismen. Deshalb hat es für die politische Ökonomie grundsätzliche Bedeutung, unbedingt die Tatsache anzuerkennen, daß die Produktionsverhältnisse materiell, d. h. unabhängig vom gesellschaftlichen Bewußtsein, sind. Obwohl die Anerkennung der sozialistischen Produktionsverhältnisse als materielle Verhältnisse keineswegs ausschließt, die ökonomischen Gesetze in der praktischen Tätigkeit der Gesellschaft bewußt auszunutzen, so ist diese Tätigkeit doch nur möglich, wenn die inneren Elemente des ökonomischen Systems der sozialistischen Gesellschaft erkannt sind. Das schmälert keineswegs, sondern erhöht geradezu die Bedeutung der ökonomischen Wissenschaft im Sozialismus. Die ökonomische Theorie des Sozialismus wird zur wissenschaftlichen Grundlage, mit deren Hilfe die ökonomische und soziale Entwicklung der Gesellschaft bewußt geleitet wird.

Natürlich darf man nicht unterschätzen, daß in der sozialistischen Gesellschaft angesichts dessen, daß die Gesellschaft selbst das Subjekt der Wirtschaftstätigkeit ist, die reale Gefahr besteht, die unmittelbare wirtschaftliche Tätigkeit und damit die Beziehungen zwischen Wirtschaftsleitung und Produktionsverhältnissen einerseits mit den zu beiden zugehörigen Kategorien anderseits zu vermengen. Das ist theoretisch unzulässig, Die Beziehungen der Wirtschaftsleitung sind Willensäußerungen, die im Zuge der Wirtschaftstätigkeit entstehen. Ihre Struktur stellt eine komplizierte Verflechtung von politischen, organisatorischen, administrativen, leistungsmäßigen, rechtlichen und anderen Beziehungen dar, die nur in letzter Konsequenz die Produktionsverhältnisse widerspiegeln und charakterisieren.

Letztere sind im Unterschied zu den Beziehungen der Wirtschaftsleitung als Willensäußerungen die reale und vom gesellschaftlichen Bewußtsein und den konkreten Formen der Wirtschaftstätigkeit unabhängige Basis der Gesellschaft, die sich in der Wirtschaftstätigkeit lediglich mehr oder weniger widerspiegelt.

Die mit der unmittelbaren praktischen Tätigkeit eng verbundenen Beziehungen der Wirtschaftsleitung können sich unter dem Einfluß bewußter Willensakte der Gesellschaft und ihrer verschiedenen Organe ziemlich stark verändern. Wenn man nicht zwischen ihnen und den Produktionsverhältnissen unterscheidet, so kann der Eindruck entstehen, daß auch die materiellen Verhältnisse der Produktion sich unmittelbar unter dem Einfluß der bewußten Wirtschaftstätigkeit der Gesellschaft verändern können, daß sie unmittelbar von diesen bestimmt werden. Eine sehr gefährliche Variante dieser Vermengung stellt die revisionistische Theorie dar, wonach die Politik eine Vorrangstellung gegenüber der Wirtschaft einnimmt. Diese dem Marxismus zutiefst fremde Theorie führt zu Subjektivismus und Willkür.

Auf dem Gebiet der Theorie äußert sich die Vermengung der Beziehungen der Wirtschaftsleitung mit den Produktionsverhältnissen darin, daß Begriffe und Termini der praktischen Wirtschaftstätigkeit als Kategorien der Produktionsverhältnisse, d. h. als Kategorien der politischen Ökonomie angesehen und widergespiegelt werden. Es handelt sich hierbei nicht um eine formale, sondern um die inhaltliche Seite des Problems. Die Kategorien der Wirtschaftsführung und die Kategorien der politischen Ökonomie können terminologisch übereinstimmen, aber sie unterscheiden sich ihrem Wesen nach. Der Lohn kann als Kategorie des Rechnungswesens, als Kategorie der Volkswirtschaftsplanung und schließlich als Kategorie der politischen Ökonomie des Sozialismus in Erscheinung treten. Untersucht man die Sache aber nicht von der formalen, sondern von der inhaltlichen Seite, so unterscheiden sie sich wesentlich. Das zeigt sich vor allem bei den Möglichkeiten, die Kategorie des Lohnes praktisch zu nutzen. So sind die Lohnformen und -systeme beweglich und elastisch. Sie können sich unter dem Einfluß des technischen Fortschritts, der Art der Produktionstätigkeit, der Arbeitskräftebilanz, der Lohnpolitik usw. verändern.

Bis vor kurzem wurde der Leistungslohn als eine sehr fortschrittliche Lohnform angesehen. Deshalb wurde er gegenüber dem Zeitlohn bevorzugt. Aber mit der Entwicklung des technischen Fortschritts, der Einführung der Fließbandproduktion und der Automatisierung hängen die Produktionsergebnisse immer weniger von Menge und Qualität der Arbeit der einzelnen Werktätigen ab. Deshalb erwies es sich als notwendig, die Anwendung des Leistungslohns erheblich einzuschränken und den Zeitlohn und Prämienzeitlohn stärker zu entwickeln.

Auch solche Elemente des Lohnwesens, wie das Tarifsystem, die Arbeitsnormen und die Stücknormen, sind sehr beweglich. Der wissenschaftlich-technische Fortschritt und die Steigerung der Arbeitsproduktivität machen es erforderlich, ständig alle Bestandteile des Tarifsystems und der Arbeitsnormen zu vervollkommnen, und führen dazu, daß neue Lohnformen entstehen, die der modernen Produktion entsprechen.

Betrachtet man also den Lohn nur als Kategorie der Wirtschaftsführung, so kann der Eindruck entstehen, daß sich ständig die Umstände verändern, die ihn bestimmen. Untersucht man ihn aber von seinem objektiven Inhalt her, d. h. als Kategorie der politischen Ökonomie, so ergibt sich ein anderes Bild. Trotz aller Veränderungen und Vervollkommnungen bleibt der Lohn als Kategorie der sozialistischen Produktionsverhältnisse seinem objektiven Inhalt nach gleich. Er verkörpert jedesmal die Form, in der ein Teil des notwendigen Produkts realisiert wird und die aufgrund der Tatsache entsteht, daß sie nicht nur als irgendein Teil dieses Fonds Gestalt annimmt, der mit der nach der wirtschaftlichen Rechnungsführung ausgerichteten Tätigkeit der einzelnen Betriebe Gestalt annimmt und vom Erlös der von diesen Betrieben abgesetzten Erzeugnisse gedeckt wird. Folglich bringt der Lohn sowohl die unmittelbaren Beziehungen zwischen dem Werktätigen und der Gesellschaft als auch gleichzeitig vermittelte Beziehungen zum Ausdruck, die durch den Betrieb und dessen Wirtschaftstätigkeit vermittelt werden. Diese inhaltliche Seite des Lohnes, die ihn als Kategorie der sozialistischen Produktionsverhältnisse charakterisiert, kann sich nicht verändern, solange die sozialistische Entwicklungsphase der Produktionsverhältnisse besteht.

Ähnliche Probleme bestehen z. B. bei der Untersuchung der Kategorie des Preises. Auch in diesem Falle darf man die Kategorie des Preises als Instrument zur planmäßigen Leitung der Produktion nicht mit seinem objektiven Inhalt als ökonomische Kategorie verwechseln, d. h. als Ausdruck der sozialistischen Produktionsverhältnisse.

Wenn jedoch von der Adäquanz der kategorialen Bestimmung der objektiven Wirklichkeit die Rede ist, so darf man nicht vergessen, daß das System der logischen Formen, die die sozialistischen Produktionsverhältnisse widerspiegeln, nicht allein deren historische Spezifik zum Ausdruck bringen kann. Diese Spezifik selbst hat das System der Produktionsverhältnisse der kommunistischen Produktionsweise als Ganzes zu charakterisieren. Spricht man von Besonderheiten des Sozialismus, kann es nur um kommunistische Produktionsverhältnisse gehen, die vorerst noch in der ersten Phase ihrer historischen Reife existieren und fungieren, und zwar in Formen, die diesem Reifegrad entsprechen. Der Übergang vom Sozialismus zum Kommunismus ist u. a. dadurch gekennzeichnet, daß sich das eigentliche Wesen, das den kommunistischen Typ der Produktionsverhältnisse kennzeichnet, allmählich von diesen besonderen Ausdrucksformen befreit und Formen annimmt, die ihm adäquat sind. Ist der Inhalt der ökonomischen Kategorien des Sozialismus zu charakterisieren, sind jedesmal die Elemente dieses eigentlichen Wesens aufzudecken, das die Entwicklungstendenz der einzelnen Seiten der sozialistischen Produktionsverhältnisse bestimmt. Es kann also nicht darum gehen, den traditionellen Inhalt einiger ökonomischer Kategorien des Sozialismus sichtbar zu machen, sondern in ihrem Inhalt jenes Element aufzuspüren, das in der einen oder anderen Weise der Träger ihres inneren Wandels ist. Das betrifft vor allem solche Formen wie Ware und Geld, Preis und Gewinn, Lohn und Rente u. a.

Nehmen wir z. B. den Inhalt der Kategorie „Rente" im Sozialismus. Lange

Zeit wurde in der ökonomischen Literatur nach den Ursachen geforscht, weshalb es in der sozialistischen Gesellschaft eine Differentialrente gibt. Sobald aber nachgewiesen war, daß auch im Sozialismus ein Monopol der Bodenbewirtschaftung existiert, da die einzelnen Landwirtschaftsbetriebe eine bestimmte ökonomische Selbständigkeit besitzen, war die Frage nach den Ursachen der Differentialrente beantwortet. Tatsächlich gibt es infolge des Monopols an der Bodenbewirtschaftung eine fixierte Differentialrente, denn durch die Produktion und Verteilung zwischen den wirtschaftenden Einheiten und dem sozialistischen Staat als Eigentümer des Bodens entstehen bestimmte Beziehungen, also Rentenbeziehungen. Wir haben also das traditionelle logische Schema, um die Kategorie der Differentialrente nachzuweisen. Aber in dieser Form bringt diese Kategorie nicht das eigentliche Wesen der sozialistischen Produktionsverhältnisse zum Ausdruck und ist sie keine Grundlage für die kommunistische Gesellschaftsformation als Ganzes, sondern bestenfalls eine Besonderheit des Sozialismus. Solange jedoch nicht das eigentliche Wesen der Beziehungen aufgedeckt ist, tragen diese Besonderheiten einen verselbständigten Charakter. Wir begnügen uns einfach damit, in den sozialistischen Produktionsverhältnissen jene Voraussetzungen ausfindig zu machen, dank derer sich Begriffe erhalten, wie sie auf frühere Produktionsweisen zutrafen. Um in diesem Falle keine Analogien anzuwenden, wird zu rein verbalen Abgrenzungen Zuflucht genommen, d. h., man verweist darauf, daß die Rente im Sozialismus Bedingungen entspringt, die sich wesentlich von den früheren unterscheiden, daß sich der Charakter ihrer Verteilung und Ausnutzung wesentlich verändert hat usw.

Wie verhält es sich nun aber wirklich mit der Rente in der sozialistischen Gesellschaft?

Das überschüssige Mehrprodukt, das aus der Produktionstätigkeit erzielt wird, wenn ein Monopol an den nichtreproduzierbaren Produktionsbedingungen als Wirtschaftsobjekt vorhanden ist, ist tatsächlich der Träger von Rentenbeziehungen, sofern erstens das Eigentum am Boden von dem Boden als Objekt der Investition von Mitteln getrennt ist, d. h., wenn der Eigentümer des Bodens sowie diejenige Person, die hier Mittel investiert und den Produktionsprozeß organisiert, völlig verschiedene Subjekte sind. Zweitens muß sich das Subjekt der Produktionstätigkeit in der Landwirtschaft dem Boden gegenüber nicht wie zu einem Eigentumsobjekt verhalten, sondern nur wie zu einem Objekt, das man bewirtschaftet. Drittens ist das überschüssige Mehrprodukt der Träger der Rentenbeziehungen und damit die ökonomische Form, in der das Eigentum am Grund und Boden realisiert wird. Viertens verkörpert die Rente stets die Form einer Zahlung für das Recht, den Boden zu nutzen. Schließlich wird die Rente, fünftens, meistens für nichtproduktive Zwecke verwendet. Diese wichtigsten Elemente müssen vorhanden sein, damit das überschüssige Mehrprodukt als materieller Träger der Rentenbeziehungen in Erscheinung tritt.

Im Sozialismus ist keines von diesen Elementen voll ausgeprägt vertreten, geschweige denn das System aller fünf Elemente. Der sozialistische Staat ist tatsächlich der Eigentümer des Bodens. Um aber die Frage zu entscheiden, welche Beziehungen zwischen ihm und den landwirtschaftlichen Betrieben entstehen, muß man ganz allgemein den ökonomischen Inhalt des staatlichen Eigentums im Sozialismus und insbesondere des staatlichen Grundeigentums im Sozialismus kennen. Dann kann man die Rolle des Sowjetstaates im System der gesellschaftlichen Beziehungen des Sozialismus bestimmen. Der sozialistische Staat ist nämlich nicht etwa nur juristischer Eigentümer des Bodens, ohne am Produktionsprozeß der Landwirtschaft unmittelbar beteiligt zu sein, sondern als ökonomisches Organ der gesamten gesellschaftlichen Produktion tritt er unmittelbar als Subjekt der Wirtschaftstätigkeit im Rahmen der Gesellschaft in Erscheinung. In diesem Sinne können die Beziehungen zwischen Staat und landwirtschaftlichen Betrieben keineswegs als Beziehungen qualifiziert werden, wie sie zwischen verschiedenen sozialen Subjekten entstehen, die sich auf unterschiedliche Art und Weise unmittelbar am Produktionsprozeß in der Landwirtschaft beteiligen. Da der sozialistische Staat unmittelbares Subjekt des Produktionsprozesses ist, sind die einzelnen Landwirtschaftsbetriebe nicht vom Boden als Eigentumsobjekt getrennt. Wenn der Staat als ökonomisches Organ der Gesellschaft sich das gesamte in der Landwirtschaft geschaffene überschüssige Mehrprodukt oder einen Teil davon aneignet, so ist dies nicht als eine ökonomische Form anzusehen, in der sich das staatliche Eigentum am Boden realisiert. In diesem Rahmen kann das angeeignete Mehrprodukt niemals die Form der Grundrente annehmen. Sie bleibt einfach eine Differentialrente, die in der sozialistischen Gesellschaft von dem Organ der gesamten Gesellschaft, d. h. vom Staat, angeeignet wird. Hier handelt es sich um ein neues Element von Beziehungen, das nicht die Form der Rente als einer realen, ökonomischen Existenzform annehmen kann. Andererseits sind die einzelnen Landwirtschaftsbetriebe gegenüber dem Staat relativ selbständige Wirtschaftssubjekte. In dem Maße, wie durch die Aneignung des überschüssigen Mehrprodukts durch den Staat diese Seite der Beziehungen realisiert wird, nimmt dieses Produkt die Form einer Rente an. Auf der Ebene der empirischen Wirklichkeit wird indes sowohl der erste wie auch der zweite Teil des Mehrprodukts vom Staat mit Hilfe ein und desselben Mechanismus angeeignet. Hieraus entsteht auch der Anschein, daß beide Teile die gleiche Existenzform annehmen, nämlich die Form der Rente.[32]

Es besteht ein wesentlicher Unterschied zwischen dem wirklichen Inhalt der ökonomischen Kategorien und dem Inhalt, der in den unmittelbaren volkswirtschaftlichen Formen in Erscheinung tritt. Den volkswirtschaftlichen Formen ist stets ein solches inhaltliches Element immanent, das sich nicht in den Rahmen der entsprechenden Kategorie einfügt und Träger von Beziehungen ist, die den Inhalt dieser Kategorie untergraben. Es geht in diesem Fall um jene Kategorien, die gerade die Besonderheit des Sozialismus zum Ausdruck bringen. Ein wesentlicher Aspekt

[32] Es handelt sich in diesem Falle nicht um die stofflichen Teile des überschüssigen Mehrprodukts, sondern um die verschiedenen ökonomischen Formen, die ein und dasselbe Produkt annimmt.

bei der Erforschung des Systems der Produktionsverhältnisse besteht deshalb darin, die ökonomische Rolle des sozialistischen Staates zu untersuchen.

Im Sozialismus sind das Nebeneinanderbestehen von Elementen mehrerer sozialökonomischer Formationen und die antagonistische Klassenstruktur der Gesellschaft überwunden. Hier wird der Staat zu einem Organ, das die Interessen der Gesellschaft zum Ausdruck bringt, d. h., er verwandelt sich in einen Staat des gesamten Volkes. Trotzdem nimmt dieser Staat noch weiterhin politische Funktionen wahr, da die Klassen- und sozialen Unterschiede nicht restlos überwunden sind. In den Arbeiten der Klassiker des Marxismus sind die allgemeinen Grundsätze dargelegt, wie die Politik des Staates auf die ökonomische Entwicklung der Gesellschaft einwirkt. Aber hier geht es nicht um den Staat an sich, sondern um den Staat neuen Typus, der das politische Organ einer Gesellschaft ist, in der es keine antagonistische Klassenstruktur der Gesellschaft mehr gibt und in der die sozialen Unterschiede der Klassen im Rahmen des gemeinsamen Grundinteresses aller Mitglieder der Gesellschaft weiterbestehen. Dies ist von entscheidender Bedeutung, um zu verstehen, wie die Wirtschaftspolitik des sozialistischen Staates auf die ökonomischen Beziehungen wirkt.

Solange der Staat existiert, kommen die ökonomischen Beziehungen in der Regel in politischen und rechtlichen Formen zum Ausdruck und sind in diesen fixiert. Deshalb kann die Veränderung der politisch-rechtlichen Formen ein Mittel sein, um die Widersprüche zu lösen, die im System der Produktionsverhältnisse entstehen. Die neuen Elemente, die im Verlauf der Entwicklung der Produktionsweise in den ökonomischen Beziehungen entstehen, müssen also ihren Ausdruck in den sich verändernden politisch-rechtlichen Formen finden. Die Richtungen und die Methoden dieser Veränderungen werden vom Wesen dieser neuen Elemente bestimmt.

Die Politik des Staates zielt darauf ab, daß sich in der sozialistischen Produktion die fortschrittlichsten Tendenzen durchsetzen, und sie ist damit ein gewaltiger „Katalysator“ der Entwicklung der sozialistischen Produktionsverhältnisse.

Diese Besonderheiten in der ökonomischen Rolle des sozialistischen Staates stellen jenes objektiv notwendige historische Moment dar, das bei der Erforschung des ökonomischen Systems des Sozialismus zu berücksichtigen ist. Nur so können die Gesetzmäßigkeiten der genetischen und strukturellen Zusammenhänge, wie sie im Verlauf der Herausbildung des ökonomischen Systems der kommunistischen Gesellschaft zutage treten, voll widergespiegelt werden.

Personenregister

Sachregister

FSC
www.fsc.org
MIX
Papier | Fördert gute Waldnutzung
FSC® C083411

Kolibri 360 GmbH
Ferdinand-Jühlke-Straße 7
99095 Erfurt, Deutschland
produktsicherheit@kolibri360.de